青年创新基金
SSAP YOUTH INNOVATION FUND

LOGIKEN DER MACHT

思想會
MIND TALK

权力及其逻辑

〔德〕多米尼克·迈尔 Dominik Meier
克里斯蒂安·布鲁姆 Christian Blum
著

李希瑞
译

社会科学文献出版社
SOCIAL SCIENCES ACADEMIC PRESS (CHINA)

目　录

导　论

一　前言

政治是关于权力和决策的。这一原则适用于所有时代、所有制度和所有文化。无论是过去还是当下，都不存在任何绝对的权力。无论是有意识地进入政治舞台，还是不由自主地投入其中，我们都不可避免地成为权力零和博弈的参与者。事实上，这一点适用于所有人。对于每个人来说，不管他是决策者、公民、记者、说客还是政治顾问，理解和掌握这一游戏规则都显得尤为重要。

鉴于此，本书旨在为理论家、实践者等广大感兴趣的读者们提供一个诚实、客观而全面的视角。无论您是否拥有权力，只要您被书名所吸引，那么您就是我们的读者。我们以 20 年来在德国和德国以外富有深度和广度的政治顾问经验为基础，来审视权力及其逻辑：从基本概念到具体工具，这些构成了我们自己经受了实际工作检验的权力领导方法（Power Leadership Approach）。

当下，这种观点备受关注：当前一些民主国家在数字时代带来的挑战中挣扎和奋斗，这时一种新的、同时具有历史根源的方法是必要的。鉴于普遍存在的假新闻，具备将政治事实与政治虚构区分开来的能力和意愿是相当重要的，无论如何强调这种重要性，都是毫不过分的。

民主建立在信任的基础上，更具体地说，这依赖于社会成员相信日常的政治程序、机构和参与行动的人。但是，这样的信任不能且不应该是盲目的。正如期望民主体制具有透明度一样，社会成员也有责任获取信息并用于理解权力和政治规律。

如果对权力和政治规律没有产生有觉悟的理解，就会制造无数的谬论。乌托邦式的期望和偏见肆意传播，迟早会侵蚀我们的民主制度。一旦对民主的信心消磨殆尽，冷漠、混乱，甚至独裁统治将会逐渐蔓延开来。

因此，本书提出对权力原则进行去神秘化的分析。与此同时，本书揭示的是政治世界的内部图景，也是对不同人物在这场大型的零和博弈中实施地位和优势争夺战略的反思。我们将描绘权力如何在日常政治中产生，以及政治顾问在其中扮演的关键角色。

我们借助三个相互关联的基本问题来探讨权力的基本逻辑问题，它们构成了全书的主线和叙述逻辑：

· 权力的本质是什么？

· 权力的表现形式和领域是什么？

· 权力如何在政治实践中得到运用和合法化？

这一研究涵盖了从权力基础到权力特殊技巧等综合复杂的权力问题，但是这并非研究的终点。我们的著作基于一种坚定的、以日常经验为依据的信念：对权力的实际掌握需要对其基本原则、表现形式和合法化条件有深刻的理解，而透彻的权力理论研究需要对其应用有深刻的了解。此外，如果想要理解和掌握这种现象，那么就必须将权力的理论和实践放在一起。

由于我们希望在连贯的整体构想中审视权力问题，所以正如上文所提到的那样，本书将以广大读者为目标。在文字上，我们以过去20年来与来自政治、经济、民间社会、宗教等领域以及咨询业和学术界的决策者所进行的深入讨论为基础。此外，我们也希望为每一个想了解权力如何运作的公民提供观点和建议。

在此，我们有意避免将我们的话题道德化。《权力及其逻辑》首先并主要是一种描述性分析，并不打算以任何高人一等的姿态对待我们的读者。恰恰相反，我们尊重读者自主决策的能力和权利，只要他们认为这适合他们的政治行为。

针对上述三个基本问题，本书分为三个有机联系的章节：权力的本质、权力的具体化、权力的实践。由于我们把权力斗争类比为零和博弈，因此我们也可以称之为权力的开局、中场和终局。此外，尽管内容有机相连，但读者依然可以独立阅读每一章。那些迫不及待要处理权力顾问的资源或关心政治战略制定及其实施等具体挑战的读者，可以跳到第三章阅读。不过，这种跳跃阅读不仅会忽略权力逻辑的方法论基础，还会忽略权力逻辑在历史学及社会学中的定位，包括它们的功能性起源。简而言之，我们鼓励每一位读者都花点时间从头到尾阅读《权力及其逻辑》这本书。在对中心内容进行阐述之前，我们希望对本书的结构、主要观点和研究方法进行简要概述，以便读者更容易在权力领域这一主题中找到方向。

二 本书结构和主要观点

在第一章"权力的本质"中，我们提出了本书最基本的问题之一：究竟什么是权力？为了定义这个概念，我们将与人类历史上最重要的政治思想家亚里士多德、孔子、伊本·赫勒敦（Ibn Khaldun）、尼可罗·马基雅维利（Niccolò Machiavelli）、托马斯·霍布斯（Thomas Hobbes）、马克斯·韦伯（Max Weber）、米歇尔·福柯（Michel Foucault）等众多人物进行对话。对他们的论点和论据进行建设性的批判研究之后，我们采取务实的、以应用为导向的定义：权力具有双重可能性，更确切地说，权力是个人和组织克服其他行为者潜在阻力的潜在资本。

鉴于此特征，权力获得了一个概率性的元素（或译为：或然性元素），并成为战略和场景预测的对象。简而言之，权力是可预测的。然而这一定义并没有完成对权力本质的分析。根据我们的定义，我们要弄清权力是否遵循不受时间和地点影响的普遍规律，这些规律是否像古罗马或中世纪的阿拔斯帝国一样在今天的美国或德国的体制中也能得到运用。分析结果总结了跨越文化的权力原则清单：权力存在于所有的社会领域中，渗透进所有的社会关系里，基于我们的脆弱性和对影响力的天然追求，它在道德上是中性的，只有通过人，权力才能获得它的具体面貌和伦理价值。

我们仍然认为，权力是存在于我们社会中的一个基本而不可或缺的元素。因此，反思如何将其从地表上抹去并没有实际意义。相反，更切实的问题是，人们在各个社会领域，特别是在政治领域中如何合法、有效、高效地行使权力。实际上，真正的挑战在于合理并有效地使用权力。因此，理解权力如何在政治社会中实现具体化是非常重要的，它既是我们所接触到的一种无意识的有效结构，也是我们在实现个人利益时会有意识使用的资源。

在第二章"权力的具体化"中，我们着重论述了权力的表现形式、领域和资源。在德国权力研究的老前辈海因里希·波皮茨（Heinrich Popitz）的研究基础上，我们将权力分为四种基本形式：行动权力、工具权力、技术权力和权威权力。每种权力都有其自身的特点和效果，并以权力所有者具有特别的才能为前提条件。此外，每种权力都体现在任何一个社会的三大权力领域中：宗教领域、经济领域和政治领域。这些领域的特征不仅包括各自的象征符号、实践和惯习，还有它们自己的权力资源：为了在各自领域和实践中获得影响力所必不可少的手段和技能。

不过，宗教、经济和政治不仅是权力斗争的竞技场，彼此之间也不断地围绕权力展开竞争。在此，政治领域具有特殊地位，因为它通过其制度性的秩序和具有集体约束力的准则对社会生活的所有方面产生影响。因此，我们聚焦于探究政治权力获得承认的条件和资源。获得承认与公共利益这一指导原则密不可分；政治决策和机构的接受度首先且主要来自为了整个社会的利益而做出的行动。资源问题将我们带回到贯穿全书的三个方面：权力技能、权力知识和权力工具。这些行使政治权力的资源形成了相互依存的复杂情况，这就是我们把它们称之为权力维度的原因。只有掌握了所有维度，行为体才能在政治权力竞争中长期生存下去。

这三种维度无论对于政治权力理论还是实践而言，都极其重要，这是第二章的结论，也将在第二章中得到详细讨论。借用亚里士多德的"技能"（téchne）这一核心概念，我们将权力技能定义为在实践中，对政治技巧具有的直觉掌握。一方面，权力技能——正如我们借助从古至今的历史片段所展示的那样，从孩提时代起就一直在政治精英中传承和使用。另一方面，权力知识组成了"epistémé"，即关于政治战略、叙述推理和行政管理技巧的知识。最后，在"权力的工具"的标题下，我们将对权力行为体在权力斗争中能够而且必须使用的技术工具和社会工具进行讨论，这些工具既包括武器、传播手段、监视技术和大众传媒，也包括军队、警察、情报机构、管理和非正式网络。

掌握和协调这三个权力维度，是一项对精神和体力都提出很高要求的任务。单凭一己之力几乎不可能胜任。鉴于此，我们的分析采用了当代德国哲学家和文化理论家彼得·斯洛特戴克（Peter Sloterdijk）的术语，即政治行为体是一个"咨询人"（homo consultandus），有寻求咨询的需要。斯洛特戴克富有启发性的描述认为，如果愿意的话，是时候拥抱人类学了。无论如何，"咨询人"在逻辑上必须得到"顾问"（homo consultans）的支持，更确切地说，他需要一个顾问站在身边，在他行使权力时提供支持。在古代，这种政治顾问就以诡辩家的身份登上了世界历史的舞台。从此时起，政治顾问不会偏离权力，无论是中世纪的皇家顾问还是现代的枢密院顾问官都是如此。那么，核心问题就来了：在我们当代的代议制民主中，可以发挥决定性作用的那些参与者，他们的功能、责任、工具和技巧是什么？

在第三章"权力的实践"中，我们回答了这个问题。此外，我们正在为 21 世纪的政治权力顾问们开发一套体系：权力领导方法。这套方法一方面综合了我们前面关于权力逻辑的讨论结果和后续进展，另一方面也借鉴了我们自己 20 多年的咨询经验。

这套体系既会对初为咨询者的人进行实践指导，也会激发那些谙熟咨询工具且经验丰富的权力专家进行讨论。权力领导方法描述了顾问在为政府官员和政府机构以及经济界和民间社会的利益团体提供咨询时体现的多样任务和伦理。简言之，这为每一个政治应用领域都奠定了基础。

这一体系根据权力维度，围绕赋权、提炼和影响这三个指导原则进行。在"赋权"的标题下，我们描述了用于加强技能的技巧及其重点内容：政治逻辑、政治用语和政治品格。正是在这一点上，顾问们在政治竞技场接受了火的洗礼，并获得了对权力零和博弈的深入理解。因此在这一章里，我们将讨论对个人进行辅导和培训的基本要素，以及为相关组织和机构提供的组织咨询和定位建议。

第二个关键词"提炼"将通过利益相关者分析或主题识别等分析工具来描述信息的获取、过滤、排序、分类和评估。我们验证的四阶段模型展现了这一信息咨询过程，该过程的目的是在政治竞技场中不断地对知识进行即时更新和提炼。这样的知识使顾问和客户能够共同对外部机会和威胁以及内部优势和劣势进行准确的评估，并在基于风险和场景分析的战略制定过程中得到不断累积。

第三个也是最后一个关键词："影响"。我们会讨论战略实施的任务和方法：团队构成、项目协调、政治形式的策划和组织、利益相关者的对话、联盟组建、动员和活动。政治影响是通过个人和组织间的互动在政治领域切实地行使权力。实际上它是之前的赋权和提炼的试金石。相应地，我们讨论在此情境下出现的实际挑战：从政治活动管理，到与客户和利益相关者的敏感沟通，再到战略评估。这些挑战是所有权力顾问在日常政治生活中都要持续面对的。

本书以反思全球化对权力顾问和全球政府关系准则不断增加的相关性作为结语。我们概述了超越国家边界而进行的政治战略构思和协调意味着什么，也讨论了对咨询人和顾问存在哪些组织层面的要求。未来的权力咨询取决于全球权力领域的政治、经济、技术和信息的网络化。政治顾问面临的最为重要的挑战是，需要通过不断优化其工具和方法，从而进一步实现权力领域的管理。

三　研究方法

在《权力及其逻辑》中，权力的本质、权力的具体化和权力的实践等章节是通过一个共同的方法论框架相互联系起来的。我们的分析和呈现方法建立在政治理论与哲学、人类学、历史学、人类行为学、实践经验等五个互为补充的元素基础上。我们的选择不是折中，而是有意选择"从一般定义和原则"到"权力领导体系"这一套方法，以便全面分析和理解权力这一现象。

政治理论和哲学具有制定权力及其合法性条件的基本功能，特别是在公共利益方面。为了避免以西方为中心的偏见，并充分利用人类历史上的知识成果，我们寻求与过去和现在的西方和非西方思想家进行对话：从老子到让－雅克·卢梭（Jean – Jacques Rousseau），从马沃尔迪（Al – Mawardi）到恩斯特·弗兰克尔（Ernst Fraenkel）。这样，我们就避免陷入对教条主义思想流派及其相关范式的教条主义承诺。最后，根据我们的方法论信条，每一种方法都必须证明自己能否在理论和实践中阐明权力的逻辑。

为了解释权力的普遍性，即不受文化和时代影响的权力，我们借鉴了文化人类学与社会人类学的知识。因此，我们要重提亚里士多德、赫尔穆特·普莱斯纳（Helmuth Plessner）和阿诺德·盖伦（Arnold Gehlen）等在这些问题的讨论中具有主导地位的作者，以阐明将人定义为"政治动物"（zoon politikon）、"技术员"和"有缺陷的人"的决定性因素有哪些，以及这些人类学研究常量对人和权力关系的影响。当然，我们假设，类似于一般人类学的理论是可能存在且富有意义的。没有关于人的本质的概括性陈述，就不可能有关于权力本质的概括性陈述，有必要将二者联系在一起。

历史学对生动展现权力现象的普遍性和偶然性具有重要作用。在阐述中，我们既引用了当代的，也引用了历史上有关权力的特殊技巧、合法性、挑战和两难困境的例子，从苏美尔人、波斯人和罗马人的古代文明，到欧洲和亚洲的中世纪帝国，再到如今。一方面，这些小插曲清楚地表明，在每一种文化和每一个时代中，权力的基本逻辑总是相同的，它贯穿于世界历史的进程之中。另一方面，也说明了权力始终是一个由文化历史塑造、取决于环境的过程，这就是为什么权力的掌控既需要理解权力的普遍性，又需要理解每个环境所具有的特殊性。这种研究路径不仅仅是说明性的。实际上，通过借鉴前几代人的经验，同时将历史作为权力教科书，它还能为实践挖掘资源。

最后，当作为分析对象的权力要在社会中变得具体、政治要在日常生活中得到切实体现时，行为学理论就要发挥作用了。我们采用的"行为学"（praxeology）是一种从社会学和文化研究中借鉴而来的方法，该方法与社会中强大的社会结构和实际权力关系一样，都从政治话语和实践之间的趋同或分歧发展而来。简言之，行为学的观点比较了个体和组织等政治行为体的言行，并以此为背景，对政治过程、仪式、制度和符号的再生产或中断进行了分析。这种研究方法反映了这样一个观点，那就是权力和主导地位只通过且只存在于践行表述的人类集体行为中，因此，要么被反复地检验，要么时常被修正或更改。

当然，所有这些方法的基础必须是经验知识，或者说，是多年顾问活动中培养的对权力和影响力斗争的熟悉程度。任何理论，无论来自哲学、政治学、社会学、神学还是历史学，如果缺乏第一人称的、对权力逻辑的直接经验补充，就都将只是一种抽象的反思。因此，本书取材于作者本身几十年来在政治权力领域为各种人士和组织提供咨询的学习过程，这是尤为重要的。此外，本书还取材于共同塑造了民主进程的不计其数的成功与失败，以及永不消退的对权力零和博弈的激情。

第一章　权力的本质

第一节　权力的界定

权力是多种多样的，随处可见。我们在政治实践中也见过多种形式。权力通过军队阅兵盛况得到展现，反映在国家元首关于战争与和平的决策中，体现于议会决议或道路旁的警察岗亭中。权力框架有意无意地渗透进社会关系里。由生到死，人们都处于这样的结构中。权力既是微妙、不讲理的，也是安静且富有说服力的。马克斯·韦伯在其代表性作品《经济与社会》一书中针对这些差异巨大的社会现象将权力概念定义为"社会学上的无定形"（sociologically amorphous），即引人注意却难以捉摸，韦伯的这本书在他逝世后才得以出版。[①] 诚然，权力是否有单一定义，是否有一个涵盖性术语能够有说服力地囊括并且识别所有权力现象，这是值得商

---

① Weber, Max〔（1921）1978〕. *Economy and Society: An Outline of Interpretive Sociology*, translated by Guenther Roth and Claus Wittich. Berkeley: University of California Press, p. 53.

权的。[①] 尽管存在这样的挑战，冒险给出一个定义仍旧是必要的，即便这个定义可能会有争议。我们希望给出一个务实的工作定义，适用于我们在这一话题中感兴趣的具体领域，既作为政治进程中的代言人，也是这些进程的观察者。

我们不是从零开始。几千年以来，国家理论家、哲学家、社会学家和历史学家已经研究了权力的概念，并给出了多种且彼此常常相互对立的定义和描述。这可以主要通过两个争议来进行简要概述，也为给出我们的定义提供了方向。[②] 第一个争议是，从根本上，权力应该被理解为以目标为导向的行动能力，即行动权（power to），还是应该被理解为管控他人的能力，即控制权（power over）？第二个争议是，权力是一种能够被个人和集体所占有的资源吗？还是它构成了一种指导或完全决定了行为体行为的社会结构？对我们而言，至关重要的是，两种争议在内容上是相互独立的。回答了其中一个问题不代表另一个问题也得到了解决。为了得出一个工作定义，我们将在以下篇幅中对这两个争议进行讨论并阐述我们的立场。

将权力视为行动权很早就出现在历史当中了。早在《形而上学》（Metaphysics）一书中，亚里士多德（Aristotle）就提出了他的核心概念——潜在性（dynamis），根据内容的不同，

---

① 例如，文化学家丽莎·詹塞恩（Lisa Zunshine）激进地认为权力是绝对不可被清晰定义的。参见 Zunshine, Lisa（2008）: *Strange Concepts and the Stories They Make Possible*, Baltimore: The John Hopkins University Press, p. 50。

② 参见 Allen, Amy（2016）: Feminist Perspectives on Power, in: Edward N. Zalta（ed.）, *Stanford Encyclopedia of Philosophy*. [online] https://plato. stanford. edu/archives/fall2016/entries/feminist – power/, retrieved on 21. 12. 2017。

也可翻译成可能性、能力或代理。① 无论是人类还是动物，从本质而言，亚里士多德认为潜在性就是有机体有目的地改变自己或其他事物的能力。因此，富有活力的生物有能力积极改变他们所处的环境，这种改变在某种程度上是有意为之。我们发现这样的定义亘古未变，从学者们将希腊语的"潜在性"（dynamis）翻译成拉丁语的"潜能"（potentia）即可看出。令人兴奋的是，"潜能"的概念直到中世纪都几乎保持不变。②托马斯·霍布斯（Thomas Hobbes）在近代早期就总结出了强有力的权力定义，但明确地缩小了权力概念。在《利维坦》（Leviathan）一书中，他进一步给出了新的定义："一个人的权力……指的是其获得未来任何明显利益的现有手段。"③ 霍布斯认为，权力是特别属于人类社会的，他将此与实现主观利益的条件结合起来。

可以确定的是，从他将权力行为视为权力概念的核心就可看出，霍布斯尽可能地尊重以亚里士多德为起源的概念。个人或群体的权力范围取决于他们通往目标的行动选择范围。他的定义对之后乃至今天的权力政治理论家和实践者都产生巨大影

① 参见 Aristotle（2002）：*Metaphysics*, translated by Joe Sachs（ed.）, 2nd edition, Santa Fe：Green Lion；权力原则的深度分析请参见 Saar, Martin（2010）："Power and Critique", *Journal of Power*, 3（1）, pp. 7 – 20。

② 参见 Geary, Patrick J.（2013）：Language and Power in the Early Middle Ages, authored in the course of the Menahem Stern Jerusalem Lectures. Waltham：Brandeis University Press。

③ 托马斯·霍布斯（Thomas Hobbes）〔（1651）1997〕持有这样的消极观点：*Leviathan. Or the Matter, Forme, and Power of a Common – Wealth Ecclesiasticall and Civill*, Michael Oakeshott（ed.）, New York：Touchstone/Simon & Schuster, p. 72。

响。哲学家艾米·艾伦（Amy Allen）的立场就是受这个概念的影响，她将权力视为"实现一个目标或一系列目标的能力"[①]。在将霍布斯范式具体化的同时，艾伦也认为这种能力不代表成功实现既定目标。如果一个动作的执行使预期的效果有可能显现，那么该行为体已经拥有权力。因此，艾伦扩展了霍布斯的概念，加入了一个明确的概率元素。行为体的权力不仅仅是由其行动选择的范围所决定的，还取决于成功实施该行动的可能性。

权力起源的第二种说法是控制权（power over），即权力的本质是人类之间的统治，这个说法较难追溯。对于许多社会理论家来说，是尼可罗·马基雅维利在其经典权力著作《君主论》（The Prince）中，首次明确提出了这个概念。[②] 然而，毋庸置疑，现代大多数关于这个概念的著名定义是由马克斯·韦伯提出的："权力是一个处于社会关系中的行为体不顾阻力、实现自身意愿的可能性，无论这种可能性的基础

---

① Allen, Amy（1999）: *The Power of Feminist Theory: Domination, Resistance, Solidarity, Boulder*, CO: Westview Press, p. 126. 还可参见 Pitkin, Hanna F. (1972): *Wittgenstein and Justice*, Oxford: Oxford University Press; Dowding, Keith M. (1996): *Power.* Minneapolis: University of Minnesota Press。

② 参见 Machiavelli, Niccolo〔(1513) 2000〕: *The Prince*, translated by Quentin Skinner and Russel Price（eds.）, 12th edition, Cambridge: Cambridge University Press。关于马基雅维利对统治模型的深入讨论，请参见如 Karlberg, Michael（2005）: "Power of Discourse and the Discourse of Power: Pursuing Peace Through Discourse Intervention," *International Journal of Peace Studies*, 10（1）, pp. 1 – 23, pp. 2 – 3. 批评性的文章，参见 Holler, Manfred J.（2009）: "Niccolò Machiavelli on Power, Rationality, Markets, and Morals," 0（1）, pp. 335 – 354。

是什么"。① 有必要将这个简短的定义进行分解。第一，正如韦伯指出的那样，控制权概念意味着统治者和被统治者之间是相互依赖的关系。② 但是，亚里士多德的权力定义仅仅以成功且负有目的性的行动为基础，这只能够应用于仅存一人的世界，在这个世界里，韦伯关于权力的理解是不再成立的。根据韦伯的理解，权力是具有极其复杂的社会性的，需要至少两个人。③ 第二，控制权定义暗示了潜在的阻力是可以克服的。换句话说，如果权力预设的具体意志与那些掌权人的意志相反，那么在他们希望的情况下，这些预设的意志是可以被毁灭的。④ 就像韩炳哲所宣称的那样，这不是说权力必须以强制的形式表现出来。⑤ 一方面，任何屈服于权力的人能够在不受胁迫的情况下自由地跟随统治者的意愿；另一方面，统治者能够在不放弃其统治地位的情况下，放弃使用胁迫手段并且容忍被统治者的不服从。但是，可以肯定的是，从根本上来说，行为体掌握权力的多少取决于他/她实现自身利益时不顾他人反对的程度。这与不顾他人行为本身是否展现了自身意志或行为体

① Weber〔(1921) 1978〕: p. 53. 如今，有非常多的权力理论家是韦伯主义者，其中，较为重要的有: Barry, Brian (1989): *Democracy and Power*, Oxford: Clarendon Press and Mann, Michael (1986): *The Sources of Social Power: Volume I: The History of Power from the Beginning to A. D. 1760*, Cambridge: Cambridge University Press。

② 韩国出生的德国作者韩炳哲 (Byung - Chul Han) 对此进行了简要的阐述，他认为权力始终处于自我与挑战自我之间紧张的关系中，参见 Han, Byung - Chul (2005): *Was ist Macht?*, Ditzingen: Reclam。

③ 更为突出的问题是，反之是否正确，即社会是否具有极其复杂的政治性，这将在本书第二章第二节中进行讨论。

④ 参见 Han (2005): p. 11。

⑤ 参见 Han (2005): p. 11。

是否发挥了自身能力无关。第三个关键的元素是权力总是与实现利益的机会相关。我们在讨论行动权概念的时候已经涉及，这指的是控制权概念含有概率元素。统治者拥有权力，但这不能确保他们的意志得到实现。这只意味着如果统治者使用胁迫手段，那么这些手段很有可能成功消除反抗。

两个权力概念所展现的二元性绝不是西方特色，这也体现在其他伟大的文化传统中。这一点在道家和儒家两大中国经典伦理流派的观点中就有充分的体现。[1] 两个学派的理论不是像柏拉图对话那样专注于概念性的理论呈现，而是为皇帝和大臣们提供实践的指导。[2] 所以，通过研究它们来寻找权力概念的抽象定义是徒劳的，但是我们可以得到一份关于理想统治者人格的清晰分析。老子作为道家创始人和孔子一样，都强烈反对对权力的索求，无论是控制权还是行动权。[3] 例如，老子在其经典语录《道德经》第十九章中写道："绝圣弃智，民利百倍……绝巧弃利，盗贼无有……见素抱朴，少私寡欲。"[4] 有道德的统治者不应该提高其行动能力、增加其成功的机会；相反，他应该从这个纷纷扰扰的世界中引退。"无为"是这一中

---

[1] 两个流派都起源于公元前 5 世纪，最重要的著作为：Lao Tzu (2009)：*Tao - Te - Ching*, translated by John H. McDonald (ed.), New York：Chartwell Books；and Confucius (2005)：*Lun Yu*, translated by Chichung Huang (ed.) as 'The Analects of Confucius (Lun yu)', New York：Oxford University Press。

[2] Wong, David (2013)：Chinese Ethics, in：Edward N. Zalta (ed.), *Stanford Encyclopedia of Philosophy*, [online] https://plato. stanford. edu/archives/fall2018/entries/ethics - chinese/, retr. on 21. 12. 2017. 对理论为主的古代阿提卡思想家和相应时代的中国思想家进行了丰富且幽默的对比。

[3] 参见 Roetz, Heiner and Schleichert, Hubert (2009)：Klassische chinesische Philosophie. Eine Einführung, Frankfurt a. M.：Klostermann, p. 24。

[4] Lao Tzu (2009)：p. 47.

国哲学的关键词，可以翻译为"什么也不做"或"戒绝行动"。① 只有避免这种致命的愿望循环，统治者才能为他的臣民树立榜样，激发他们的忠诚和守法。出于类似的原因，中国道德伦理的创始人们也反对控制他人的欲望。因此，孔子反对以欲望和惩戒来统治，认为这必然会导致人民的不满甚至失去良知。相反，他认为如果一个人出于本能并且在行动中遵守道德，那么他们就会有是非观，成为具有美德的人。② 这反映了一个简单的考量。决策者每一次试图对他人施以权力，或迫使他们违背个人意志做某事，都促进了抗衡势力的发展，这将走向暴力和混乱。与此同时，另一种政府选择是保守、掌握分寸的，更重要的是，这种政府是道德健全的，为人民树立榜样。在这样的背景下，老子对国家的建议不仅仅是对儒家传统的补充，还较早地揭示了安静且谦虚的政府这一自由主义政治理念，那里的人民诚实守信，而生活在张扬且强硬的政府统治下的人民则是虚伪、不值得信任的。③

虽然老子和孔子没有给出概念框架上的说明，但是他们很清楚地讨论了权力的两个概念。虽然他们对此存有问疑，但是我们不应该认为他们企图从社会中清除权力现象。这是错误的。他们更希望得出的结论是，只有在不企图攫取并扩大权力，专注于培养一个人的美德、谦虚和正直时，权力才能被成功并合法地使用。儒家深刻且富有诗意般地坚持认为，人民良好的行为是对统治权力所反映出的良好意图的馈赠。孔子将国

---

① Lao Tzu（2009）：p. 20.
② 参见 Confucius（2005）：p. 69。
③ Lao Tzu（2009）：p. 98.

君之德比作风，将百姓之德比作草："草上之风，必偃。"① 虽然，这一表述似乎不太可信，儒家后人也反复批评它是乌托邦式的。② 但是，这个说法强调了权力的核心形式，我们将在第二章中给出更多细节。这是权威力量（authoritative power），是一种基于被认可和道德取向的人类需求。

这不是说，除了西方传统外，只有中国哲学对行动权和控制权的二分论做出了巨大贡献。③ 尽管晚了大约一千年，但是中世纪伊斯兰政治思想家也对权力的本质提出了许多思考。④ 这些思想家包括历史学家伊本·赫勒敦和法学家马沃尔迪，马沃尔迪 11 世纪出版的《苏丹律例集》（Al Ahkam as – Sultaniyya）仍旧是伊斯兰政治中最重要的奠基性著作之一。⑤ 与中国学派不同，这个传统的代表人物不是向统治精英提供服务，而是服务

---

① Confucius（2005）：p. 15.

② 参见 Roetz & Schleichert（2009）：pp. 38。

③ 但是，儒家和道家已被证明在亚洲文化领域中具有深远影响，例如，他们极大地塑造了日本人自古时候起关于权力的思考。概论请参见 Richey, Jeffrey L.（2015）："Daoism in Japan. Chinese Traditions and Their Influence on Japanese Religious Culture," *Routledge Studies in Taoism*, Oxon：Routledge。

④ Bowering, Gerhard（2015）："Introduction," in：Gerhard Bowering（ed.），*Islamic Political Thought. ：An Introduction*, Princeton/Oxford：Princeton University Press, pp. 1 – 23 提供了一份很好的概述。

⑤ 参见 Al – Mawardi, Abu al – Hasan（1996）：Al – Ahkam as – Sultaniyya. *The Ordinances of Government*, translated by Wafaa H. Wahba（ed.），Reading：Garnet；英语将 "sultaniyya" 翻译为 "of government"（政府的），这样的翻译实际上是相对温和的，几乎是委婉的。阿拉伯词语 "sultan"（苏丹）指的是 "权力"（power）、"武力"（force）和 "兵力"（strength），也可参见 Al – Baghdadi, Ahmad M.（1981）："The Political Thought of Abu AlHassan Al – Mawardi," Thesis Presented for the Degree of Doctor of Philosophy, University of Edinburgh, [online] https：//www. era. lib. ed. ac. uk/handle/1842/7414, retrieved on 21. 12. 2017；另外，还可参见 Ringgren, Helmer（1972）："On the Islamic Theory of the State," *Scripta Instituti Donneriani Aboensis*, 6, pp. 103 – 108。

于个体的宗教论理学家和国家理论家。在这样的情况下，需要注意两点。第一，他们在几乎不对亚里士多德关于潜在性的概念进行修改的情况下，将此融入宗教世界，在那里，人作为自治且独立的个体对神负责。由于阿拉伯学者自8世纪起就保存并学习希腊古典文学，这早在他们（再次）受到西方经典影响之前，因此他们对亚里士多德思想和相应权力模型具有强烈倾向都是不足为奇的。[①] 德国天主教神学家伯恩哈德·乌德（Bernhard Uhde）对这一现象做出了敏锐的观察，例如，他认为，先前提到的影响可以通过应用亚里士多德的非矛盾定律得到解释。[②] 无论如何，亚里士多德的逻辑和形而上学与伊斯兰神学是密不可分的，也因此成为其中的一个系统框架。另外，伊斯兰思想家从正面的角度来理解权力的第二个概念，即统治，并将其与神权国家联系起来。《苏丹律例集》对此采取的立场最为明显：马沃尔迪认为，百姓自身的理性和审慎不足以将他们团结成一个公正而虔诚的社会；除此之外，他们在习俗和道德上差异巨大。因此需要一位绝对神权政治家，即伊玛目（imam），他能够凭借无限的权力迫使百姓团结起来，展现美德。[③] 神圣的天意赋予伊玛目使命，因此他享有不可侵犯的权威。但是，马沃尔迪留有余地。如果统治者公开

① 参见 D'Ancona, Cristina（2013）："Greek Sources in Arabic and Islamic Philosophy," in Edward N. Zalta（ed.）, *Stanford Encyclopedia of Philosophy*,［online］https：//plato. stanford. edu/archives/win2017/entries/arabic – islamic – greek/, retrieved on 21. 12. 2017。

② 参见 Uhde, Bernhard（2009）：Religionen als Denkmöglichkeiten. Skizzen zur Logik der Weltreligionen, Zeitschrift für Didiaktik der Philosophie und Ethik, 1, pp. 7 – 16. ; p. 8。

③ 参见 Al – Baghdadi（1981）。

违背了神的戒律，那么人民有权进行反抗，这就是抗衡势力的形成。

这一话题是非常有趣的，但是在西方却鲜少得到谈论。然而在此，我们希望结束围绕权力的跨文化探讨这一题外话，回到实际问题中来：提出一个有用的工作定义。特别是，让我们回到两个权力定义所展现的本质二元论上来。我们的定义主要是分析这两个具有影响力的权力概念之间的关系，并确保它们能够运用于实际。许多权力理论家认为行动权和控制权不是对立的。人与人之间的权力统治模型仅仅是更为广义的权力行动模型的特例。① 两种方法都默认，行为体只有在他们能够通过有目的的行为来实现利益的时候才拥有权力。而控制权概念仅仅专注于不顾其他行为体可能的反对而对利益的实现。汉娜·阿伦特（Hannah Arendt）等其他理论家号召对这两个概念做出清晰的区分，因为与行动权概念不同的是，对他人使用权力总是明显地涉及或暗示着压迫，在规范上是非中立的，在道德上是邪恶的。② 这个讨论不需要在这里给出结果。只有关于控制权概念的讨论适合于（政治）权力的操作手册。

通过仔细观察，行动权概念涵盖的现象过于广泛，以至于对我们的意义不大。如果权力已经存在，如果一个行为体能够

---

① 参见 Dowding (1996) and Pansardi, Pamela (2012)："Power To and Power Over: Two Distinct Concepts of Power?" *Journal of Political Power*, 5 (1), pp. 73 – 89。

② Arendt, Hannah (1969): *On Violence*, New York: Harcourt, Brace and World, p. 43. 她严格地对权力、兵力、武力、暴力和权威的概念进行了区分，警告称若将它们混淆，将会导致对事实产生一定程度的"语言失聪"和"失明"。Lukes, Steven (1974): *Power: A Radical View*, London: MacMillan Press. 对他人施加权力一定是压迫的一种形式，至于这在道德上是否邪恶将在本书第二章第二节中进行讨论。

通过行动实现自身目标，那么几乎每一个行动都是权力的表达。例如，读书读至最后一页就已经成为这种行动权概念的例子。这种关于权力概念的哲学性理论呈现与我们的政治讨论关系不大，同时，就我们口语化的权力概念而言，这样的结论毫无用处。[①] 此外，定义的一个质量标准是其对分类是否有用。对权力概念尤为如此，概念通过对现象进行界定来使我们的经验世界变得系统化和易于管理。而行动权概念正好无法满足这个功能。行动权概念使权力得到广泛应用。套用海因里希·芬克－埃特尔（Hinrich Fink－Eitel）的话，这导致权力最终意味着一切，因此什么也不是。[②]

控制权概念则更为明确，易于阐述和落实。它也与权力实践者在理论解释前就对该术语所具有的理解相似。例如，如果我们认为欧盟机构在过去几年里在其成员国中失去了权力，那么我们仅仅是认为欧盟委员会不顾各国政府的反对实施独立政策的可能性降低。关键是在我们论及权力（或失去权力）时，控制权概念将不同时间发生的大量事件进行了分类和统一，其中包括那些在直觉上认为与权力无关的事件，就像对待竞争对手模型一样。

将不同权力模型系统化所产生的第二个争议对于权力理论

---

① 对于分析而言，结合我们在理论解释前对这些术语所具有的理解的能力也是定义的重要方面，参见 Sumner, Leonard W.（1996）：*Welfare, Happiness and Ethics*, Oxford：Oxford University Press, p. 10.

② Fink－Eitel, Hinrich（1992）：Dialektik der Macht, in：Emil Angehrn, Hinrich Fink－Eitel, Christian Iber, and Georg Lohmann（eds.）, Dialektischer Negativismus. Michael Theunissen zum 60. Geburtstag. Frankfurt/M：Suhrkamp, pp. 35－56；p. 36.

而言是重要的。这是商品模型和权力结构模型代表性理论之间
的讨论。商品模型是基于卡尔·马克思（Karl Marx）的经济
理论发展而成的。这种模型的追随者大多来自经济学和社会科
学领域，很少有人是忠实的马克思主义者。[①] 对于他们来说，
权力是一种能够量化的资源，用以实现利益，能够被获取、积
累和分发，也能够再次被具体的行为体所抛弃。[②] 所以这是商
品——"社会商品"，就像艾米·艾伦写道的那样；这是一种
个人或集体自动享有的，在获得的数量上各有不同。[③] 行为体
的权力商品具有许多不同的自然、社会、文化和经济基础。社
会学家瓦尔特·穆勒－耶恩奇（Walter Müller - Jentsch）将权
力总结为组织资源："企业家提供工作，工人提供劳动力，两
者都需要对方的资源以维护自己的重要利益；因此，他们都

---

① 参见 Korpi, Walter (1983): *The Democratic Class Struggle*, Boston: Routledge &
　　Kegan; Bourdieu, Pierre (1987): Die feinen Unterschiede. Kritik der
　　gesellschaftlichen Urteilskraft, translated by Bernd Schwibs and Achim Russer,
　　Frankfurt a. M.: Suhrkamp; Conolly, William E. (1993): *The Terms of Political
　　Discourse*, Princeton: Princeton University Press; Ostheim, Tobias and Schmidt,
　　Manfred G. (2007): Die Machtressourcentheorie, in: Manfred G. Schmidt (ed.),
　　Der Wohlfahrtsstaat: EineEinführung in den Historischen und Internationalen
　　Vergleich. Wiesbaden: VS Verlag, pp. 40 – 50; and Müller – Jentsch, Walter
　　(2014): Macht als Ressource von Organisationen, in: Monica Budowski and Michael
　　Nollert (eds.), Private Macht im Wohlfahrtsstaat: Akteure und Institutionen,
　　Zürich: Seismo, pp. 14 – 29。

② 这个核心论点的许多建构都能在文献中找到，但讽刺的是，虽然艾莉斯·杨
　　(Iris Young) 对这个模型批判得最为激烈，但她的表述却最为简洁："用分配
　　的术语来给出权力概念意味着［……］认为权力是个体或多或少拥有的一种
　　东西。" Young, Iris M. (1990): *Justice and the Politics of Difference*, Princeton:
　　Princeton University Press, p. 31.

③ 参见 Allen (2011): p. 4。

［……］有权控制另一方。"① 总而言之，对于权力诠释人而言，只要个人或集体掌控了生产手段、动员了贸易联盟成员、在议会获得可观的支持，等等，那么他们就拥有了权力。然而，在所有这些例子中，重要之处在于，决定性的社会商品是权力。即使不同行为体具有的权力商品具有差异，但它们都是能够被量化且进行比较的。当得到精确的评估和享有足够的信息时，权力关系是可以通过一维刻度进行展现的，这些模型正是基于这个重大的假设而做出的。② 权力理论中的商品模型从未淡出视野，似乎这个模型与判断"客观"现象紧密相连，此外，还与权力话语的日常使用相关。我们很自然地谈到社会中权力的"不平等分配"或地缘政治行为者之间的权力"平衡"。只有当权力代表一种可分配的商品，以及，至少在理想情况下，可以减少商品的数量并达到平等，否则这些表述都不过是说说罢了。

近几十年，后现代思想家对这个模型提出了质疑。③ 例如，米歇尔·福柯（Michel Foucault）在其著作《性史》（*The History of Sexuality：The Will to Knowledge*）中写道："权力不是

---

① Müller – Jentsch（2014）：pp. 14 – 29.

② Stetter, Stephen（2004）："Cross Pillar Politics：Functional Unity and Institutional Fragmentation of EU Foreign Policies," *Journal of European Public Policy*, 11（4），pp. 720 – 739 提供了这样一个量化权力指数的例子。

③ Foucault, Michel［（1984）1990］：*The History of Sexuality：The Will to Knowledge, An Introduction*, Vol. 1, translated by Robert Hurley（ed.）, New York：Random House；Clegg, Stuart（1989）：*Frameworks of Power*, London：Sage Publications；Young（1990）；and Haugaard, Mark（2010）："Power：A 'Family Resemblance' Concept," *European Journal of Cultural Studies*, 13（4），pp. 419 – 438.

可以被获取、攫取或分享的，也不是能够被抓住或任其溜走的。"[1] 同样，斯图亚特·克莱格（Stuart Clegg）也认为："［权力］不是人们专有的。他们'拥有'权力的前提是他们被任命这样做。"[2] 假定权力不是个人或集体能够拥有的，这是权力本质论述的巨大改变。相反，权力是一种通过多种方式所决定的社会结构，由无数相互规范、相互控制、相互制约的人际关系所塑造、规范、管理，甚至在有些地方决定了个体的行为。[3] 福柯以其惯有的修辞技巧表达了这样的反对意见，提出将这些力量关系结合进体系之中，并给出建议："我们应该假设这些多重的力量关系——部分而非全部——要么能够变成'战争'，要么成为'政治'；这暗示了两个不同的战略，用于整合这些不平衡、各式各样、不稳定并且紧张的力量关系，这两个战略之间总是可以相互转换。"[4]

从这个角度而言，权力突然变成了组成人类行为的社会实体，而且是独立于个体且超出个体掌控的，因此几乎是"超人类现实"。[5] 在第一次接触这样的现实时，许多权力实践者认为它是复杂的，与我们的政治常识相去甚远。然而，事实

① Foucault（1990）：p. 94.

② Clegg（1989）：p. 207.

③ 然而，这种权力的概念实际上在后现代主义之前就已经提出。中世纪城邦思想家伊本·赫勒敦（Ibn Khaldun）就是其中的代表。参见 Khaldun, Ibn（2011）：Die Muqaddima: Betrachtungen zur Weltgeschichte, translated by Alma Giese, München: C. H. Beck；也可参见 Gierer, Alfred（2001）："Ibn Khaldun on Solidarity（"Asabiyah"）- Modern Science on Cooperativeness and Empathy: a Comparison," *Philosophia Naturalis* 38（1），pp. 91 – 104.

④ Foucault（1990）：p. 93.

⑤ 根据 Han（2005）：p. 96. Martin Saar（2010）对此表示赞同并称之为"跨个人关系实体（transindividual relational entity）"。参见 Saar（2010）：p. 11。

是，日常行动就可证明其在政治工作上的高效。当我们打哈欠
时，我们用手遮住嘴巴；如果我们在地铁上见到推着婴儿车的
女士，我们会提供帮助或至少让位；当我们与他人讨论的时
候，我们常常让他们先说话。在所有这些例子中，没有掌握权
力的人或集体迫使我们这样做，我们的行为是不由自主的。这
里，用福柯的话来说就是："权力关系渗透进社会生活的各个
层面，因此在社会生活的每一领域都有所应用，在家庭和性生
活的私人领域得到的应用与政治、经济和法律等公共领域一样
多。"① 这些权力关系构成了全面控制的完整社会体系，通过
内化规范来施加影响，包括对不当行为的预期惩罚和对合规行
为的正面激励。如福柯和其他思想家所承认的那样，人类能够
有选择地影响这个体系并做出改变。尽管如此，这仍旧是无法
掌控的。当然，这也是决策者面临的严峻甚至是无法应对的挑
战：一方面，由于相关行为体及其愿望、目标和行动意图总是
由超个人体系所塑造和构成；另一方面，该体系诞生于没有核
心方向的无数合作和冲突的社会关系中，因此，是每天在变化
的。所以，一个明确的政治实体并不存在。只有"政治"，也
就是说，构成政治空间的全套政治实践和话语在每一案例中都
是全新且不同的。

在这个争议中所涌现的问题是，两个权力概念是如何彼此
相连的，这样的讨论对于我们界定权力概念有何意义。我们将
聚焦现代性权力理论讨论的核心。我们是否坚信自主个体拥有

---

① Foucault, Michel. （1980）: *Power / Knowledge: Selected Interviews and Other Writings, 1972 - 1977*, translated by Colin Gordon, Leo Marshall, John Mepham and Kate Soper. Brighton: Harvester, p. 119.

他们自己的权力？或者我们是否描绘了一个将人和组织置于复杂权力网络的体系？[①]

实际上，在这场争辩中采取立场是不合理的。两个模型都富有价值。商品模型带有强烈的前理论直觉，该模型认为权力是能够被有目的地使用和累积的，并将此发展成一个完好的理论，使得行为体间的权力不对等能够被分析和量化。反过来，结构模型意识到社会体系本身的生命力相当复杂，还可以为参与社会生活的行为提供指导。与此同时，两个模型从本质上来说是两极化的。商品模型极大地重视具体个人有目的性的权力使用，忽略了这些个人及其信念、目的是由所处社会形态所决定的事实。用权力理论的语言来就是，这将意味着不能仅仅依靠片面的自下而上的观点，只把具体的人作为分析的对象。相反，不客气地说，权力理论的结构模型将人降级成为小狗等随处可见的社会生物。这种狭隘的由上至下的观点，仅仅关注结构而非人，无法准确反映我们日常人际交往的现实。虽然不是什么神秘的权力网络，但我们总是会发现自身处于对他人行使权力的境地之中：无论是一边倒的棋局，我们在其中压制对手的所有走子，还是在等级森严的雇用关系中，我们指定员工的活动。

针对当前权力理论讨论的明显结论是，要将这两种模型方法的分析优势整合起来，避免它们的缺点。正如我们所希望呈现的那样，权力是人类可以使用的一种商品或手段，是一种跨

[①]　政治学家基思·道丁（Keith Dowding）的言论堪称对结构模型进行批判性评估的典范："因为我们在分析权力结构，所以该结构是有权力的，这样的想法是错误的。"我们强调的内容载于 Dowding（1996）：p. 28。

个人的社会结构，能够控制人类的行为。将权力冲突视为人类的属性和将权力视为非个人的社会体系的属性，这两者正是现代性的明确特征，也是我们表述权力时无法简化的组成部分。但是，这样的思考绝非具有革命性意义或新颖的。福柯重新提出人类是权力和自治责任的载体，他强调了上述个人和社会结构之间的敌对关系。① 类似的思考也可以在政治学家马丁·萨尔（Martin Saar）的著作中找到，他从相反的角度推动了两个模型的整合。②

让我们简短地对以上讨论做一个总结。在对第一个关于权力定义，即行动权还是控制权进行讨论时，我们赞同那些将权力视为统治的社会现象的权力理论家，出于辩论策略的原因，权力可以克服潜在的阻力。如我们通过韦伯所阐述的那样，只有当有机会在他人不情愿的情况下坚持自己的意愿的时候，权力才存在。在讨论第二个争议，即是商品模型还是结构模型时，我们没有在二者中做出选择，而是提出要将这两个模型整合。如我们陈述的那样，权力既是具体个人的特质也是非个人社会结构的特质。如何将这两个结论完美地融合进现代权力理论呢？我们认为，商品模型和结构模型对韦伯式的统治概念形成明确的补充。因此，权力既可以被理解为具体个人用于对他人形成潜在控制的工具，也可以被理

---

① Foucault, Michel (1988): *The Care of the Self*, *The History of Sexuality*, *Vol. 3*, translated by Roberet Hurley (ed.), New York: Random House. 也可参见 Foucault, Michel [(1984) 1988]: *The History of Sexuality*, *Vol. 3*: *The Care of the Self*, translated by Robert Hurley, New York: Vintage Books.

② 参见 Saar (2010) 和 Allen (2011)。

解为社会结构用来控制参与其中的个人行为的潜在工具。在我们看来，韦伯的控制权概念在"权力载体"的定位上留下了一个缺口，没有就"权力载体"是具体个人/集体还是非个体/超个人的社会结构这一问题给出回答。而围绕商品模型和结构模型代表性理论之间争议的讨论清晰地表明，二者互为补充。

第二节　权力的基本原则

在对我们定义方式的关键问题，尤其是哪些现象符合权力概念而哪些不符合进行讨论之后，我们现在希望阐明这些现象属于何种逻辑模式以及符合哪些基本原则。该问题隐藏着一个假设，那就是，权力实际上是有基本原则的。但是，我们想更进一步，认为提出一套通用且不受时间和空间影响的权力原则是可能的。换句话说，权力的基本原则在所有地方、任何时间都保持不变。在将它们一一列举之前，让我们先对权力原则的通用性和全球统一性假设给出证明。我们的论点总结如下：（a）权力的本质取决于人类的本质；（b）人类的本质是通用的、全球统一的；（c）因此，权力的本质及其原则是通用且全球统一的。该结论的第一个假设是很容易成立的。如我们在第一章第一节中提到的那样，权力是无法简化的社会现象，只存在于人们的互动关系中。没有人则权力不复存在。因此，权力的本质与人类的本质密不可分。相应地，如果所有人类不享有共同点，那么无论他们来自哪个时代、被如何社会化，权力都不会存在通用的本质。但是如果人类的某些特征在任何时代和环境中都能持续存在，那就说明权力的逻辑也是如此。

这将我们带向第二个假设。是否存在一个共同的人类本质长久以来都是历史学家、社会学家和哲学家们讨论的重点。直到 20 世纪 80 年代末，批判理论和存在主义是主流，以至于关于人类共同本质的表述都被认为仅仅是意识形态的建构。① 一个人是什么和一个人不是什么，完全由不断变化的经济条件所决定，这是马克思主义的论点。除此之外，不存在人类行为和生活的特征结构。这样的立场在近几年受到抨击，理当如此。

一个主要的批判来自人种学范畴。人类生活形式是多种多样的，但是存在"文化、社会、语言、行为和思想的特征［……］能在所有人身上找到"。② 由跨文化比较研究所界定的"人类学共性"是非常多的。乱伦禁忌就是一个很好的例子，所有社会无一例外。尽管有许多变形，但财产是另一个共性，这是每一个人类社会组成的核心元素。因此，只有人类的本质保持永恒不变，这种明显的通用结构才会存在，否则，这些结构将完全无法成立。

另一个批判来自哲学人类学和生物学的结合。这里所指出的是，人类的行为、思维、情感等在很大程度上是由其生物躯体决定的，而这个躯体自 30 万年前人类出现以来就一直保持

---

① Sartre, Jean – Paul［（1945）2007］: *Existentialism is a Humanism*, John Kulka（ed.）, translated by Carol Macomber, New Haven: Yale University Press.

② 参见 Brown, Donald E.（2004）: Human Universals, Human Nature, Human Culture, Daedalus, 133（4）, pp. 47 – 54.

不变。就这个角度而言，社会学家阿诺德·盖伦（Arnold Gehlen）正进行着一场思想上的复兴。[1] 盖伦将人的基本概念定义为"有缺陷的生物"（deficient beings），因为与动物不同，人类至今没有适应他们的自然环境。人类没有用于抵御恶劣天气的紧实毛皮；没有用于抵抗捕食者的尖牙和利爪；更没有良好的逃跑本能。这些缺点必须要通过文化的创造来得到弥补，从工具的简单制作到复杂城邦的建立。[2] 生物论理学家延斯·克劳森（Jens Clausen）补充道，通过开发文化技能，虽然人类还无法应对自然的威胁，但是已经能够将此类威胁减少。[3] 人类所有的社会成就，当然包括权力关系，最终都仅仅是弥补身体不足的机制。盖伦总结认为，这样的境遇就是人类的本质。只要这样的身体构成是由遗传所决定的，那么它就是不可改变且普遍存在的。因此，尽管人类的行为在表面上、在文化上的呈现不同，但总是遵循着相同的基本模式。

再次总结如下：正如我们已经提到的那样，如果人类本质是通用的，并且在全世界范围内恒定不变，那么这意味着权力的逻辑也是通用且全世界恒定不变的，因为权力的本质与人类的本质密不可分。自从人种学和受生物学启发的人类学指出这

---

[1] Gehlen, Arnold ［（1940）1988］: *Man, His Nature and Place in the World*, translated by Clare McMillan and Karl Pillemer（eds.）, New York: Columbia University Press.

[2] Heidegger, Martin（1953）: *The Question Concerning Technology and Other Essays X*, translated and with an Introduction by William Lovitt, New York: Garland Publishing.

[3] 参见 Clausen, Jens（2009）: "Man, Machine and in between," *Nature*, 457 (7233), pp. 1080 – 1081。也参见 Clausen, Jens（2006）: Die Natur des Menschen: Geworden und gemacht. Anthropologische Überlegungen zum Enhancement, Zeitschrift für medizinische Ethik, 52, pp. 391 – 401.; p. 396。

样的人类本质存在以来，认为能够整理出适用于所有地方和任何时代的权力原则列表的观点也随之而来。我们将在下文做出尝试。我们的目的不是从任何更高的原则中提取出一个详尽的列表，也不是严格地对原则进行逐一证明。相反，我们的列表是以将权力概念理解为一个科学准则、以多年的政治咨询经验，尤其是以常识为基础形成的。

一 权力的道德中立

权力的名声不好。不仅仅是因为德国摇滚乐队"陶瓷、石头和碎片"（Ton Steine Scherben）在 1972 年唱的那样："无人有权力!"，这与 1968 年席卷全球、由学生发动的示威活动的精神一样，包含着嬉皮士亚文化和青年国际党（Youth International Party）的无政府主义"易皮士（Yippies）"。"现代"版本的权力可以追溯到更远的年代。文化历史学家雅各布·布克哈特（Jacob Burkhardt）早在 20 世纪初期就曾断言："如今，凡掌权的都是恶魔。"① 布克哈特甚至将权力的建立等同于犯罪。米哈伊尔·巴枯宁（Mikhail Bakunin）也持有相似的观点，他认为权力和压迫是同义词。② 伯恩哈德·陶瑞克（Bernhard Taureck）对这些观点进行了总结：谈到权力，就好

① 参见 Hinde, John R. (2000): *Jacob Burckhardt and the Crisis of Modernity*, Montreal: McGill – Queen's University Press, p. 122. 也可参见 Burkhardt, Jacob (2000): Aesthetik der bildenden Kunst, Über das Studium der Geschichte, in Peter Ganz (ed.), Jacob Burckhardt Werke. Kritische Gesamtausgabe Vol. 10, Munich: C. H. Beck, p. 419.

② 参见 Newman, Saul (2004): "The Place of Power in Political Discourse," *International Political Science Review*, 25 (2), pp. 139 – 157.

像它是一种威胁，就好像它是"邪恶的东西"，① 此番总结在社会中广为流传。这个立场突出了三个主张：获取权力总是不道德的，行使权力总是不道德的，以及，无论是否使用，权力本身总是不道德的。

这三个主张是错误的！我们的第一个原则就是，权力本身并非有善恶之分，而是道德中立的。只有情境才赋予其道德地位。因此，权力的地位取决于具体问题，即何人在何事上对他人具有何种程度的权力。

换而言之，只有这种或那种权力在道德上是好的或坏的，而非权力本身。如何更好地证明我们中立性的论点呢？首先，我们应该意识到只有三种符合逻辑的可能答案可以回答权力本身是否道德的问题。第一，权力本身在道德上总是邪恶的——这是布克哈特和让 - 保罗·萨特（Jean - Paul Sartre）的观点。第二，权力本身在道德上总是善良的，据我们所知，至今无人提出这个观点。第三，权力本身在道德上既非善也非恶，这是我们的观点。没有第四种可能了。因为没有人强烈地支持第二个论点，所以我们可以专注于驳斥第一种论点。这使得第三个论点的正确性得以推导出来。

用几个例子就足以驳斥第一个论点。以父母对孩子的权力为例。毫无疑问，包括爱护和关心孩子的父母在内，他们对其后代拥有许多权力。这是身体的优越性、天然的权威以及儿童对帮助和指导的需求所决定的。然而，我们通常可以将这种权

①　Taureck, Bernhard (1983): Die Zukunft der Macht. Ein philosophisch - politischer Essay, Würzburg: Königshausen & Neumann, p. 11.

力视为总是对儿童有好处的。当他们想要穿越繁忙的马路时，父母进行阻止；当孩子们想玩电脑游戏而不是学习代数时，他们使用他们的权威；到了上床睡觉的时候，他们发出命令，等等。养育后代的责任要求直接拥有权力。采用韦伯的说法，如果家长们无法不顾孩子们的反对坚持他们的利益，那么他们则无法完成教育的任务。顺便，这也总结了反权威式教育的全部困境。另一个相似的例子是医生。更具体地说，试想一个精神病学家把自杀的病人送进一个封闭的病房。精神病学家的权力既不是来自身体上的优越性，也不是天然的权威，而是根据法律规范和社会公约，对精神不健全的人提供保护。尽管如此，这和青春期教育有相似之处：即为了他们的利益而控制未成年人或其他弱势群体。我们不是说所有父母对其孩子，以及医生对其病人所拥有的权力都是好的。不幸的是，暴君式的父母和不称职的医生大有人在。但是值得指出的是，父母和医生通常与那些受他们保护的人保持着权力关系，这仍然是件好事——或者更应该说，这是一种社会福利。在这里，权力不是道德魔鬼，而是享受普遍福利和建立关怀关系的条件。因此，权力总是邪恶的，"无论谁行使它"，这个观点已经不成立了。

权力普遍是邪恶的，这个论断不仅仅在涉及屈服于权力的人为未成年人或精神不健全的人的社会情境里是错误的，在涉及具有行为能力的人际关系中也是错误的。足球就是一个不会引起争议的例子。裁判在比赛中拥有控制权，他们可以让球员离开赛场、罚任意球、给出判罚和宣布进行加时赛，即使这些与成千上万的球迷以及百万美元职业俱乐部的意愿相违背。把公正的权力视为道德魔鬼并进行鞭笞是荒谬的。相反，这是公平进行比赛和遵守比赛组成成分——规则的必要条件。再次声明，我们不认为所有裁判的权力是自发且本质善良的。这样的想法是幼稚的，尤其是在欺骗丑闻屡次震惊世界足坛的情况下。但是，仲裁者拥有权力普遍是一件好事。

一些读者可能会指责我们所使用的例子是陈旧的，没有囊括那些真正令人兴奋的问题，例如政治权力究竟是好的还是坏的。我们对此有两个回应。首先，在本章中，我们不就权力形式的好坏标准进行探讨。[①] 我们只是致力于展示权力本身不是道德恶魔，而是中立的，将此理解为一个通用术语而非具体情境下的某种权力。我们通过反例来证明，反例使得权力绝对邪恶的论点在直觉上更加站不住脚。其次，我们有意用日常事件作为例子，旨在显示日常生活中无处不在的权力现象，指出权力的所有方面从根本上都是邪恶的主张是不符合现实的。

二 权力和自由的辩证关系

权力和自由似乎互为两极。当权力存在时，自由就消失了。如果我们真的是自由的，那么我们将不受任何权力束缚，因为权力总是意味着对自由行为的潜在限制。[②] 但是，事情远

---

① 我们将在第二节的第三部分中回应这一问题。

② 这是政治自由主义学派的标志性观点，代表人物有约翰·罗尔斯（John Rawls），罗纳德·德沃金（Ronald Dworkin）和克劳斯·奥菲（Claus Offe）；参见 Rawls, John（1971）: *A Theory of Justice*, Cambridge: Belknap Press of Harvard University Press 和 Dworkin, Ronald（1977）: *Taking Rights Seriously*, Cambridge: Harvard University Press。从自由主义角度对自由和权力关系的讨论，请参见 Carter, Ian（2008）: "How are Power and Unfreedom Related?" in: Cécile Laborde and John W. Maynor（eds.）, *Republicanism and Political Theory*, Malden/Oxford: Blackwell Publishing, pp. 59–82。

比这复杂。权力和自由之间的关系不是相对的，而是一种辩证关系，这是我们的第二个原则。这指的是，权力和自由互为条件且相互危害。二者是客观、现实的矛盾关系。

权力和自由在何种程度上制约彼此呢？首先，我们认为权力是自由的前提。我们只能控制那些拥有自主权和行动空间的主体。我们无法给一块石头或一棵树施压，只能处理它们。换言之，试图对可能顽抗的人进行征服的隐藏首要前提是存在自主性。只有当屈服成为事实、自由意志被破坏的时候，权力才生效。不过一旦达成，权力似乎就不再存在。致命性武力的威胁是最好的例子。只要我们威胁能够将某人射死，我们就有权力控制他们。我们通过将拒绝服从与消灭生存联系起来，以激发他们的自由意志服从命令。但是，一旦我们将威胁付诸实践，我们的权力就会失效，因为受到威胁的人不愿满足我们的要求。这个受了致命伤、曾经受到威胁的人现在用死亡完全剥夺了我们的权力。这就是尼克拉斯·卢曼（Niklas Luhmann）表述恰当的原因了，他将使用身体暴力视为权力的失败而非成功的表现。[1]

与此同时，自由也需要权力。这正是沃尔夫冈·索夫斯基（Wolfgang Sofsky）和莱纳·帕里斯（Rainer Paris）所指出的，通过保护他们不受外部攻击和帮助个人保持其自身的独立性，权力扩大了一个人的自由。[2] 不受他人的霸道专制、不受暴力

---

[1]　Luhman, Niklas（1987）：Beiträge zur funktionalen Differenzierung der Gesellschaft, Soziologische Aufklärung Vol. 4, Opladen：Westdeutscher Verlag, p. 119.

[2]　Sofsky, Wolfgang and Paris, Rainer（1994）：Figurationen sozialer Macht. Autorität - Stellvertretung - Koalition, Frankfurt am Main：Suhrkamp, p. 9.

所威胁、不受依赖等组成了自由，政治理论家以赛亚·伯林
（Isaiah Berlin）将此称为消极自由（negative freedom）。[①] 根据
这个理解，自由是一个不干涉个人的社会空间，在这个空间
里，人们可以在不受他人意愿和目标影响的情况下自主行动。
因此，受保护的活动范围从决定喝无糖黑咖啡等最琐碎的日常
行为，到宗教实践这样的基本文化仪式。不受干涉的领域越
大，一个人所获得的自由越多，领域越小，则自由越少，直到
退化成仅保存他个人而丧失一切自主行动的机会。这个空间的
基础是什么？简而言之：权力。只有当一个人有机会不顾他人
反对而实现自身目标和利益时，他或她才能维护这个不受干涉
的领域，用以赛亚·伯林的话来说就是消极的自由。当然，维
护个人自由的权力不一定直接取决于人自身，例如，在霍布斯
的无政府状态中，每一个人都试图积累尽可能多的权力，包括
身体优势、武器、盟友和资源等，以免成为别人专横跋扈的牺
牲品。在一个专制的国家里，只要他们享有国家保障的权利，
每个人就都拥有权力，尤其是间接权力，这些权利为他们提供
了一个不受干涉的空间，在这个空间里，他们可以向公共安全
部门寻求保护。即便如此，仍旧需要指出的是，无论是直接还
是间接，一旦没有了权力，人们也就失去了自由的保护伞。

　　权力是自由的前提，反过来，自由也是权力的前提。二者
互为条件。这听起来美好得令人难以置信，但这是事实。正如
我们在一开始就强调的那样，二者不仅仅互为条件，还相互危

---

①　参见 Berlin, Isaih（1969）：*Two Concepts of Liberty*，Oxford：Oxford University Press。

害。伯林提出的不受干涉空间的模型对此进行了很好的解释。一个人仰仗其直接或间接权力而获得的活动空间越大，留给别人的自由空间则越小。也许有些夸张，但是这说明自由被权力强化的同时也会有自由因此而被束缚。极端而言，这代表了一种专政，在这之中，独裁者最大限度地享受着消极的自由，可能除了统治者身边少数的权力精英以外，其他人只有最低限度的自由，或者没有自由。由于权力意味着有机会管控人，所以权力总是威胁着其他人行动的能力，也是对这些人行动能力的限制。即使我屈服于他人的权力，但是理论上我仍旧可以选择违背他/她的指令，并承担相应的毁灭性后果，甚至是死亡。这就是让-保罗·萨特的"极端自由"（radical freedom）概念。[①] 然而，实际上，这个"极端自由"概念与我们平时所理解的字面意思不同。因为如果某一行为将会导致如此毁灭性的后果，那么一个理智的人只有在非常少数且特别的情况下才会选择这么做。因此这些行动是不属于实际选择范围内的。我的行动自由受制于人类同伴的权力，他们于我的权力越大，我的行动选择越少，这仍旧是真理。

权力和自由之间互为条件、相互危害的悖论只能得到证明，却无法得到解决，这是我们作为社会人的基本构成。不断地在二者中进行合理权衡和调整是我们的实际任务。然而，如何去做已经不属于我们权力基本原则的范畴，这是应用政治哲学领域的内容。

---

① 参见 Sartre［（1945）2007］。

三　无处不在的权力

权力是无处不在的。这听起来像乔治·奥威尔（George Orwell）提出的被完全控制的反乌托邦或无法容忍的阴谋理论。尽管如此，关于第三个原则的误解应该在一开始得到澄清。我们不是说人类做任何事情时都受制于他人的权力，也不是说人类的所有行为都是受他人或超个人社会体系影响的结果。相反，如福柯表示的那样，权力无处不在，"不是因为它能够战无不胜地凝聚所有东西，而是因为权力每时每刻都诞生于每一个地方，更准确地说，在每一段关系中诞生。权力无处不在，不是因为它包含所有东西，而是因为它来自每一个地方。"[①] 简言之，权力不是包罗万象的，却存在于我们社会生活的方方面面。[②]

起初，这个观点似乎是站不住脚的。似乎在生活中的许多领域，我们自由、平等地进行互动，不涉及向他人施加权力。例如，思想上的挚友或爱情中的男女。但是这个观点多少是幼稚的。这与我们常常没有在平凡的日常生活中关注权力，却在如政治、经济、战争等大事件上考虑权力的事实有关。事实上，恋爱关系和伴侣关系是权力关系形成的良好例子。例如，我们的伴侣主动邀请她的父母来我们家。她的父母是好人，在

---

① Foucault［（1984）1990］: p. 93.

② Popitz, Heinrich（1992）: Phänomene der Macht, 2nd edition, Tübingen: Mohr Siebeck.; p. 15. 也可参见 Popitz, Heinrich（2017）: *Phenomena of Power: Authority, Domination, and Violence*, Andreas Göttlich and Jochen Dreher（eds.）, translated by Gianfranco Poggi, New York: Columbia University Press, p. 6。

家务上知道的比你多，喜欢给出意见（虽然你并未询问），因此习惯于不断地干涉所有事情。总而言之，他们不是理想的客人。但是，我们的伴侣不会听从我们的意见，一来一往，也许是在潜台词中，就会逐渐发展成为，如果我们不允许客人前来，那么她将会在接下来的几天中睡在客房。这样的情况与权力关系无异：我们的伴侣掌握着资源——即拒绝亲热——因此不顾我们的反对，实现她的意愿。

现在，就其本身而言，除了说明恋爱关系不是没有权力存在的社会空间外，这个例子可能并不能说明更多东西。但是，这仍旧提出了一个疑问，即是否存在真正没有权力的自由空间。让我们尝试对此进行阐述。为此，我们引用韦伯的话，权力指的是不顾他人反对、利用所有机会实现自身利益，不管这个机会是基于什么。[1] 这里需要注意两点。第一，人们在所有社会领域都有利益因素。无论是在娱乐、工作、性生活、友谊、体育、政治、科学还是艺术中，在每一个这样的领域中，我们的愿望和目标都可能会与他人的愿望和目标发生冲突，而这些愿望和目标往往是不同的。这些利益的出现，加上可能因冲突的利益而产生失望情绪，从而出现了对权力的现实需求，也可以称为在遇到抵抗的情况下维护自身利益的机会。第二，正如韦伯所明确的那样，这样的机会是基于一切可想象的手段的。我们已经在前文提及拒绝亲热，其他日常例子包括：我们因朋友不参加派对而对其进行的责怪；根据其工作表现，对雇员给予奖励还是惩罚；根据我们是否满意服务而决定是否给服

---

[1] 参见 Weber［（1921）1978］。

务员小费。这样的例子多得数不清。一切都可以作为建立权力资源的手段。总而言之，既因为生活的方方面面都需要拥有权力，也因为一切都可以用作权力手段，所以权力出现在生活的方方面面。人们天生希望实现自己的利益，因此希望获取实现这些利益所必需的资源也是自然而然的事情。

需要指出的是，我们不是将人类看作通过权力实现所有利益的愤世嫉俗者，我们也不认为所有社会关系永远只是权力关系。① 这样极端的立场与认为有真正不受权力束缚的社会空间一样站不住脚。人类也以有理有据的观点跟合理的协议来改变他人与之产生冲突的利益，从而实现自身利益。如果其他人能够给出很好的理由让他们这么做，那么他们也会常常放弃自己的目标和愿望。通过权力实现利益只是我们社会关系中的一部分。尽管如此，正如上述论断所表明的那样，权力是无处不在的。

四　人类对权力扩张和强化的本能渴望

人类希望扩大并强化他们的权力，这是我们的第四项原则。尽管存在例外，但是对权力的争夺是普遍存在的人类学现实，主要有三个原因。虽然说法较为古老，但是德国历史学家弗里德里希·梅尼克（Friedrich Meinecke）清晰地强调了第一个原因："对权力的争夺是人类的原始本能，甚至也许是动物本能，盲目地对周围的一切进行攫取，直至遇到外部障碍。这种本能不一定仅限于对生存和健康的需求，至少对人而言是如

---

① Hobbes〔（1651）1997〕持有这样消极的观点。

此。人全身心地享受权力本身，也享受权力中的自己和被提升的人格。"① 因此，最初驱使着人类去获得、扩张和巩固权力的不过是对权力本身的渴望。当然，梅尼克不是第一个洞察到这个现象的人。塔西佗（Tacitus）早在其撰写的编年史中对此已有提及，他意识到权力是最卓越的催化剂，是罗马帝国的主要动力。② 但是，这不是我们将权力本身视为绝对令人快乐，即这种快乐与其他令人快乐的物品无关的唯一原因。弗里德里希·尼采（Friedrich Nietzsche）指出，人们在没有权力和失去权力时所表现出的巨大悲伤似乎多少来自本能。③ 因为我们不仅仅是希望增加我们的快乐，还希望避免痛苦，所以我们有双重的动力去累积权力。

但是，人们追求权力不仅仅因为权力有利于直接获取利益。权力意味着社会地位。例如，韦伯提出对权力的追求往往受到它所带来的"社会'荣誉'的制约。"④ 有权力的人受到仰慕和敬爱，也被惧怕。甚至不需要使用权力，他们就会得到预想中的服从，而那些希望从他们的权力中获益的人也会讨好他们。⑤

---

① Meinecke, Friedrich〔（1957）1998〕：*Machiavellism：The Doctrine of Raison D'État and Its Place in Modern History*，translated by Douglas Scott，introduction by Werner Stark，New Brunswick，N. J. ：Transaction Publishers，p. 4.

② Tacitus, Cornelius（1996）：*The Annals of Imperial Rome*，translated by Michael Grant（ed.），London：Penguin.

③ 参见 Nietzsche, Friedrich〔（1844 –1845）1968〕：*The Will to Power*，translated by Walter Kaufmann and Reginald J. Hollingdale（eds.），New York：Vintage Books。

④ Weber〔（1921）1978〕：p. 386；也可参见 p. 539。

⑤ 海因里希·波皮茨（Heinrich Popitz）认为这其实是权威主义政权的决定性特征。参见 Popitz（1992）：p. 29。此外，本书第二章第一节对此给出了进一步的分析。

在所有生活领域内，权力对于在利益冲突中维护自身利益而言是不可或缺的，这已经在我们就第三个基本原则进行讨论时得到强调。然而，这里需要指出的是，权力最大化是唯一的有效合理选项。霍布斯比其他任何政治思想家都更清晰、不留情面地强调了这个事实。在霍布斯看来，人类无法控制住对权力的争夺，因为他们无法在不获取更多权力的情况下，守护住现有的权力或者维持愉快的生活。[①] 这样的考虑折射出这样一个想法，那就是当人们满足于拥有一定数量、有限的资源时，他们会有被其他人孤立的风险。个人行动领域和生活标准持续面临的威胁促使所有行为体寻求获得尽可能多的权力资源。霍布斯认为这仅仅发生在无政府秩序中，并认为权力竞争终将促使国家的诞生。然而，这样的想法忽略了一个事实，那就是即使在有特别司法保护的国家体制中，不一定采用武力，但是借助经济、文化和政治手段，我们可以也必须为权力而竞争。因此我们暂时得出一个令人深省的结论，即权力的竞争并没有随着国家的建立而结束。权力的竞争只是建立了管理规则并在表面上为其进一步发展提供了保护。

五 权力的基础在于人类的脆弱性和需求

从人类学角度出发，权力有两个普遍的根源：人类的脆弱性和需求。波皮茨强调了第一个根源，指出人类能够向他人施

---

① 具体而言，霍布斯 [（1651）1997：p. 80] 写道："[……] 首先，我认为全人类普遍对权力都有着无休止的欲望，直到死去。这不是因为人类希望获得比如今更多的快乐；也不是因为他不满足于适度的权力，而是因为如果不获取更多权力，他就不能确保有能力和手段过得像如今一样好。"

加权力是因为他们能够对其他人造成伤害。[①] 正如我们在讨论盖伦的人类学时已经强调的那样，人类缺乏天然的防御机制，这让他们特别容易遭受身体攻击。受伤的可能性以及人们关于此的想象力则是无限的。人可能被伤害、虐待、致残和杀害。无论是通过更好的身体力量、敏捷性，还是通过锻炼、武器或狡诈，能够对他人造成伤害的能力都催生了对他人的权力。威胁着对身体造成伤害让人们不顾抵抗地实现自己的意愿。如果人类不具有这种脆弱性特质，那么他们将是真正意义上不需要权力的。他们将不会害怕遭遇身体上的伤痛，不用担心生存，也不用被迫服从于其他人的意愿。

权力的第二个根源是人类的思想和行动受到无数的需求所驱使，其他人可以借此向其行使权力。从对食物和睡眠的基本需求到对美酒、昂贵的药品和高雅艺术的兴趣培养都包括在内。所有这些需求的共同点是，它们所带来的满足感有助于建立目标人群的幸福感，甚至成为他们幸福感的关键，但是，它们也可能造成严重的痛苦，这取决于需求的强烈程度。一个人所需要的越多，可能获得的潜在快乐越多，但是对那些可能拒绝这些要求的人依赖也越大。总而言之，人们的需求将他们置于他人的权力之中。古希腊和罗马的斯多噶派学者（Stoics）早在前基督教时代就已经注意到了权力和需求之间的致命性联系。根据这个学派的思想，好福气——他们称之为"Eudaimonia"——来自谦虚和放弃自身的需求。只

---

① 具体表述为："Menschen können über andere Macht ausüben, weil sie andere verletzen können"，Popitz（1992）：p. 25。

有放弃了欲望，专注于苦行主义，我们才能脱离对他人的依赖，过上自主的生活。与此同时，像伦理学家伊壁鸠鲁（Epicurus）等斯多噶派学者的同代人认为，这种生活方式需要对自我进行贬低并拒绝快乐。伊壁鸠鲁对是否值得过自给自足但缺乏快乐的生活提出质疑。此外，如食物这样特定的基本需求是我们无法去除的。因此，即使是禁欲，也可能被剥夺生存物资，也可能被迫屈服于他人的意愿。总结而言，我们可以通过减少需求来谋求不受他人权力的干扰，但是鉴于我们有着人类的基本需求，我们每一个人仍旧受制于权力。

六　有目的的权力产生

权力关系不是像万有引力那样的自然现象。根据我们的第五个原则，权力是文化产品，诞生于人类有目的的行动中，可以被摧毁或再次改变。社会学家海因里希·波皮茨断言，关于权力安排是人类行为产物的信仰已经成为古希腊城邦的基石之一。[①] 这是文明史上首次将与人类共存的政治秩序看作可塑造、可改变的，而不是神赐或神圣不可侵犯的。[②] 例子之一是柏拉图的《理想国》（*Politeia*），他希望提出公平社会秩序的准则，并将它们用作对现状进行评估的批判性标准。[③] 只有当权力的分配和组织被认为是可以根据理性的洞察而进行改变

---

① Popitz（1992）：p. 12. 原文是："Glaube an die Machbarkeit von Machtordnungen"。也可参见 Popitz（2017）：p. 3。

② Popitz（1992）：p. 12.

③ Plato（2006）：*The Republic*, translated by R. E. Allen（ed.）, New Haven：Yale University Press.

时，呼吁建立更好的权力秩序才具有意义。因此，改革及其更极端的形式——革命——的政治核心概念都直接默认了权力安排是"人造的"。

同时，权力产生具有目的性导致要求对其合法性进行证明。如果人与人的权力关系既不是神赐的也不是天生的，而是后天形成的，那么根据波皮茨的说法，这样的权力关系就必须根据相关人士的合理利益而进行证明。这样的观点自古以来就塑造了我们关于权力的思考，在政治哲学经典契约论中有着最清晰的论述。任何社会权力关系只有在假设的决策情境中得到一群自由而平等的人的认可后，才是具有合法性的。首先，这是因为权力是人创造的，其次，是因为权力必须服务于人类福祉。所以，权力的规范基础，至少是假设性的规范基础必须建立在这些人的认可之上。自从契约论在 17 世纪和 18 世纪盛行以来，我们对于公平的权力秩序是可以被无限重组的信念和热情都极大地减退了，尤其是在如乌托邦式国家制度的巨大阴谋和权力实验的笼罩下。即使如此，波皮茨始终认为，这不会给创造权力的不同方式造成限制，也不会阻止权力以更好的形式出现。[1] 虽然可以创造权力的范围可能比政治理论先驱者们所认为的要小，但是，这不会改变权力是人造的并且可以以不同形式创造得更好的事实。

七　权力的制度化

因为权力是有目的地被创造的，所以它不仅仅可以被个人

---

[1]　Popitz（1992）：p. 15.

或团体所累积，还可以被制度化，这是我们的第七个基本原则。换而言之，在社会结构中，从统治者彼此之间仪式化的依赖关系到他们对已有复杂国家权力结构的服从，权力具有团结的潜能。波皮茨认为，去个人化（depersonalization）、规范化（formalization）和一体化（integration）是制度化发展的三个趋势。

在去个人化概念中，波皮茨将权力理解为独立于具体的人而存在的，可以转变成为一种抽象的社会地位。这就是说，当一个人的地位或官职被团体内的其他成员所认可的时候，他/她才在这个结构中拥有权力。当被迫离开这个地位的时候，他/她也就失去了权力。尤为重要的是，这种地位和官职是不与特定人挂钩的，理论上对所有具有相应能力的人开放。

另外，规范化指的是使权力摆脱个人或团体的肆意使用，将其使用规范化。规范的权力关系以密集的行动和能力标准网络为特征。这不仅仅决定了谁对谁拥有权力，还对那些在已有规则以外使用或扩张权力的人给予惩罚。

最后，权力一体化指的是当权力的使用、分配和累积成为整体社会秩序的一部分时，合法的制度化和巩固也随之而来。因此，它既是政治学说的一个组成部分，也是一个涵盖最多社会领域的社会模型。

对于这三个元素而言，它们获得的展现越多，权力的制度化程度越高。当权力的制度化得到加强时，权力也会变得更为高效和持久。正如社会学家彼得·因布施（Peter Imbusch）指出的那样，去个人化、规范化和一体化增加了稳定性，是权力的卫士，权力在制度化进程中得到巩固，而且，这个过程是难以撤销的。^① 总而言之，制度化权力的特征不仅仅在于其比非制度化权力更有可能被大多数人所成功运用，而且，一旦被建立，制度化权力很难被废除。

如何准确量化或仅仅是对制度化权力进行分类，这是一个著名的难题。波皮茨提出将此分为五个层次。第一阶段是分散性权力（sporadic power）。这种权力限于个例，不会再次出现。分散性权力在一系列行动通常是暴力活动中得到体现，这些行动之间是相互协调的，但其目的不是建立跨时期的权力关系。成吉思汗领导统一的蒙古部落在 1220 年对东欧进行掠夺就是一个著名的例子。^② 凭借战术的灵活性，用卓越的弓箭大规模地消灭对手的骑士部队，加上在所经过的乡间烧杀抢掠，蒙古铁骑向欧洲王公们展现了其无法比拟的能力。但是成吉思汗的部落们从未以去个人化和正规社会结构的方式向东欧扩张其权力，而是倾向于在胜利的掠夺后返回中亚。

制度化的第二阶段为规范性权力（normative power）。与第一阶段的不同点在于，统治者明确地规范其臣民的行为，使他们服从于在经济、宗教或性生活等广泛社会生活领域中实施的行动规则。这让统治者可以强制执行行为规范，即使是在没有受到任何严重暴力威胁的情况下，这些规范仍然存在。在这

---

① Imbusch, Peter（2007）：Macht: Dimensionen und Perspektiven eines Phänomens, in: Klaus - Dieter Altmeppen, Thomas Hanitzsch, and Carsten Schlüter（eds.）, Journalismustheorie: Next Generation. Soziologische Grundlegung und theoretische Innovation, Wiesbaden: Springer, pp. 395 - 419.; p. 410.

② 参见 Marshall, Robert（1993）: *Storm from the East: From Ghengis Khan to Khubilai Khan*, Berkeley: University of California Press, pp. 90 - 117。

个阶段中，顺从已经正式得到巩固①。这些规范所带来的好处是显而易见的。如果有已成文且被普遍认可的行为规范，那么控制行为所需要的努力就比统治者总是需要出台新的法令要小得多。因此，权力的标准化要求其具有效率。扩张中国家的早期殖民行动是这个权力制度化阶段最好的例子，无论是罗马帝国，还是现代的欧洲民族国家，皆是如此。他们在目标上相同，不仅仅希望在短期内像成吉思汗的部队一样对侵略的土地进行经济性的掠夺，还希望长期控制这些土地。从这个目标而言，规范性权力和相关标准是不可分割的。

根据因布施的判断，第三个也是最重要的阶段是权力安置（positioning of power），这标志着仅仅在社会上得到巩固的权力已转变为实际统治。这个阶段的特征是"超个人优势"（supra-personal superiority）的建立。② 与此相关的是先前提到的社会地位/官职及其相关的具体权力和能力，但是具体的持有人是变动的。安置后的权力与个人无关，允许统治者决定继任者和副手，因此权力在其死后继续存在。此制度化阶段带来的好处是持续性和稳定性。毫无疑问，该阶段的历史可以追溯至王朝传承机制。在王朝传承中，贵族家庭中的一员继承了前君王的职位，同时维系了权力秩序。看上去似乎自相矛盾的标语"国王驾崩，国王万岁"最为准确地表达了获得安置的权力的基本原则。

第四阶段以统治地位结构（positional structures of domination）的出现为特征，或者简单来说，就是权力机构。

---

① Popitz（1992）：p. 44. 原文是："［……Fügsamkeit normativ verfestigt］"。
② Popitz（2017）：p. 95.

在该阶段中，社会地位围绕统治者机制而建立；反过来，他们拥有独立的行政权和控制权。一方面，这个结构促成了分工，不同的公共官员专注于特定权力领域，如军队、经济、宗教或政治。[①] 通过规范化权力，工作效率将得到进一步提高。另一方面，这也确保了不同社会地位间的相互制约和在需要的情况下对能力不足的官职人员进行对调。随着国家统治的出现，进入第五个同时也是最后一个权力制度化阶段。权力机构指的是由具体人群掌握的具有强大社会地位的专门结构，在这个阶段中，权力结构已经成功地"在特定领土内实行垄断性主张，范围涵盖所有三个经典规范性功能：立法权（法律规范）、司法权（垄断制裁）和执行权（包括垄断暴力）"。[②] 这些核心国家功能不需要以传统的三权分立形式来彼此区分。它们也可以被集中在一个赞同技术专家治国论的党派精英或牧师手中。但重要的是，国家统治与其他制度化权力形式之间的唯一显著区别在于，权力机构能够不受争议且成功地使用这些功能。正如波皮茨注意到的那样，常规化这种集中式的领土统治给个人设立了相当多的社会约束。[③] 但是，另一方面来说，这也提供了那些对我们的现代生存来说不可或缺的指示功能。

　　以上对我们罗列的权力原则进行了总结。我们已经探究了普遍存在的权力现象所遵循的逻辑和普遍法则，简而言之就是权力是如何运作的。但是，这些观察对于我们人类而言意味着什么还没得到回答。我们将进入这个话题。

---

① 权力领域的深入分析请参见本书第二章第二节。
② Popitz（2017）：p. 184.
③ Popitz（1992）：p. 64.

第三节　人类、权力与历史的演进

在前一节开头，我们表明了权力的本质必然取决于人类的本质。权力是一种不可还原的社会现象，只通过且存在于人际交往当中。没有人也就没有权力。但是，反过来也同样成立。因为人类的本质是社会生物，他们不断地遭遇权力，也必须不断地与权力打交道。没有人像亚里士多德一样能够准确地概括出这个观点，他称为"zoon politikon"，即政治动物。① 首先，这个名称代表了人类本能地渴望同伴，因此，在世界历史中一直为形成团体组织而努力。亚里士多德幽默地指出，人类与蜜蜂在这一特点上相同。尽管如此，其次也是更为重要的，是亚里士多德的论述意味着人类无法从他们所属的合作社会中脱离。我们的需求和目标，实际上就是我们的整个自我形象，都是由公共关系所构成。无论我们对于自身角色和功能的理解是什么，无论是父亲、经理、网球运动员、环保斗士、飞机模型制作者还是基督教徒，我们总是对社会环境做出假设，为自我描述赋予意义。为了定义他们的"内在"

① Mulgan, Richard (1974): "Aristotle's Doctrine That Man Is a Political Animal," *Hermes*, 102 (3), pp. 438 – 445; Papadis, Dimitris (2006): Is Man by Nature a Political and Good Animal, According to Aristotle?, *Phronimon*, 7 (1), pp. 21 – 33; and Miller, Fred (2011): Aristotle's Political Theory, in: Edward N. Zalta (ed.), *Stanford Encyclopedia of Philosophy*, [online] https://plato. stanford. edu/ archives/win2017/entries/aristotle – politics/, retrieved on 21. 12. 2017. Yu (2005) 认为这个观点不仅仅属于希腊文化或西方学派。尽管在细节上有所不同，但是类似的思考在儒家思想中也有体现。参见 Yu, Jiyuan (2005): "Confucius'Relational Self and Aristotle's Political Animal," *History of Philosophy Quarterly*, 22 (4), pp. 281 – 300。

是什么，任何试图在概念上将个人从社会联系中分离出来的行为，都只能终结于抽象且没有意义的人类学范畴中。[①]

正如我们在最后一节中提到的那样，这些社会环境和设置总是充满了权力。在这个社会范畴里，权力无处不在。它不仅存在于友谊和恋爱关系中，还出现在体育和儿童教育中。以下结论由此得出：（a）因为人类是社会生物；（b）还因为社会现实无法脱离权力；（c）所以人类无法摆脱权力。当然，在全球文明史中，人们为了反抗这个命运做出了许多斗争。最具影响力的反抗战略体现在佛教教义和基督教神秘主义中，正如迈斯特·埃克哈特（Meister Eckhart）的教诲那样：瓦解自我来战胜（世俗的）权力。[②] 这个思想是非常激进的，它认为个人只有通过严苛的冥想、苦行或隐居，克服自身对自然和社会环境的看法，才能摆脱世俗的束缚，不再成为他人权力的对象。然而，这不是一个消除权力现象的问题，而是要达到一种绝对空虚和放手的精神状态，到达一个因个人不再受权力支配而使得权力不再重要的境界。佛教将此称为"涅槃"或"净土"。[③]

---

① 因此，"经济人"（homo oeconomicus）是经济和社会科学意义上理想的人类，即不受社会约束且工具理性利用最大化者，但是，这不仅仅存在道德问题，还严重缺乏解释力。另外请参阅 Taylor, Charles（1989）：*Sources of the Self: The Making of the Modern Identity*, Cambridge：Cambridge University Press。

② 埃克哈特大师（Meister Eckhart, 1260 - 1328）是德国神学家、多明我会（Dominican）哲学家和精神导师，他在阿维尼翁教廷（Avignon Papacy）时期受到瞩目，最终被怀疑是异教徒而受审。参见 Hackett, Jeremiah M.（2013）：*A Companion to Meister Eckhart*, Leiden：Brill。

③ 关于佛教"净土"的概念，请参阅 Bando, Shojun（1973）：Jesus Christus und Amida. Zu Karl Barths Verständnis des Buddhismus vom Reinen Land, in：Yagi Seiichi and Ulrich Luz（eds.）, Gott in Japan：Anstöße zum Gespräch mit japanischen Philosophen, Theologen, Schriftstellern. Munich：Kaiser, pp. 72 - 93, p. 73.

　　该观点与我们在第一章第二节中讨论的古代斯多噶派生活哲学有明显的交叉。和佛教以及一些基督教神秘主义类似，斯多噶派认为我们世俗的短暂存在是充斥着依赖、欲望、痛苦、贪婪且被误导的需求的，必须被否定和克服。直到今天，这种思维方式仍旧有其吸引力，我们不对此进行抨击。但是，可以明确的是，脱离尘世的生活方式对所有人甚至大部分人而言并不现实。对于我们大多数人来说，作为政治动物，作为与世界、社会捆绑的生物，这样的状态并不是累赘，而是为创造成就感提供机会。不断地自我瓦解似乎不仅不是救赎的方式，甚至还威胁着我们所珍视的一切：家庭和朋友关系、专业上的成功、身心上的愉悦，以及很重要的，对自己是独特的人的认识，包括我们独特的性格、人生经历、厌恶喜好、价值观和信仰。对于那些不愿意或者无法付出此代价的人，权力问题始终存在。由于权力是我们（世俗）存在中不可分割的一部分，担心如何摆脱它是没有意义的。相反，我们需要更好地思考它是如何具体地呈现的，我们应该如何处理它以及我们应该如何塑造它，使它合法化。再次，有必要回顾针对权力原则的讨论并就此提出问题：

　　1. 权力现象是无处不在且种类纷呈的，但是它们特定的形式是什么？如何对它们所属的社会领域进行分类？

　　2. 权力必须是正当的，但我们如何具体地使其合法化？

　　3. 权力可以被有目的地创造，但是怎么做呢？通过哪些资源和技术，我们能够获得、巩固、扩大和行使权力呢？如何成功地使用权力呢？

　　从这些问题出发，我们以普遍定义入手，进而对具体社会做出探讨，这些社会在宗教、经济和政治行为和习惯上存在历史偶然性。我们将目光放到权力的社会具体化上。将权力视为一种自古存在、可变的现象是绝对有必要的，因为人类和权力的关系只能在历史的时空维度中被感知。换言之，每一种权力形态总归指的是，在各自所处社会的历史语境中，具体人或群体的权力。围绕权力是独一无二的探讨仅仅是抽象地对我们所处历史中的权力特定形式进行概括。因此，为了理解权力现象，我们必须思考由我们存在的历史性所引发的存在主义挑战。接下来的第二章将对这些挑战进行讨论，致力于阐述权力的具体化。

第一个存在主义挑战可以通过一个简单的标语来概括：一切皆可变。在第一章第二节中描述的逻辑、自然规律和权力原则范围内，时空中的每一现象都在经历持续、有时是剧烈的变化过程。如罗马帝国或阿契美尼德帝国（Achaemenid Empire）等强大的国家在几个世纪内发展和没落；如密特拉教（Mithraism）等具有影响力的宗教突然湮没，与此同时，基督教却在全球得到发展；看上去不容置疑的统治形式，如君主专制，在几天内就被革命的怒火所推翻；例如互联网等技术革命颠覆了一代人对通信和信息的理解。政治、经济、宗教、技术、更重要的是人类自然世界的可变性组成了我们所谓的历史核心。

这个观点就像现代西方哲学本身一样古老。苏格拉底之前的伟大思想家赫拉克利特（Heraclitus）已经在其著作中反复提及，他称为"一切皆流"（panta rhei）。① 但是，赫拉克利特不

---

① 苏格拉底之前的思想家赫拉克利特（Heraclitus）在柏拉图眼中是"相信万物流变的理论家（theorist of universal flux）"，参见 Kahn, Charles H.（2008）：*Art and Thought of Heraclitus*, Cambridge：Cambridge University Press, p. 4。

认为我们的自然和社会环境是完全混乱或过于流动的，以至于不可能存在任何方向和计划。就像历史学家和哲学家马塞尔·冯·阿克伦（Marcel van Ackeren）指出的那样，其实赫拉克利特所坚称的变化绝不是杂乱无章到以至于所有事物及其各方面总会发生变化的程度，这种情况将只会导致什么都无法辨别。[1]无论是否有意识，我们存在于变量与常量的紧张关系之中。因此，人类面临的实际挑战是要去预测哪些自然和社会环境领域将以何种方式发生变化，以及要判断他们在这些转变过程中能够施加哪些影响。这样的人类存在之组成是一把双刃剑。一方面，这表明人类能够塑造他们的存在。另一方面，这也给未来带来持续的不确定性，因此导致害怕失去已有成就和承担责任。[2]

　　至于权力现象，我们生活世界的可变性首先也是最为重要的体现在于总是可能会失去（也可能获得）权力。没有统治者是不可侵犯的，没有国家秩序是获得永恒保证的，没有政治联盟是坚不可摧的，也没有权力资源是取之不尽用之不竭的。因此，战略性地使用权力是很有必要的。权力行为体的行动总是必须符合概率性的目标—手段—环境的计算结果，充分考虑他们决策环境中的变量；否则，他们将面临被其他行为体以巧取胜或因环境变化而遭受打击的风险（战略概念的讨论请参阅本书第二章第五节第二部分和第三节第一部分）。换言之，那些希望在恒定不变的环境中使用权力的人，面临的挑战不仅包括对对手及其同盟的行为做出预测，为了

---

[1]　van Ackeren, Marcel（2006）: Heraklit: Vielfalt und Einheit seiner Philosophie, Bern: Peter Lang, p. 107.

[2]　在当代，存在主义哲学在这两个方面都极有建树，参见 Sartre［（1945）2007］。

以此来制定目标，他们还需要对自身权力手段的发展和效果做出预估。只有拥有了战略，自然和社会实践的可变性才能变得可控，即使是部分可控。所以，任何没有对权力使用做出计划、只依赖直觉引导的人，将会被赫拉克利特"一切皆流"概念所玩弄。

然而，战略制定概念本身也假定了时间是一种可管理的资源，可以服务于个人利益，能够以不连续的单元进行划分和评估。[1] 一旦权力行为体认为人类历史不是周期性的（即同一状态的事件持续出现），而是直接通往不可知的未来，考虑了概率要素的战略就能发挥作用了。这是十分重要的，历史学家莱因哈特·科塞雷克（Reinhart Koselleck）和汉斯·乌尔里克·古姆布莱希特（Hans Ulrich Gumbrecht）已经非常清楚地表明：[2] 在不同的文明和时代里，对于时间的表述和经历总是不同的，过去、现在和未来之间的关系有时被认为是具有宇宙连续性的，有时被认为是在目的上相通的，有时甚至被认为是以停顿、断裂为特征的。从历史的角度而言，在单一时间内，所有人和所有文明遵循着相同且不变的普遍规律，这个广泛的概念相对来说是很新的，是 19 世纪西方在全球影响力的产物。考虑到时间并不是客观存在的，而是塑造自文化，通过采用新

---

[1] 参见 Clark, Christopher（2019）: *Time and Power Visions of History in German Politics, from the Thirty Years' War to the Third Reich*, Princeton/Oxford: Princeton University Press。

[2] 参见 Koselleck, Reinhart（2004）: *Futures Past: On the Semantics of Historical Time. Series: Studies in Contemporary German Social Thought*, translated and with an introduction by Keith Tribe, New York: Columbia University Press; and Gumbrecht, Hans Ulrich（2004）: *Production of Presence: What Meaning Cannot Convey*, Stanford: Stanford University Press。

的日历或改变工作日数量——例如在法国大革命期间或斯大林统治下的苏联——行为体寻求利用时间直接作为权力资源就是自然而然的事了。根据克里斯托弗·克拉克（Christopher Clark）的说法，我们可以将这种特别权力手法称为时间政治（chrono politics）。① 在某种程度上，时间政治是第二章第一节中所阐述的技术权力的变形，通过测量和标准化等技术性手段改变人们的生活，迫使他们根据新的节奏改变自身习惯或生产方式。

人类在其存在的历史中面临的第二个挑战是：万物皆有价。当然，这不意味着每一个行动和每一样物品都可能被货币化或可以被购买。我们将"花费"放在尽可能广阔的范围内进行理解，即对风险、损失和（负面）结果的接受。所以，该原则表达的是人类所有的成就总是与（隐含的）商品平衡、极大的努力、有意识的牺牲或放弃相关。②

乍看上去，这个原则就普遍性而言几乎是站不住脚的。纵观人类历史，总有一些人或群体，他们拥有着他人不曾享受的福利和特权，而这些要么是与生俱来，要么是碰巧拥有。任何在公元前5世纪出生，并身处雅典男性公民小群体中的人——不同于数量更多的奴隶和外邦人（无民事权利的外国居民）——都能够充分使用欧洲第一个直接民主体制所给予的所有权利。那些中世纪或现代的贵族们，不仅比乡村居民拥有

---

① 参见 Clark（2019）：p. 6。

② 参见 Flaig, Egon（2017）：Die Niederlage der politischen Vernunft. Wie wir die Errungenschaften der Aufklärung verspielen, Springe: zu Klampen。因此，弗莱格强调了衰落的政治原因，声称人类正在挥霍启蒙运动的成果。

更多的政治和经济权力，还因为更好的医疗条件和更少的工作量而享受着更长的寿命。当今的情况也向我们证明了，工业化国家和发展中国家之间在生活标准和法律安全上存在巨大的鸿沟。"万物皆有价"这一原则的荒谬之处难道不是由这些国家不劳而获的特权（而非成就）所揭露的吗？

但是，更仔细地探究则会有更细微的发现，使得我们对这一原则及其含义能够有更深的理解。让我们从中世纪和现代欧洲贵族的例子入手。对这一阶级的核心特征的最好理解是著名的格言"Noblesse oblige"，即"贵族义务"。这表达的是一种习惯性观念，那就是贵族的至高无上与其对社会大众的专属义务相伴而行：在生活的方方面面成为行为的表率，遵循严格的荣誉准则，施舍有需要的人，时刻准备着为国家进行军事防御，等等。"贵族义务"因此意味着贵族的特权是有"价格"的，那就是履行专属社会职能，这与特定的生活典范有关。如今，宣称欧洲历史中所有贵族成员在所有时代都履行了这些职能是非常荒诞的。但是，这样的坦白却遗漏了重点：特权、商品、资源、成就，诸如此类，都不是存在于真空之中，而总是且需要与特定的社会互动关系、预期、楷模、成本效益计算相连。缺一不可。①

---

① 这种见解在所有文化中都有不同的诠释。它最终成为伟大的、在形而上学意义上深远的业力论（pinciple of karma），就是佛教和印度教中的转世轮回。简言之，业力论认为我们的每一个行动，无论是否具有良好的道德，都直接与我们个人福祉有关。每一个恶行都会在中期（要么在此生，要么在下一生）遭遇不幸来作为弥补，每一次善行都将带来好处。因此，通过提出严格的等价定律，业力论将"万物皆有价"拓展至道德范畴：我们的每一个行为都有其道德价格，我们得到的一切都是应得的。关于业力论及其道德哲学思考的讨论，请参见 Kaufman, Whitley (2007): "Karma, Rebirth, and the Problem of Evil: a Reply to Critics," *Philosophy East and West*, 57 (4), pp. 559 – 560。

正如上文所理解的那样，我们可以轻而易举地将万物皆有价这个结论应用于其他领域：那些备受瞩目、享受着威望的人必须维护他们的信誉，接受众人对他们的一举一动、每一表述做出的评判；那些被捐助者和接受贵重礼物的人一定要感恩和回礼；任何希望获得政治、经济、艺术和科学成功的人必须愿意在生活的其他领域、利益上，甚至是人际关系上做出牺牲；任何渴望不同权力的人必须学会与嫉妒和对手共处。有人可能会认为，似乎只有缺乏野心、有意识地不情愿，才能打破这种范式。但是，这样的结论是具有迷惑性的。即使是没有权力的人也需要付出代价。任何为了维护个人利益、反对外部抵抗而有意识放弃权力的人很快就会沦落为其他人权力下的玩物。企图逃脱"万物皆有价"范式的行为并不会带来自由，而会直接导致丧失自主性。

如一切皆可变一样，万物皆有价也是人类的状况。这导致产生两种影响。第一，处于所有时代、所有文化情境下的人类都需要判断他们拥有或希望拥有的商品的价格。第二，他们需要决定他们是否愿意就此付出，如果不愿意，当前目标的替代品是什么。不仅仅是个人需要面对这个问题。尤其是在政治权力问题上，成本问题是整个国家及其领导精英面临的持续挑战。当然，这个问题仅可以被反复提及、暂时地阐明，但不可能被最终解答。

第三个挑战是：无法实现一切（not everything is achievable）。在第一章第二节中，我们已经强调了人类以需求为特征，其行为由食物、安全、亲密关系等自然需求和精致的红酒、好书、昂贵的车、新奇的电子产品等后天爱好所驱使。与脆弱性一道，正是这样的特点将人类暴露于权力之下。然而，正如历史学家和政治思想家艾贡·弗莱格（Egon Flaig）写道的那样，还有一个本质性问题，那就是无论文化如何引导，人们的欲望是得不到满足的。[①] 满足一个欲望通常会导致另一个欲望的形成，而这个欲望的范围和满足感会超过前一个。另一方面，有限且分配不均的资源衬托出了我们潜在的毫无止境的需求范围。其结果是，人类的需求仍然被抑制、持续地无法得到满足。笼统地说，这种人类状况会产生两种重要的影响：一方面，欲望得不到满足，这促使人们继续创新、激发潜能和创业精神，而不是接受现实。例如，微薄的收成无法满足社会的营养需求，为了在来年取得更好的收成，就对稻谷进行杂交。不是接受一种商品的高昂造价只吸引少数消费者这一事实，而是对生产过程进行优化，以便吸引新的、不那么富裕的买家。人类的历史就是在有限资源的背景下，不断提高满足需求的效率和效果的历史。然而，弗莱格意识到，人类的欲求不满也是贫困、不满和不幸的来源。[②] 即使不断地通过科技和文化创新来优化满足需求的过程，我们仍旧面临两难问题，首先，需求随着过程的改善而增加，其次，全面、公平、理想地甚至是全球性地满足人类所有需求，从根本上来说是乌托邦式的。这样的结果就是社会内部和社会之间在分配上不断出现斗争，甚至是军事冲突。这些人、阶级和国家之间形成冲突的关键当然就是权力。争取影响力的斗争积累了更多无法实现的欲望。

---

① 参见 Flaig, Egon（2017）: p. 46。
② 同上书，p. 47。

　　然而，权力现象在这个情境中具有特殊情况。与知识、金钱、食物和衣服等其他人类爱好不同，权力是可分割的，但其总数是不可增加的——就是说，权力是一种恒量商品。相应地，对权力的追寻总是与零和游戏相关。一个人拥有了权力就代表了另一人失去权力。我从权力中获得的就是其他人失去的。没有文化手段或科技能够最大限度地满足人类对权力的本能追求（在第一章第二节中已经讨论过），至少无法从增加其总量上入手。

　　在这场零和游戏中，唯一能够优化的是竞争者成功的能力。我们将在第二章中阐述，这些权力手段是高度限定于其所涉及的社会领域的，例如宗教、经济和政治等。然而，在这里，我们不打算提前解释，而是仅仅给出结论。在一个资源有限的世界里，分配不均的资源和人类无法满足的需求带来的不仅仅是需求被最大限度地满足，也导致了分配斗争，随之而来的是权力斗争；因为权力是恒量商品，为了最大限度地满足需求，人类专注于用于权力争夺本身的技术和手段。现实的挑战显而易见：那些希望赢得零和游戏的人被迫不断地对其权力手段进行评估和创新。停滞不前意味着失败。

　　最后，在人类历史中，第四个同时也是最后一个存在主义挑战是一切都在寻找意义（everything strives for meaning）。对一些我们的读者而言，这似乎是一个深奥的范畴，承载着过多的沉重内容和悲伤情绪。事实上，与生命的意义这一伟大的哲学和神学命题产生关联，几乎是不可避免的。[1] 但是，我们所

---

　　[1]　以一种清新朴实、文笔优美的方式探讨这个话题，请参见 Nagel, Thomas (1987): *What Does It All Mean?*, New York/Oxford: Oxford University Press。

提出的原则并不涉及该领域的深入讨论，只关注核心事实，那就是我们人类总是向我们自己和他人提出为什么的问题，不仅仅是找寻解释，例如为什么磁针总是指向北方？为什么天空中的星星会随着季节而变化？为什么人们会有从众的本能？我们还提出称为规范性的为什么的问题，例如为什么我们要尊重父母？为什么我们要锻炼、保持健康？为什么我们应该学习我们所处社会的历史？为什么我们要交税？为什么我们要建立一个民主体制政府？后面的这些问题需要的是令人信服的推理，与解释性为什么的问题不同，这不仅仅是要求我们能够正确处理自然和社会环境中的因果关系。还要求我们必须给出建立民主或尊重父母的理由。如果无法找到，那么相应的惯例、规范和秩序形式都会变得没有意义，失去其义不容辞的本质。

在塑造我们的社会秩序、个人生活计划和人际关系过程中，对意义和合理性的探寻是我们人类学构成的组成部分。它们塑造了我们与他人互动的方式，我们自我组织的方式，以及我们对社会的需求。于是，从商业和政治到体育、艺术和文化，人类生活的方方面面都囊括在内。与爱好、正面和负面激励以及权威机构一样，意义具有无可争辩的激励作用。如果人们认为一个目标或一个项目是有意义的，那么他们就会至少最大限度地去实现和捍卫它。如果他们认为这是没有意义的，缺乏任何的合理性和合法性，在没有外部刺激的情况下，他们几乎没有动力就此给予支持和进行合作。

对意义的探寻促进了权力现象的产生，就权力的有目的产生进行讨论时已经对此有所涉及（参见第一章第二节）。无论是政府元首的权力，还是足球教练、教堂领袖或首席执行官的权力，都要求那些屈服于该权力的人认为这是有意义的。简单来说就是，如果权力没有意义，它也就失去了（本能）动力，不得不依赖于胁迫。我们将在第二章第五节第二部分讨论合理性时涉及更多细节，但是，尤其是在政治统治领域内，这样一种权力构成是不稳定的。权力需要合理性。我们将看到，更重要的是，基于共同的历史、相同的价值观和象征符号，需要对社会世界建立起经得起推敲的理解。

历史已经以不同的方式回答了什么为我们的行动、交往和社会赋予意义这一关键问题。但是，宗教几乎一直扮演着核心角色，本书第二章第二节第一部分将其作为独立的权力领域进行探讨。宗教通过创造一个我们自然感官以外的美好世界来提供意义，在那个世界里，到处都是神，这不仅仅是道德价值观的唯一来源，还具体化并定义了世界的救赎史。由于宗教有能力满足人类对意义的基本需求，同时又能将秩序和规范的社会形式合法化，因此，宗教几乎是无可匹敌的权力来源。所以，如启蒙运动或社会主义等其他为人类提供意义的范式总是致力于宗教的理性模式，有时甚至采用宗教逻辑体系和思维方式，也就不足为奇了。正因为对意义的追寻是权力合理性的核心，所以权力斗争在历史上是最为激烈的意识形态斗争。这为下一章提供了清晰、坚实的基础。

在此，我们希望结束对塑造人类、权力和历史三者之间关系的挑战和问题的概述。为了阐述清楚权力的形式有哪些，在哪些领域出现，遵循哪些逻辑，以及如何使用并合法化，我们现在重新聚焦于权力的具体化。

第二章　权力的具体化

权力如何变得具体？于何处变得具体？通过这两个彼此相关的问题，我们将描绘出权力的基本形式，权力最重要的社会领域、合法性条件及其资源和工具。在前一章对权力的本质进行了探讨后，本章聚焦于权力现象。在此，我们不仅仅是对权力现象进行分类，还要阐述权力是如何被具体地合法化和掌握的，可以这么说，本章是整本书中权力理论和实践的交汇处。

第一节　权力的形式

波皮茨在其经典著作《权力现象》（*Phenomena of Power*）一书中，对权力在不同领域的表现形式及其特征所做的分类，比很多理论家所做的都更为清楚。[①] 根据波皮茨的观点，无论所处历史和社会环境如何，每一种权力现象都可以根据行为方式而被归入以下基本类别：行动权力（the power of action）、

---

① 参见 Popitz（2017），更深层的分析请参见 Poggi，Gianfranco（1988）："Phänomene der Macht: Autorität – Herrschaft – Gewalt – Technik," *Review, Contemporary Sociology*, 17（4），pp. 664 – 556。

工具权力（instrumental power）、权威权力（authoritative power）和技术权力（technical power）。

行动权力（the power of action）指的是个人或群体做出伤害他人行为的能力。波皮茨认为，正如人类使用权力的历史所清晰呈现的那样，这是权力最直接的方式，同时也是最古老的方式。[①] 根据人类具有脆弱性这一特点，受到伤害几乎是不可避免的。相应地，这种权力形式不仅仅包括纯粹的身体创伤，还包括对社会或经济造成的伤害。那些使用权力的人不需要对他人进行殴打、强奸或射杀，就可以对其造成伤害，例如通过从债务人处讨回贷款或通过排斥而将一些人从社会生活中孤立出去。这在所有权力行为的派生形式上都有不同程度的反映。以身体创伤为例，从施加痛苦到致残和杀害。在物质损失上，从仅仅是资源上的减少到完全失去生活资料，例如，可耕种的土地被破坏和发生系统性饥荒。社交伤害的严重性则从疏远和忽略，再到囚禁和剥夺权力。[②] 然而，行动权力不仅仅是具有破坏性的，它也具有维护和生产职能。任何希望保持社会及其相应的非暴力合作规则体系的人都会同意行动权力是不可缺少的。如果警察和军队等国家执法机关缺乏权力资源来打击罪犯、恐怖分子、敌对国家等对手，那么他们就无法保证内部和外部安全。另外，当被用于摧毁已有社会秩序并建立新的社会

---

① 参见 Popitz（2017）：p. 26。

② 福柯强调，将与社会脱离的人作为"精神病患者"来孤立和囚禁是行动权力最普遍的形式之一。参见 Foucault, Michel（1995）：*Discipline and Punish: The Birth of the Prison*, 2nd edition, translated by Alan Sheridan, New York: Random House。

秩序时，行动权力就发挥了生产职能。革命是这一职能的范例。在革命中，社会激进人士通过联合使用物质、社会和经济行动权力，摧毁原有权力机构，建立新的政权。

工具权力（instrumental power）是第二种权力形式，指的是通过可靠的威胁或承诺控制他人行为的能力。成功的威胁能够控制行为，因为其他人害怕造成威胁的一方有能力、有意愿做出对他们不利的行为。成功的承诺会对行为产生影响，因为提供承诺的人给其他人带来希望，让他们相信他/她的所作所为将对他们有利。[①] 总而言之，拥有工具权力意味着拥有支配他人恐惧和希望的权力。[②] 当然，这不需要建立在真实的权力基础上，也不必客观合理，只要对方认为他/她希望或害怕的行为将会发生就足够了。因此，工具权力既可以依赖于以假乱真的虚张声势，也可以依赖于损害或造福他人的真实潜力。但是，关键在于，威胁或承诺常常有其历史：如果一个国家总是履行其之前的承诺，向其盟友提供军事支持以作为长期征税的交换条件，那么其盟友就有理由相信该国在未来也会这么做。如果这样的承诺到目前为止被证明都只是空话，那么其盟友可以百分之百认定这样的状况将会持续。因此，工具权力总是依赖于进行威胁或给出承诺一方过往行为的记录。

---

① 大体而言，采用有条件的承诺是更准确的。有条件的承诺因其"如果 – 那么"的假定结构而区别于无条件的承诺。比较："我承诺我们将在星期天吃冰激凌"（无条件的承诺）和"如果今天你能打扫你的房间，那么我承诺我们将在星期天吃冰激凌"（有条件的承诺）。

② Popitz（1992）：p. 79.

　　在波皮茨看来，威胁和承诺有两个常见的结构特征。第一，进行威胁和给出承诺的一方将所有接收方（addressees）的行为选项分为两类：服从和不服从。通过这个方式，接收方的选择被限制在这两个选项之中。不管其中一种选择是多么令人反感，只有当接收方在二者中进行自由选择的时候，他们才会面临工具权力。[①] 第二，进行威胁和给出承诺的一方承担着双重角色，他们既是威胁或承诺的发出者，也是奖惩的潜在分发者，因此他们自己的行为与接收者未来的行为捆绑在一起。进行威胁和给出承诺的一方必须按照所宣称的那样对接收者采取行动，否则会丧失信誉和权力基础，即未来威胁和承诺的有效性。换言之，接收方可以迫使做出威胁和承诺的一方露出他们的真面目，转被动为主动。为此，我们以希腊经济危机为例进行说明。欧盟和国际货币基金组织似乎对希腊享有工具权力。通过承诺为其提供贷款，将其从破产中拯救出来，他们能够迫使希腊启动全面的经济和社会改革。问题是，对于希腊的违约、最终的国家破产以及对欧洲经济所造成的所有负面影响，欧盟和国际货币基金组织必须真正地还以颜色。由于欧盟和国际货币基金组织对采取这一步骤出现迟疑，所以他们的工具权力比一开始所展现的要有限，这毫无疑问为希腊设法从债权人那里得到让步提供了空间。

　　尽管威胁和承诺具有结构上的相似性，但它们也存在巨大

_____

　　① 但是，需要对自由选择的讨论保持警惕。如果存在一种选项会给一方的生活造成一定损失，那么这就很难与我们对自由选择的日常理解所吻合了；请见我们在第一章第二节中对权力和自由之间关系的讨论。

的分歧。波皮茨认为这是一个收益率问题。[①] 对于发出者而言，威胁在经济上相对划算，只要成功，威胁不需要有任何进一步的花费。如果被威胁一方的行为遵从威胁一方，那么后者则不必实施威胁。威胁一方不需要消耗物质或经济资源。只要当被威胁一方进行反抗时才会使威胁变得昂贵，例如，当他们认为该威胁是空头威胁时。承诺则完全相反。承诺在获得成功时变得昂贵，因为接收者会因其顺从行为而得到嘉奖。另一方面，如果接收者不顺从，那么这样的承诺将是廉价的。在这样的情况下，提供承诺的一方无须给出奖赏。这些区别在表 2 - 1 中列出。

表 2 - 1　对比威胁和承诺的收益率

		接收者的行为	
		顺从	不顺从
发出者的成本	昂贵	承诺	威胁
	廉价	威胁	承诺

　　鉴于此，要在不同情况下使用承诺和威胁。当被威胁者很可能会遵从当权者意愿时，采用威胁。所有用于管理我们日常生活的准则，如禁止偷盗、攻击、侮辱、虚假陈述等，都与隐含的威胁有关，即对违反之人施加法律制裁，这并非巧合。因为立法机构坚信大多数民众愿意遵守这些准则，不需要以奖赏来确保，这样的举措将会是极其荒谬的！但是，当接收者几乎不可能，或者至少是不确定是否会实现当权人的心愿时，就会

---

① Popitz (1992): p. 92.

采用承诺。承诺不会用于日常生活之中，只会用于特殊场合。如果不是这样，那么就如波皮茨注意到的那样，这将成为完全无法创造利益的权力战略。

"如果你认为将会服从，那么就威胁！"和"如果你预计不会服从，那就承诺！"这两个工具权力原则普遍成立。这是在上述对两种工具权力形式的收益率进行对比后得出的。然而，至于预计具体什么时候将出现服从或不服从的行为，显然无法就这个问题给出普遍适用的答案。在属于第一世界的现代、普遍稳定的民主体制中，无论是西方还是东亚国家，通过威胁处以监禁来禁止拥有明显的军事武器是明智的。事实上，这是许多以法治著称的国家所采用的准则，例如英国、澳大利亚、日本、德国、法国以及全欧洲；甚至在美国，尽管从宪法和情感上，引发了关于第二修正案的具体边界的激烈争辩，但是这在理论上也适用。无论如何，综观全球，只有极小一部分居住在稳定国家的人仍会考虑在家中储存全自动突击步枪、手榴弹和反坦克武器。但是，在被动乱和种族冲突侵扰的动荡国家里，情况将完全不同。在这样的国家里，从权力战略的角度来说，对放弃武器、向政府投降的武装分子予以赦免或资金支持也许是恰当的。在那里，拥有军事武器不是例外，而是惯例。因此，他们向政府缴械投降是意料之外的。

权威权力（authoritative power）是第三种权力形式，指的是利用他人对认可和引导的需求来掌控他人的能力。根据波皮茨的观点，人类不仅仅有模仿道德、学识、社交或精神楷模的倾向，还希望得到这些人的赞许。这一需求在所有人类社交形式中都有迹可循，能够被那些被认为是权威的人用于影响其他人的外在行为、态度和信仰，以及整个世界观。与工具权力不同，权威权力发挥作用的方式不是根据接收者已有喜好来设定积极和消极刺激，而是基于在享有自由意愿的情况下，被权威束缚的人将统治者视为榜样的事实。[①]

早在两千五百年前，作为中国治国理政奠基者的孔子和老子就发现了权威权力对于稳定秩序的统治者的巨大意义（见第一章第一节）。在两位思想家看来，永久统治的根本，不在于通过暴力威胁或承诺诱惑来控制人民，而在于统治者的模范道德品质以及人民对其所展现的尊重。孔子甚至认为只有诚实的皇帝才足以激励人民遵守法律。他认为优秀的统治者不需要颁布命令，而拙劣、不公正的统治者即便颁布许多命令也得不到遵守。老子认为，当权威权力完整地建立时，一种特别形式的自治就会出现。通过服从统治者的意愿（预料中的），人民仅仅是遵循自己的意愿："太上，不知有之；其次，亲之、誉之；其次，畏之；其次；侮之……功成事遂，百姓皆谓'我自然'。"[②] 所以，生活得以继续，人民拥有自由，就统治者和

---

① 参见 Popitz（1992）：p. 26；p. 106。关于进一步分析波皮茨如何从扩展权力范围、提高其准确性和有效性的角度理解权力的制度化，也可参见 Palumbo, Antonino and Scott, Alan（2018）：*Remaking Market Society：A Critique of Social Theory and Political Economy in Political Times*，New York/London：Routledge，p. 69。

② Lao Tzu（2009）：p. 39. 令人惊讶的是，黑格尔法哲学中"主观自由"（subjective freedom）概念也体现了一模一样的观点。参见 Hegel, Georg W. F.［（1821）2003］：*Elements of the Philosophy of Right：Or Natural Law and Political Science in Outline*，Allen W. Wood（ed.），translated by H. B, Nisbet. 8th edition，Cambridge：Cambridge University Press，p 22；p. 57。但是，考虑到国家体系必须确保重要的基本权力、采取以公共利益为导向的政策，黑格尔给这个自由概念增加了"客观"（objective）元素。

被统治者的关系而言，这确实是主观感受，却又很重要。

拥有权威权力的人不需要依赖于行动权力或工具权力。统治者可以相信，那些受到权威束缚的人是出于自愿而不是被迫来遵从他们的心愿。为了维持这种权力形式，只要对服从表示认可和否定不服从的行为就足够了。作为此类表述的行家，波皮茨将这样"徒手"的武力称为"无声"的力量。① 除此之外，权威权力所有者不需要持续地对服从对象使用权力。只要这些服从者不断地内化统治者的心愿、价值观和行动规则，不断地以统治者来鞭策自己，将统治者作为他们严格的裁判，这就足够了。②

第四种权力形式是技术权力（technical power），这指的是通过干预或改变他人的自然和非自然居住条件来间接影响他人的能力。该权力形式的根源在于，人类天生具有目的性，并且会干预他们的环境。英国哲学家约翰·洛克（John Locke）指出了这一特质的重要性。他认为，人类因拥有劳动能力而与自然区分开来。③ 通过在如需要被砍伐的树或需要被凿开的石头等具体物品上连续抽象地完成预想动作，来占领该物品。物品因此变成了目标的表达形式，如果所采取的所有行动都是成功

---

① Popitz（2017）：p. 45.

② 巧合的是，这与西格蒙德·弗洛伊德（Sigmund Freud）的超我概念有着有趣的关系，参见 Freud, Sigmund［（1923）1989］：*The Ego and the Id. The Complete Psychological Works of Sigmund Freud*，James Strachey（ed.），introduced by Peter Gay，New York：W. W. Norton & Co。与权威权力相类似，超我是自我不断取代外部规则设定者和执法者的心理状态，用弗洛伊德的话说，就是父母。

③ Locke, John［（1689）1988］：*Two Treatises of Government*，Peter Laslett（ed.），Cambridge：Cambridge University Press.

的, 那么做出这些行动的人就会在被创造的物品中认识到自己。① 波皮茨称此类行动为技术行动。在今天, 我们也称之为脚踏实地制造事实。

对应的权力行为可以分为三大类: 改造 (modifying)、生产 (producing) 和部署 (employing)。② 改造强调的是对已有环境做出修改, 例如, 清理森林、拦河筑坝或围起牧场。生产指的是创造一个新物品, 即人工制品。这类人工制品的工艺复杂程度各不相同且用途广泛, 从简单的茅草屋到复杂的核能发电站, 从长柄大锤到显微激光切割机。最后, 部署指的是人工制品的精准运用, 要么是为了参与有生命和无生命的环境, 要么是为了生产其他人工制品。

权力如何与这些不同类型的行动一起行使呢? 就改造行动而言, 以同一条河流流经并为其提供饮用水的相邻两国为例。如果河流上游国家的政治领导人决定改变河流流向, 那么他们将仅仅通过此次对自然环境的干预, 就对其邻邦造成巨大影响。通过剥夺邻国的饮用水, 上游国家可以迫使邻国对其建立经济依赖, 不顾邻国的反对而实现自身利益。因此, 改造环境

---

① 黑格尔和马克思都将这个特点作为他们整个人类学的基础。两个人都认为, 无论是从理论上还是实际操作上, 人类都在努力地消除自身与世界、主观和客观、内在与外在的对立。哲学, 尤其是知识学, 属于理论范畴, 旨在通过人类理性概念获取外部世界中存在于时间空间的物品, 并将其制度化, 从而消除它们的外来性。制造工作则属于实践范畴。通过生产性干预, 逐渐将自然世界转变为人工制品, 人类毫无例外地将其居住环境印上了自己的"烙印"。也可参见 Quante, Michael (2010): After Hegel. "The Realization of Philosophy Through Action," in: Dean Moyar (ed.), *Routledge Companion to 19th Century Philosophy*, London: Routledge, pp. 197 – 237。

② Popitz (1992): p. 160.

的能力使得将自然环境作为杠杆进行利用成为可能。① 出生于瑞士日内瓦的让 - 雅克·卢梭（Jean - Jacques Rousseau）更是详细介绍了另一个改造权力结构的例子："谁第一个把一块土地圈起来并想到说：这是我的，而且找到一些头脑十分简单的人，使他们相信他的话，谁就是文明社会的真正奠基者。假如有人拔掉木桩或者填平沟壕，并向他的同类大声疾呼：'不要听信这个骗子的话，如果你们忘记土地的果实是大家所有的，土地是不属于任何人的，那你们就要遭殃了！'这个人该会使人类免去多少罪行、战争和杀害，免去多少苦难和恐怖啊！"②无论你是否赞同这个针对不动产概念的激烈批判，可以明确的是，法国大革命理论奠基者之一的卢梭清晰地意识到了控制土地所带来的潜在权力。任何控制了土地和领土划分的人均决定了其余人类同伴的流动性和空间，可以赋予其他人通过权和使用权，允许或禁止他人进入，等等。

　　人造制品的生产和使用具有潜在权力是容易被证明的。就此而言，我们必须不只是考虑巡航导弹、隐形战机、高斯步枪等尖端武器技术的生产和使用等突出例子。无论是疫苗还是软

----

① 与预想的一样，在干旱地区，这种权力技巧被用于影响政治。例如，土耳其和伊拉克长期争执的焦点就是土耳其在幼发拉底河（Euphrates）和底格里斯河（Tigris）的水坝建设项目。名为"东南安纳托利亚工程"（great Anatolian plan）的完工将会即刻使巴格达政府依赖于土耳其的水政策。对于该话题的深入分析，参见 Khagram, Sanjeev（2009）：*Dams and Development. Transnational Struggles for Water and Power.* Ithaca/London：Cornell University Press。

② Rousseau, Jean Jacques［（1775）1992］. *Discourse on the Origin of Inequality*, translated by Donald A. Cress, Indianapolis/Cambridge：Hackett Publishing Company, p. 44（中文译文引用自让 - 雅克·卢梭：《论人与人之间不平等的起因与基础》，商务印书馆，1962。）

件，生产甚至在需要的时候垄断梦寐以求的产品也是技术权力的一种形式。西方工业化国家对于发展中新兴国家的权力极大地建立在尖端科技及对其持有和限制其使用上。因此，欧盟等地缘政治地区的政治决策者将技术转移议题作为权力优先项是不足为奇的，为了避免遭受质疑，这样的权力出于纯粹的经济考量。

行为体技术权力的范围由三个因素决定。第一个因素是技术手段的完成度，这是波皮茨的重点。[①] 在特定的权力使用领域，一个人越能有效和高效地掌握改造、生产和部署，那么他/她的权力就越大。因此，举例来说，一个国家的军事技术权力是它生产和部署军事科技的能力，这是显而易见的，无须过多解释。然而，我们认为还有另外两个因素同样重要，但是波皮茨没有提及。这两个因素是社会学、地理学和民族学范畴的"脆弱性"（vulnerability）和"弹性"（resilience）。[②] 脆弱性指的是人们暴露于风险之中，对其敏感，这既可以是洪水或旱灾等环境灾害，也可以是贫困或犯罪等社会风险。与此同时，弹性指的是人们对伤害的抵抗力，以及他们对于已改变且变得危险的居住条件的适应能力。我们可以通过之前提到的与水有关的例子来诠释这些核心概念。在之前的例子中，一个国家通过改变河流走向对另一个国家行使技术权力。在这个例子中，通过对其拥有哪些可替代的水资源、有多少蓄水量以及农业对水的依赖程度进行评估，从而确定该国的脆弱性。邻国的弹性则

---

①　Popitz（1992）: p. 179.

②　Gallopín, Gilberto C.（2006）: "Linkages Between Vulnerability, Resilience, and Adaptive Capacities," *Global Environmental Change*, 16 (3), pp. 293 – 303.

由其成功蓄水的状况、调整农业生产来应对旱期等情况来决定。显然，如果下游国家拥有可替代的水源，其农业具有适应能力，那么上游国家对其邻国所具有的影响则小得多，同时，这一结论不考虑上游国家是否具有改变河流走向的有效措施。

我们可以引用无数其他的例子，但是不可避免的是，脆弱性和弹性在不同情境下有不同的含义。例如，在卫生政策部门，死亡率、药品供应、卫生状况等评判标准是相关的；在能源政策领域，与之相关的是可替代能源的有效性、现有生产方式的效率、人口的能源消耗等。这里不过多地涉及细节，但是无论如何，需要明确以下基本原则。行为体的脆弱性越高或其弹性越低，那么成功对其行使技术权力的可能性就越高。同理，行为体的脆弱性越低或弹性越高，那么成功的可能性越低。因此，技术权力的影响和成功不仅仅依赖于掌握该权力的人是否具有完善的资源，还取决于那些可能受权力支配的人面对风险时的脆弱性及其应对风险的能力。

在概括了四种权力形式后，我们现在来探究它们的共同点和相互关系。第一，工具权力和权威权力直接影响受支配者的行为，这是显而易见的。工具权力通过为行动提供外部刺激来发挥作用，而外部刺激依据的是受权力支配者的原有偏好。另外，权威权力对行为体的精神生活造成影响，通过对其给予肯定或否定来改造他们的偏好。行动权力和技术权力的共同点在于他们能够影响有关人员的处境。前者对肉体脆弱的有机体、社会生物或经济行为体形成直接影响，而后者影响的是他们身处的自然和非自然居住条件。

第二，所有权力形式可以相互融合、互相转换。波皮茨提供了一个随着时间而进行变化的典型例子，他指出："权力行为本身体现于对外国领土的侵略之中；工具权力被用以获得新财富，不断的镇压可以被转化为权威权力；所有这些过程都可以在高墙和防御工事内找到具体表现"①，即技术权力。于是，深入分析往往会发现，为权力转化而积累的已有的权力组合是由简单的暴力行为发展而来的。与此同时，不同的权力形式相互补充，彼此强化。一旦我们涉及国与国之间的冲突，技术权力就成了行动权力关键的前提条件。只有那些拥有以工业规模生产军事武器所需技术和经济能力的国家，才可能伤害其他国家或通过威胁采用军事力量来影响其他国家的行为。另外，只有那些能够保护其社会不受外部和内部敌人攻击的国家才能持续地拥有技术资源，而这正是卓越的技术权力所需要的。这些组合说明四种权力形式相互依赖、相互促进，无法分割，是内部各不相同的单一权力现象的组成元素。

　　在对四种权力形式进行分类后，我们了解了权力现象的普遍结构，为文化、社会等所有领域提出了一种通用体系。然而，仍旧有关键问题尚未解决，那就是这些形式如何在个人和组织的互动中变得清晰且可传播，它们在不同的社会领域中是以何种具体形式呈现的。如果我们希望将权力作为一种长久以来具体且多变的现象进行理解（见第一章第三节），那么我们就无法避开这个话题。在接下来的章节中，为了概括社会的核心权力领域及其内在逻辑（见第二章第三节），我们将首先着重分析权力和象征主义之间的关系（见第二章第二节）。

---

① Popitz（2017）：p. 20.

第二节　权力和象征主义

在我们的日常用语和公共观感中，权力和象征主义紧密相连。当一个政治人物在聚集的媒体面前惩罚下属时，我们自然而然地认为这是"权力的展示"。导弹测试或军队阅兵都是"权力的宣示"，位于德国银行业中心法兰克福的欧洲中央银行的玻璃宫被形容为"权力的丰碑"。尼克拉斯·鲁曼（Niklas Luhmann）在其备受好评的著作中指出，这样的联系并非偶然。在他看来，这是构成权力所不可或缺的。[①] 历史学家诺伯特·埃利亚斯（Norbert Elias）迅速地为其找到了原因，声称人类不相信看不见的权力。他们需要看见才会相信。[②] 按照这种观点，权力只是有潜力采取行动，只是有机会增进个人利益，因此它必然是抽象的。也就是说，它是不可见的。为了成功地使用和扩大权力，必须通过感官符号使其可见。这样的推理是成立的。但是，应该深入下去，来更精确地确定权力和象征主义之间多层次的复杂关系。

首先是象征主义的概念。象征符号究竟是什么，与其所代表的内容具有何种关系，这些是语言理论家、语言学家和认识论学者不停争辩的话题。在下文中，我们倾向于采用恩斯特·

---

① Luhmann, Niklas［（1975）2003］：Macht, Stuttgart：UTB, p. 32.

② Elias, Norbert (1983)：Die höfische Gesellschaft. Untersuchung zur Soziologie des Königtums und der höfischen Aristokratie, Frankfurt a. M.：Suhrkamp, p. 179. 原文是："An die Macht, die zwar vorhanden ist, aber nicht sichtbar im Auftreten des Machthabers in Erscheinung tritt, glaubt das Volk nicht. Es muss sehen, um zu glauben."

卡西尔（Ernst Cassirer）的经典定义，他用"象征形式"（symbolic form）来表示精神能量，借此将心理意义或内容与具体的感官符号联系在一起。[1] 于是，通用的"象征符号"一词指的是所有能够被我们的自然意识所捕获的具体物品和事实，因此，附加的意义是超出物品本身的，指的是抽象、概念化的含义。除了反核能的微笑太阳、帝国雄鹰、美元符号等图片以外，还包括摇手指、黑豹拳、纳粹礼等手势，拉丁字母，象形文字，包含命题、谓词和情态逻辑的运算符在内的字符，警示汽笛、号角、裁判口哨等仪式礼节，以及皇帝塑像、使馆建筑和凯旋门等纪念建筑。所有这些象征符号的相同点在于，除了因人类不断进化而养成的敏感性而需要对某些警示颜色做出解释外，这些象征符号不需自我诠释。[2] 它们需要一个由翻译者和演讲家组成的团体，对它们进行解密、围绕它们进行交流并使之传播。因此，符号的意义不是永恒的，而是与已有且多变的社会惯例有关；因此，关于诠释象征符号意义的冲突不断，这与权力分析直接相关。

权力和象征主义之间具有何种具体关系？首先，那些希望长时间、大幅度地与他人进行复杂的权力行为合作的人依赖于成文的沟通，也就是符号标记（symbolic sign）。这适用于希望

---

① 参见 Cassirer, Ernst（1955）: *The Philosophy of Symbolic Forms*, translated by Ralph Menheim, introduced by Charles W. Hendel, New Haven/London: Yale University Press; 也可参见 Cassirer, Ernst〔（1910）2010〕: Substanzbegriff und Funktionsbegriff, Werkausgabe Vol. 6, Hamburg: Felix Meiner, p. 161。

② 参见 Cassirer, Ernst（1955）: *The Philosophy of Symbolic Forms*, translated by Ralph Menheim, introduced by Charles W. Hendel, New Haven/London: Yale University Press; 也可参见 Cassirer, Ernst〔（1910）2010〕: Substanzbegriff und Funktionsbegriff, Werkausgabe Vol. 6, Hamburg: Felix Meiner, p. 161。

实施战斗计划的将军，也适用于正在出台税收计划的税务官员，以及计划接手新业务的首席执行官。缺乏符号标记来传达指示和目标的话，权力在时间和空间上的使用将是受限的。鉴于此，苏美尔人（Sumerians）创造了历史上第一个扩张的高级文化，他们也是文字的发明者，就不足为奇了。[①]

但是，象征符号不仅仅是有效、高效使用权力的必要前提条件，其本身还作为权力手段以多种方式发挥作用。第一，统治，即得到超个人社会地位巩固的制度权力（见第一章第二节），通过不断的仪式化而被复制和组织。弗莱格指出这样的事实："一个制度的功能、'感官'和特质不是一劳永逸的。只有通过不断地分解和整理，制度才能留存。它只存在于仪式的执行之中。"[②] 弗莱格在这里参考了古罗马的公民大会，他们的会议、决策以及与罗马帝国其他制度的互动都是具有高度仪式性的。但是，我们也能找到当代的例子：实际上，代议制民主体制中的选举运动是具有象征性的制度权力结构的仪式化。这些选举运动遵循严格的规则和惯例，事件按照清晰的先

---

① 参见 Diakonoff, Igor. M. （1976）："Ancient Writing and Ancient Written Language：Pitfalls and Peculiarities in the Study of Sumerian," *Assyriological Studies*, Vol. 20，*Sumerological Studies in Honor of Thorkild Jakobsen*, pp. 99 – 121。也可参见 Volk, Konrad（ed.）（2015）：Erzählungen aus dem Land Sumer, Wiesbaden：Harrassowitz Verlag。

② Flaig, Egon（1998）：War die römische Volksversammlung ein Entscheidungsorgan? Institution und soziale Praktik, in：Rainhard Blänker and Bernd Jussen（eds.），Institution und Ereignis. Über historische Praktiken und Vorstellungen gesellschaftlichen Handelns. Göttingen：Vandenhoeck & Ruprecht, pp. 49 – 73.；p. 71. 至于深度分析，我们强烈推荐这本经典著作：Veyne, Paul（1992）：*Bread and Circuses：Historical Sociology and Political Pluralism*. Oswyn Murray（ed.），translated by Brian Pearce. London：Penguin。

后顺序发生，从公布选举方案到议会的言语交流再到投票，它们还包括对党派、媒体、贸易联合会和教会等参与者的角色进行明确分配。通过常规呈现，它们不仅仅服务于民主体制的重现，还在社会内创造了期待感。这项具有政治象征意义的工作需要当权者付出巨大且辛苦的努力，这是显而易见的。因此，弗莱格认为权力仪式的执行不是完全可控的。[①] 在每一个仪式场合，某些群体能够干扰仪式过程，并对其进行改造。如果绝大多数仪式参与者听从这些干扰人士，那么仪式的政治意义将会受到动摇。[②] 换句话说，如果对之前的仪式进行几乎相同的重现是为了帮助稳定权力平衡，那么对该仪式进行干扰或改造就会影响现状。这种象征意义受到攻击的例子甚至在最近的政治史中也有出现。有趣的是，有几个例子是围绕西方民主国家的就职典礼而发生的。其中，有两件发生在德国政治史中的事件让人记忆犹新。一件是 1985 年联邦德国黑森州议会的着装要求遭到明显破坏，因为绿党政治家、后来的外交部部长和副总理约施卡·菲舍尔（Joschka Fischer）穿着运动鞋出席宣誓就职典礼；菲舍尔由此挑战了资产阶级对政治话语的解释权。第二件事是格哈德·施罗德（Gerhard Schröder）1998 年就职德国总理时没有说"愿上帝帮助我"，代表了其拒绝将教会和国家紧密融合。

美国的例子也同样引人关注。1977 年，当吉米·卡特（James Earl 'Jimmy' Carter）在华盛顿就职成为第 39 任总统

---

① Flaig（1998）：p. 71.

② 同上书。

时，他打破传统，没有乘坐轿车，而是相当谦卑地与其妻子，第一夫人罗莎琳（Rosalynn）沿着宾夕法尼亚大道步行。当然，40 年后，当第 45 任总统上台时，也有一些改变。唐纳德·特朗普（Donald Trump）为自己及其妻子梅拉尼娅在 2017 年赢得了更多的荣耀。因此，他决定替换自德怀特·艾森豪威尔（Dwight Eisenhower）以来就担任历届就职游行司仪的查理·布罗特曼（Charles Brotman），取而代之的是一名他的支持者，以此显示他不在乎与这位受人尊重的司仪之间的无党派非正式协议，从而展示他的个人偏好，挑战已有的政治规范和话语。

当然，类似的例子在其他政治领域也不计其数。从根本上说，遵守权力的象征意义及其仪式的程度普遍被用于判断一个体制是否运行平稳。只要仪式性产品出现争议，那么权力关系就处于过渡阶段。

除了对统治关系进行呈现和重现，象征主义的作用也在于其作为一种社会沟通手段，为巧妙地行使权力而服务。随行汽车、飞机、保卫、护卫摩托车和豪华接待室等地位符号都使权力变得可见。它们赫然代表的是阶级秩序，与此同时，为责任、竞争力、职责和复杂的社会组织间的依赖关系指明方向。因此，在仪式化、分阶段进行的统治秩序中，它们确保了可预见性，缓解了认知，稳定了权力平衡。同时，它们使人们能够以最简单的方式交流等级制度中个人的起落。没有什么比搬到宽敞的办公室更能说明大公司部门经理权力的增长了。也没有什么比当众撕下长官的肩章和军衔徽章能更清楚地说明军队的堕落程度了，因为这是西方军队中的传统做法。

此外，在国家领土内，通过雕塑、横幅或电视广播来呈现统治者的符号，缩小了统治者和其人民之间的空间距离。作为具体的人时，统治者与被统治者的距离越遥远，统治者在日常生活中的视觉隐喻就越重要。那些经常收到君主、总统或独裁者警告的人不太可能无视他们颁布的法律。以这种方式，统治者的符号表达巩固了他们的权威权力（见第二章第一节）。我们尤其想把这种权力形式的稳定与极权主义政权联系起来，确实，个人崇拜在那里孕育了最令人匪夷所思的花朵。尽管如此，相关讨论是不充分的。汉斯·格奥尔格·泽弗纳（Hans Georg Soffner）和德克·坦哲（Dirk Tänzer）撰写了一篇颇有价值的关于比喻政治的文章，他们认为，现代民主国家的政客们巧妙地通过使用社交媒体来维持其在选民生活中的象征性存在，轻而易举地取得了专制统治者的成就。[①]

更深一步，我们来到第四个基本方面：统治者的象征性表现也可用于其从被统治者世界隐退的行为，以此加强他们的神秘感。这样做强调并巩固了统治者与被统治者之间的权力差距。这种战略的早期例子可以在希罗多德（Herodotus）的历史中找到。[②] 这位希腊历史家记录了国王迪奥塞斯（Deiokes）的统治，他于公元前 8 世纪在今天的伊朗建立了米底帝国（Median Empire）。加冕后，迪奥塞斯立刻建立了一种创造距离的宫廷礼节：除了他亲近的密友，没有人被允许进入正殿，

---

① 参见 Soeffner, Hans Georg and Tänzer, Dirk（2007）: Figurative Politik. Prolegomena zu einer Kultursoziologie politischen Handelns, in: Hans Georg Soeffner and Dirk Tänzer（eds.）, Figurative Politik. Zur Performanz der Macht in der modernen Gesellschaft, Opladen: Leske und Budrich, pp. 17 – 33。

② 参见 Herodotus（1997）: *Histories*, translated by Robin Waterfield（ed.）, introduction and notes by Carolyn Dewald, Oxford: Oxford World Classics.

国家事务由专属信使传达，迪奥塞斯本人从公共视线中完全消失。对于这样的孤立，希罗多德提供的解释是显而易见的：如果看不见他，那么迪奥塞斯的臣民就会将其视为另一种生物来尊敬。因此，这样的宫廷礼节被米底国王用以显示他拥有着常人所不及的巨大权力。被统治者没有机会将他视为有血有肉、会生病、会衰老、会身体不适的人，因此无法以此来质疑其作为统治者的地位。他们将自己的希望和理想寄托于统治者，而统治者于他们而言仅仅是遥远的、看不见的。

除了统治者的自我展示以外，象征主义与权力战略的相关性还体现在群体的团结和划分上。用社会心理学的话来说，象征主义帮助建立所谓的内团体（in‐groups）和外团体（out‐groups）。① 正如社会学家约翰纳斯·舍尔（Johannes Scheu）根据后结构主义理论家的观点所指出的那样，"我们"和"其他人"、"内部"和"外部"的分化代表了人类社会普遍建构的最基本特征。外人指的是不属于该社会的人，以符号呈现的明确边界将其区分开来，这对于社会本身的构建而言是不可缺少的。法国哲学家雅克·德里达（Jacques Derrida）因此用"构成的外在"（constitutive outside）来描述不同社会是如何通过排除其他外在社会并与之区分，从而对自身进行定义和维持的。② 通过共享象征符号来组建内团体的例子是数不胜数的：棒球、篮球、足球和冰球的粉丝身着与其所支持俱乐部相同颜

---

① 参见 Herodotus（1997）：*Histories*，translated by Robin Waterfield（ed.），introduction and notes by Carolyn Dewald，Oxford：Oxford World Classics。

② 参见 Derrida，Jacques（2004）：Die Différance. Ausgewählte Texte，Stuttgart：Reclam。

色的衣服，从而与其他俱乐部的支持者区分开来。相应的象征符号已经用事实证明了它们能够强化成员们的团结、同理心和凝聚力，比喻而言，它们是凝聚社会组织的黏合剂。另外，标准化的组织象征意义为行使行动权力（见第二章第一节）提供了巨大的优势，这已经在古代军队中得到了验证。古罗马帝国采用的战斗制服就是范例。士兵的标志性盔甲不仅仅创造了当时无与伦比的团队精神，还令没有制服的对手，如日耳曼部落，认为罗马军队是超人的军队实体，实力远远大于个体士兵的总和。

　　该战略的反面是象征性排斥，与之相伴的是对社会外团体的征服和剥夺其权力。意大利法学家和哲学家乔治·阿甘本（Giorgio Agamben）已经在其有些黑暗但是相当有趣的著作《牲人》（*Homo Sacer*）中对这些话题进行了探讨。[①] 阿甘本对古罗马的"牲人"（拉丁语的"圣人"）进行分析，"牲人"因严重的罪行被社会驱逐，任何人可以不用背负罪名地将其杀害。这是阿甘本社会排斥的原型。"牲人"失去了所有政治和司法保障，也失去了所有对程序规范的要求，可以说，他们被剥夺至赤裸的生活，仅仅是生物的存在。阿甘本甚至否认了"牲人"的状态是人，因为人的出现仅仅来自社会成员彼此认可的关系，而这正是被排斥者所不符合的。我们对阿甘本的观点进行补充，"牲人"是注定要被象征符号所标记的。其中一个令人心酸的例子是，德意志帝国在 1935～1945 年间用黄色

----

① 参见 Agamben, Giorgio（1998）: *Homo Sacer: Sovereign Power and Bare Life*, Werner Hamacher and David E. Wellbery（eds.）, translated by Daniel Heller - Roazen, Meridian: Crossing Aesthetics, Stanford: Stanford University Press。

的"大卫之星"来标记欧洲犹太人。被"大卫之星"标记的人不仅被认为是社会局外人和"Volksschädlinge",[①] 还被安全机构逮捕、驱逐和杀害。应该明确的是，这种权力和象征主义的结合不是国家社会主义者的原创。除了不同的服装规定之外，通过污辱或残害来给被排斥和被边缘化的群体贴上标签一直是象征主义权力战略的基本要素。

第六点关注的是对交流符号的控制。在《读写能力和权力》（*Literacy and Power*）一书中，希拉里·扬克斯（Hilary Janks）写道："语言、其他符号形式和话语是维持统治关系及其再现的有力手段。"[②] 这个论断在读写能力上得到大力印证。那些没有被动和主动掌握文字使用的人被许多教育和工作机会以及社会参与所排斥。无法接触到书本、报章、互联网等书面信息几乎让社会成员无法知晓他们社会内现有权力结构的现状。因此，权力战略家一直致力于将书写符号的使用确定为一种只留给少数人的神秘学科。例如，欧洲中世纪时期，天主教会对书写的垄断一定程度上是为了在封建君主国家的等级秩序中占有突出地位。[③] 得益于这种垄断，书写变成了君主国家的支柱，同时也控制了国民和国际交流。即使在现代，也有将符号的使用作为权力手段的例子存在。例如，就像历史学家记录的那样，强制性文盲是美国奴隶主和南非种族隔离体制青睐的

---

① 意思是："人民的害虫。"

② Janks, Hilary（2010）：*Literacy and Power*, London/New York：Routledge, p. 22.

③ 比较：Urlacher, Brian R.（2016）：*International Relations as Negotiations*, New York：Routledge, p. 18 和 Taylor, Mark C.（2007）：*After God*, Chicago：University of Chicago Press, p. 74。

压迫性手段之一。①

除了读写能力，关于如何通过控制交流符号来行使权力，还有另一种说法。社会学家宝拉－艾琳·维拉（Paula－Irene Villa）表示，为了确保统治，就要做到除了被统治的符号形式外，被统治者没有其他任何符号形式。② 这是基于几乎无法反驳的论述而做出的，这个论述就是符号及其意义之间的紧密联系完全决定了人们围绕现有权力关系而进行的沟通方式。简单而言，如果统治者将一些交流符号视为禁忌，而将另一些视为普遍的约束规范，那么他们就控制了社会话语，甚至完全使（一部分）人民禁言。被委婉地称为"文化再教育"的概念就是这个战略普遍存在的例子，这个概念禁止少数民族使用他们自己的书写文字。长期而言，这样的举措意味着少数民族的后代只能通过统治者的书写语言进行交流。他们在不知不觉且不情愿的状况下成为自身压迫者的帮凶。

拥有"加齐"称号、别名阿塔图尔克（Atatürk）的穆斯塔法·凯末尔（Mustafa Kemal）是现代土耳其的创建者，他将书写改革作为整体社会转型计划的核心来落实。1928年，阿塔图尔克宣布废除阿拉伯书写字母，在土耳其只能用拉丁字母；他还从土耳其语中删除了无数借自阿拉伯语的词语，

---

① Petesch, Donald A. (1989)：*A Spy in the Enemy's Country：The Emergence of Modern Black Literature*，Iowa City：University of Iowa Press；and Morar, Tulsi (2006)："The South African's Educational System's Evolution to Curriculum 2005，" in：Jayja Erneast and David Treagust（eds.），*Education Reform in Societies in Transition. International Perspectives*，Rotterdam：Sense Publishers, pp. 245–258.

② Villa, Paula－Irene（2011）：Symbolische Gewalt und ihr Scheitern. Eine Annäherung zwischen Butler und Bourdieu，Österreichische Zeitschrift für Soziologie，36（4），pp. 51–69；p. 54.

代之以新词。正如历史学家安东·J. 瓦尔特（Anton J. Walter）指出的那样，这与一个明确的目标有关，将人民同他们的阿拉伯—穆罕默德（伊斯兰）文化基础一刀两断，取而代之的是，让他们开始接受欧洲文明和文化的影响；土耳其应该切断与其东部邻国的联系，在外交事务上与西欧联系起来。①

在这里，我们希望将文化记忆作为最后一种表达权力和象征主义的形式进行讨论。② 历史是我们创造的。至少从粗鲁、客观的角度而言，过去本身并不存在，因此，关于过去才会有不同甚至相互冲突的诠释。这与权力战略极其相关。任何有权力诠释社会或国家历史的人可以将此描述为一个不断获得成功的故事，描述为与敌对势力的斗争或者是一系列的不公和罪行。③ 这样的事实告诉我们，权力政治的现状是能够被保存的，人民能够为战争而动员起来，甚至可以为政治和经济的新开端打下基础。控制文化记忆因此为"对政治社会的认同至关重要的集体记忆建构"做出了贡献，可以用于将权力主张

---

① 参见 Walter, Anton J. （1960）: Schriftentwicklung unter dem Einfluß von Diktatoren, Mitteilungen des Instituts für Österreichische Geschichstforschung, 68, pp. 337 – 361; p. 340。

② 关于文化记忆的经典著作，请参见 Nora, Pierre （1996）: *Realms of Memory*: *Rethinking the French Past*, Lawrence D. Kritzman （ed.）, translated by Arthur Goldhammer, New York: Columbia University Press。

③ 以辩证唯物主义为例进行思考，这是苏联及其盟友的意识形态。根据辩证唯物主义，世界历史被理解为一系列的阶级斗争。如果我们接受了这样的理解，那么我们就可以声称角斗士斯巴达克斯是工人阶级运动的鼻祖，在没有重大的历史错位的情况下，以社会主义思想建构了历史的连续性，并将此追溯至古代。

合法化（也可参见我们在第二章第五节中对表述合法化的探讨）。[①]

第三节　权力的领域

正如我们一开始提出的那样，权力不仅仅是多种多样的，还是无所不在的。它以不同形式呈现，存在于生活的各个领域，不管相隔多远。在第二章第一节中，我们将权力的基本形式进行了分类并使多样性变得有序。在本节里，我们将会把权力发生的核心社会领域组织起来形成体系：宗教、经济和政治。此三者并未包含所有范围，但是代表了主要领域。[②] 其中，政治领域是我们的重点，在深入研究这三个权力领域之前，阐明何为权力领域是重要的。

这个概念绕不开 20 世纪最具影响力的社会学家皮耶·布迪厄（Pierre Bourdieu）的著作。[③] 布迪厄认为，随着不断进步，社会逐渐按照分工组织起来，不同领域有自己的功能，彼此间有组织地相连。布迪厄将这些领域称为"权力场域"

① Münkler, Herfried (2009)：Die Deutschen und ihre Mythen, Berlin：Rowohlt. 历史学家本尼迪克·安德森（Benedict Anderson）认识到了有针对性地控制历史叙述对创建国家认同的重要性；见 Anderson, Benedict（1994）：*Imagined Communities. Reflections on the Origins and Spread of Nationalism*, London / New York：Verso。

② 参见 Poggi, Gianfranco（2001）：*Forms of Power*, Cambridge：Polity Press, pp. 18f。

③ 这个领域的奠基性著作是 Bourdieu, Pierre（2002a）：*Outline of a Theory of Practice*, Ernest Gellner, Jack Goody, Stephen Gudeman, Michael Herzfeld, and Jonathan Parry（eds.）, translated by Richard Nice, 16th edition, Cambridge：Cambridge University Press；Bourdieu, Pierre（1987）；Bourdieu, Pierre（1993）：Sozialer Sinn. Kritik der theoretischen Vernunft, Frankfurt am Main：Suhrkamp。

(fields of power) 和"力量场域"(force fields),在这些领域中,不仅有之前提到的宗教、经济和政治,还有文化、科学、军队和体育。[①] 在这样的背景下,他将权力领域描述为一个微观世界,是大社会环境中一个小型的、相对自治的社会世界。尽管这些微观世界之间存在功能上的差异,但它们都具有三个共同的组成特征:参与者具体的阶级惯习(habitus)、他们的实践(practices)和等级制度,以及行为体彼此竞争的特定权力资源类型。

论其本质,惯习不过是一套社会习得的规则,囊括行为、思想、观点和评价机制,我们或多或少无意识地遵守这些规则,这些规则也决定了我们如何看待、对待我们的世界和其他人类同伴。相应地,它是一种社会反射:只要拥有惯习 H 的 P 某处于 S 型状况下,他/她就非常有可能做出行为 B。[②] 对布迪厄而言,不同人的惯习与他们的阶级和他们在权力领域中的社会地位是密不可分的。[③] 从这个意义上说,惯习构成了群体特征。在文化领域,受过良好教育的中产阶级培养的惯习之一是艺术和音乐爱好。这与不稳定的无产阶级"受压迫"的惯习相对应,这些无产阶级不仅以拒绝高档文化精品为特征,还形成了表达自己审美偏好和身份象征的反主流文化。各种惯习类

---

① 甚至布迪厄在他的全集中也并未对所有权力领域进行详尽的阐述。因此,我们在这里也并不试图给出一个最终的名单。

② Bourdieu, Pierre (2002b): *Habitus. Habitus a Sense of Place*, Jean Hillier and Emma Rooksby (eds.), Aldershot: Ashgate.

③ 与马克思主义理论家不同,布迪厄的阶级概念不仅仅是根据一个群体在生产关系中的地位所做出的。他认为阶级是一个多维概念,包括地理、性别、种族以及其他资格和排斥原则。参见 Bourdieu (1987): pp. 176f; pp. 182ff。

型所涉及的范围是巨大的。因此，从社会学习到的不仅包括审美品位，还包括我们决定吃什么，是有机食品还是廉价的肉类，我们穿什么，是巴伯衫还是短夹克，我们如何移动，是闲逛还是大步走，我们具有何种价值取向，是激进的还是保守的，等等。布迪厄认为这背后的原因是简单的。[①] 惯习自动养成的行为、观点、思想和评价过程让我们不必持续地衡量每一种情境中的所有选择。因此，它确保了我们所处现实世界中的复杂性得到降低，这正是我们所急需的。

然而，权力领域的惯习不仅仅以这种方式将复杂性降低，它们也带来了特定领域的实践（practice）和等级制度。大体而言，"实践"一词指的是经过协调的一系列行为，由多人共同完成，没有固定开始和结束时间的单一事件，具有其连续性。例如，在 2018 年"超级碗"决赛与新英格兰爱国者队（New England Patriots）对阵时，扎克·厄茨（Zach Ertz）在最后两分钟内打进的致胜一球是单一事件，然而费城老鹰队（Philadelphia Eagles）的日常训练实际上是一种实践。对于布迪厄以及许多受他启发的社会学家和历史学家来说，客观社会世界及其权力领域仅仅存在于实践之中，也仅仅通过实践而存在；它们由一系列相互依赖的行动组成，不停地被再次运用和调整。经典的例子包括生产和财政周期、民主选举和宗教仪式以及行政和司法程序。布迪厄坚持认为，如果行为体没有习惯性地倾向于这么做，那么这一系列相互依赖的行为就无法持久地延续，更不用说协调一致了。换言之，只有

---

① Bourdieu (1993)：p. 172.

在无意识行为模式中融入社会环境的客观结构，才能不断地对某一领域的实践特点实现再生产。反过来说，对具体阶级和具体权力领域的实践进行再生产也是将惯习进行世代传递的前提条件。毕竟，惯习不是抽象习得和演练的，而是在社会世界现有结构中随着成长而获得的。因此，是先有惯习还是先有实践甚至不是一个问题。这两个权力领域的元素相互依赖，都是原始的。

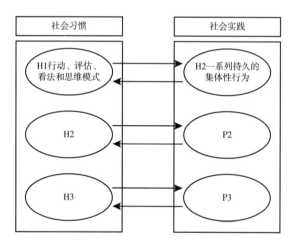

图 2 – 1　惯习和实践的相互构成关系

然而，至关重要的一点在于，所有实践都涉及具体的等级秩序地位，这些地位都由参与的行为体取得，并且都与不同的权力层次相关联。在一些领域中，如军事、经济和宗教，这些地位等级制度往往是高度正规的。首先，他们可以一一对应以区分，如指挥官/命令接收人，雇主/雇员，牧师/一般信徒，老师/学生，其次，他们可以按照管辖权和能力的复杂性进行排序，例如，组织结构、军队指挥结构和教区等级制度等。即使是文化等不太正规的领域也以伴随而来的阶级地位和社会不公为特征。布迪厄较为详细地叙述了一个实践，尽管存在争议，但是他认为艺术家和主顾之间是隐藏的剥削关系。[①]

实践中的等级地位分别组成了相应的权力领域，以特定领域中具体权力资源的不同配置为基础。[②] 布迪厄通常将此称之为领域的"资本"（capital）而不是资源，它与经济上的资本概念没有明显的联系。在此，他认为造成主要阶级生活条件产生差别的原因在于资本的总和不同，资本总和指的是所有可有效利用的资源和权力潜力的总和。[③] 简单概括就是，供其支配的权力资源越多，行为体在其实践领域内的地位就越高。然而，至于什么组成了权力资源和行为体的权力是基于什么，这些问题在各个领域的答案都不一样。采用一个比喻帮助进行理解：权力领域好比纸牌游戏，不同的王牌用于不同的目标。对布迪厄而言，在政治领域，游戏的目标是控制国家，合法地在社会世界中实现愿景和执行分工。最重要的王牌，或者说权力资源包括威望、网络、自由时间和教育。[④] 另外，在科学研究领域，决定性的权力资源是出版物、成功的第三方资金支持和

---

① 参见 Bourdieu（1987）：pp. 497f。

② 权力是可量化、可分配的资源，关于这个概念的初步讨论，请参见第一章第一节。

③ 参见 Bourdieu（1987）：p. 196。

④ 在职业生涯中，年轻学者们不止一次地发现，教学经验在科学领域基本上是无关紧要的资源。例如，举办优秀的研讨会、与学生组织建立良好关系不足以赢得这场权力游戏。医学领域也是如此。从事德国研究的理查德·D. 普雷希特博士（Richard D. Precht）可能因为他广受欢迎的哲学著作而在专题报道中进行庆祝，但他却无法在大学的哲学领域和学术共同体中引起关注。

引用率。同样，行为体在积累和使用这些资源上做得越好，他们的地位就越有影响力，越有可能在科学权力领域维护其利益。在这样的背景下，在布迪厄提出的实践模型中，宿命论的一面可能会引导出这样的猜想，但是他特别强调的是，领域内权力资源的分配绝不是静止的，而是处于不停的竞争之中。[①]所以，在布迪厄看来，社会领域充满斗争，社会行为体的权力资源处于不断变化之中。[②]

显然，对于具体领域中成功的权力战略来说，了解相应的行为体的地位和决定他们行为的惯习是不够的。最重要的是了解有关的权力资源，用纸牌游戏的话来说，就是要知道王牌是哪个颜色。无须多言，任何将经济等领域的权力资源转移至艺术等其他领域的人很快就会遭遇翻船。每个权力领域都有自己的逻辑，这就是布迪厄称为"相对自治的社会世界"的含义，因此，权力资源不能被轻易地相互转换和替代。

这些复杂问题涉及了一个关键议题，那就是权力领域之间的关系，对此进行广泛探讨的不仅仅是布迪厄，还有意大利社会学家贾恩弗朗哥·波齐（Gianfranco Poggi）。[③]波齐和布迪厄

---

① 例如，Bourdieu, Pierre（2005）："The Political Field, the Social Science Field, and Journalistic Field," in: R. Benson and E. Neveu（eds.），*Bourdieu and the Journalistic Field*, Cambridge: UK: Polity Press, pp. 29 – 47；"这个领域是一个充满权力和斗争的领域，在这个领域中，利害攸关的是转变权力领域"同上书：p. 44。

② 关于这个话题的深度讨论，请见 Hillebrandt, Frank（1999）：Die HabitusFeld – Theorie als Beitrag zur Mikro – Makro – Problematik in der Soziologie – aus der Sicht des Feldbegriffs, Working Papers zur Modellierung sozialer Organisationsformen in der Sozionik, ［online］https：//www. tuhh. de/tbg/Deutsch/Projekte/Sozionik2/WP2. pdf, retrieved on 21. 12. 2017, p. 16。

③ 参见 Poggi（2001）：pp. 21 – 15；and Bourdieu（2001）：p. 52。

都认为，权力斗争不仅仅是发生在单一领域内。不同领域也在就最高地位进行相互竞争。参考了布迪厄的纸牌游戏比喻，波齐称这样的冲突为"王牌性的斗争"，即就哪个颜色是王牌而斗争。[①] 具体来说，每一个权力领域都努力使自己的权力资源类型成为社会世界的基本原则，将其他权力资源形式固定，使它们边缘化。如果我们接受这样的假设，那么我们就可以优雅地将我们所处时代中最重要的意识形态冲突解释并归类为"王牌性的斗争"。因此，苏联式的共产主义可以被理解为在所有其他领域之上，尤其是经济领域之上建立政治领域绝对主导地位的尝试。技术精英集中管控经济过程，在消费品和服务分配中废除市场机制以及生产手段国有化，这些都是为了消除经济领域自主性而做出的努力。[②] 当然，这场主导地位斗争的对手是约翰·洛克领导的自由主义或比其更激进的自由意志主义[③]。自由主义的基本假设是，在所有其他社会领域之上，市场享有绝对领导地位，政治制度体系被降级为仅仅是"国家的守夜人"。任何研究意识形态的人，如果他们坚称宗教对其他所有权力领域享有绝对主导权，那么他们一

① 参见 Poggi（2001）：p. 24。尽管纸牌游戏中的"获胜"与政治权力概念中的"王牌主义"（Trumpism）有着明显的相似性，但在这个情况中两者的任何相似之处都纯属偶然。

② 参见 Rigby, T. H.（1978）："Stalinism and the Mono - Organisational Society,"in：Robert Tucker（ed.），*Stalinism：Essays in Sociological Interpretation*，New York：Norton，pp. 53 - 76。顺带提一句，在这个背景下，苏联共产主义对宗教产生的极端敌意是显而易见的。在苏联及卫星国境内对宗教实践和惯习的系统性镇压，从长远来看，是一种试图摧毁存在竞争关系的宗教权力领域的表现。

③ 参见 Locke, John [（1689）1988]。最坚定捍卫激进自由意志主义对国家的理解来自 Nozick, Robert（1974）：*Anarchy, State, Utopia*，New York：Basic Books。

定是只看到了伊朗或沙特阿拉伯，或者是恐怖组织"伊斯兰国"剩余的领土。

现在，我们已经分析了权力领域的核心概念及其关键组成部分，让我们仔细研究我们认为最重要的领域：宗教、经济和政治。

一　宗教

波齐认为，在人类历史中，宗教既是最古老的，同时也是最原始的权力领域："祭祀是每一个地方集体行为的原始形式，但是集体信仰的原始形式始终是神话。"[1] 简言之，任何形式的权力最初都是通过宗教崇拜而被合法化和制度化的；所有首领最初都是祭司；所有形式的统治最初都是神权政治。如何将宗教与其他领域区分开来一直是神学学者们的争论焦点。例如，考虑到信仰体系、宗教经文和经历的多样性，沃尔夫冈·埃斯巴赫（Wolfgang Eßbach）对能否为宗教提出一个普遍定义及其合理性提出强烈质疑。[2] 然而，我们并不试图从社会学、历史编纂学和哲学等全方位的外部视角来分析宗教，也不准备从信徒的内部视角来做出分析。我们主张要充分把握在神圣环境中拥有信仰的意义的本质或感受它的存在。更准确地说，我们专注于将宗教仅仅视为权力领域，专注于将宗教领袖和机构视为角逐权力的行为体，他们陷入了与其他权力领域的长期斗争之中。考虑到研究的局限性，我们求助于法国社会学

---

① Poggi（2001）：p. 64.

② 见 Eßbach, Wolfgang（2014）：Religionssoziologie I, Paderborn：Wilhelm Fink。

奠基人埃米尔·涂尔干（Émile Durkheim）所给出的经典且中肯的定义："宗教是信仰和习惯的统一体系，它们都与神圣的事物有关，这指的是被分开和禁止的事物，教会将信仰和习惯统一在一个道德社会中，依附于神圣的事物。"[1] 在社会分化成功能相互独立的各领域的历史进程中，为何该领域形成得如此之早，其原因是显而易见的。确实，与其他体系的惯习和实践不同，宗教考虑了人们对伦理道德方向、意义、世界和自身联系完整性的需求，它为死亡提供了答案。[2] 宗教（主要）假设了一个我们自然感官以外的超然世界，那里到处是神灵，是道德规范和最终权威的来源，嘉奖正确行为，惩罚犯罪行为。[3] 通过这种方式，宗教不仅仅为集体行动原则的约束性本质问题提供了答案，还创造了对救赎的期待和对地狱的惧怕。

鉴于我们自然感官之外的超越（transcendent）是宗教构

---

[1] Durkheim, Émile［（1912）1915］: *The Elementary Forms of the Religious Life*, translated by Joseph Ward Swain, London: George Allen & Unwin, p. 47.

[2] 最终，这已经出现在著名的《马太福音》（Gospel of Matthew）选段中，简而言之就是"人活着不只是为了吃饭"，参见 Luz, Ulrich（2002）: Das Evangelium nach Matthäus, Neukirchen - Vluyn: Benziger/Neukirchener。这背后的含义是真诚的精神需求是人类本质的一部分，这是一种无法从纯粹的物质层面上得到满足的需求。

[3] 从权力战略角度而言，超然存在的神性通过（现实中的）不可反证性来吸引人。因为宗教将其目标与现实世界分离，它使自己免受其他权力领域和相应意识形态的影响。在面对科学领域时，宗教总是指出，超越感知经验的神性是（自然）科学解释所触碰不到的，因此不属于它的范围。相反，许多牢牢扎根于科学领域的理论家把（现实中的）可证伪性作为假设变得可信的必要条件；简要概括请见 Popper, Karl R.（1989）: Falsifizierbarkeit, zwei Bedeutungen, in: Helmut Seiffert and Gerard Radnitzky（eds.）, Handlexikon zur Wissenschaftstheorie, München: Ehrenwirth, pp. 82 – 85。

想的中心，① 无论是一神论、多神论还是泛神论等教派，信仰
的对象始终只能是宗教教条，而非知识。神学家卡尔·拉纳
（Karl Rahner）概括了这一核心观点，他认为真正的超越一定
程度上总是在人类身后，在他们无法获得的生命和知识源头。
这种真正的超越永远不会被形而上学的反思所赶超，可以被认
为是纯粹的、客观的、不受干扰的，最多在（如果有的话）
神秘主义中涉及。② 接着，拉纳将这种信仰态度描述为冒险，
在这种冒险之中，一个人允许自己被俘获。③ 人类对超越的态
度，即信仰或不信的问题，最终无法通过争辩得到解决。最精
明的学者能够为神的存在论提供无数的证据，但是仍无法说服
一个坚定的无神论者。相反，通过提出进化论或认知科学上的
反对来试图动摇虔诚的基督教徒或佛教徒的信念，同样毫无意
义。就此而言，宗教态度在结构上与爱、讨厌、热情等其他情
绪态度类似。我们能够给朋友提供一千个好的理由，告诉他共
同认识的一个女人适合他，但是所有这些理由无法迫使我们的
朋友与她相爱。④ 就像信仰一样，爱不是通过理性决定的，而
是某种莫名其妙就战胜了我们的东西。

超越的不可知性和不可解性不仅仅是宗教避开审视的把戏。
拉纳认为，解释主要在于其本身。因为，神指导着所有可能的

---

① 然而，对一神教和现代宗教理解进行有条件地限制是合理的，因为，举例来
说，希腊信仰世界中的众神不是完全超然存在的，而是真实地参与世俗事务
的。古代的希腊人可能认为有可能在橄榄林中见到阿波罗神或森林女神。

② Rahner, Karl（1984）: Grundkurs des Glaubens. Einführung in den Begriff des
Christentums, Freiburg: Herder, pp. 45f。

③ 同上书，p. 63；p. 69。

④ Rahner, Karl（1984）: Grundkurs des Glaubens. Einführung in den Begriff des
Christentums, Freiburg: Herder, p. 72.

人类行为、思想和认知，因此，它本身是无法被人类的感知所捕获到的。打个比方，终极标准是无法被再次评估的。反之，赋予所有事物"定义"的界限也是不能太遥远的。[①] 更倾向于科学、认为这样的表达方式太过于神秘的读者，可能会认为用归纳推理原则作为类比是有用的。[②] 简言之，归纳推理指的是通过对有限数量的统一事件进行观察后，推理得出普遍规则。例如，所有先前观察过的有机生物都依赖水生存，所以其他（尚未观察过的）有机生物的生存也都依赖于水。这是实证研究的核心准则。如果放弃该准则，那么将无法了解大多数自然和社会科学领域内的许多科目。但是，我们运用这个原理的理由何在呢？显而易见的答案是，因为它之前提供的大量深刻洞察是成功的。但是，这样的辩护是完全站不住脚的：它将归纳推理原则应用于自身，因此已经假设了它的合理性。似乎这样明显的结论是说这个原则本身是不合理的——它应该是实证与合理性的前提条件。神学上的争辩与超越具有相似之处：因为它被（暗中）预设在我们对人类生存和环境的每一项反思中，所以它作为可能的人类认知对象而必须被断然放弃。更广泛地说，我们和我们自身以及我们和世界的关系是预反射的，也就是说既不是可推导的，也不是最终被认可的，并且根据宗教信念，还包括了超越或神性。[③]

① Rahner, Karl（1984）: Grundkurs des Glaubens. Einführung in den Begriff des Christentums, Freiburg: Herder, p. 72.

② 见 Vickers, John（2014）: "The Problem of Induction," in: Edward N. Zalta（ed.）, *The Stanford Encyclopedia of Philosophy*, ［online］ https: //plato. stanford. edu/ archives/spr2019/entries/induction - problem/, retrieved on 21. 12. 2017。

③ 我们自己并不认为这样的论断是可信的。我们的初心不是赞同或反对超越，只是让潜在的思维模式生动易懂。更多细节，见 Rahner（1984）: pp. 54 - 96。

当然，这样的状况从来未曾阻止宗教学科，即神学（神性的逻辑）为超越设立教条，例如基督教上帝的三位一体、印度教通过业力来实现普遍的补偿正义的观念，或者是伊斯兰教中真主的唯一性。但是，这些教条不具备知识的地位，只是具有"思考的可能性"①。因此，宗教学者伯恩哈德·乌德写道："宗教内容所具有的思考的可能性不意味着有必要对其内容进行思考，而是有必要在以它们的原则为前提的情况下进行思考，而这些原则本身在世俗知识看来似乎是假设。"② 如何看待神性有许多不同的基本假设，而具体宗教意义是基于这些假设而建立的。如果一个人接受了这些相同的假设，那么他们就会将追随宗教教条、实践和惯习视为逻辑必然性。这一点对于权力分析极其重要。因为每一个宗教领域都有其内在逻辑，所以每一个宗教领域都能够进行逻辑分析。换言之，通过合理地描述、系统化宗教，从权力逻辑的角度，神学也为更具体、更容易地去理解宗教习惯和惯例奠定了基础。

任何有权力诠释宗教的人，都以约束性的仪式和叙事方式对其进行推崇，以此将自己定位为超验和世俗之间的沟通者，从而获得巨大的维护自身利益的潜力。因此，波齐如此评论："当意义、规范、美学的仪式性实践被某一独特团体所垄断时，他们可能掌握了巨大的 ［……］ 权力。"③ 简单来说，这一团体可称为神职人员，其追随者是信徒。因此，神职人员对信徒所享有的权力基于三大支柱，或者继续采用我们的分类，

---

① 参见 Uhde（2009）：p.7。
② 同上书，p.8。
③ Poggi（2001）：pp.60f. 也可见 Mann, Michael（1986）：pp.22ff。

就是三种形式的资源：第一，信徒对于意义和道德方向的需求；第二，信徒希望在来生得到善行的嘉奖和神的救赎；第三，信徒害怕犯罪和诅咒带来的惩罚。留心的读者会注意到，套用波皮茨的话，摆脱"他人的恐惧和希望"是工具权力的特质（见第二章第一节）。于是，在宗教权力领域，工具权力以这种方式出现，牧师等高级别行为体通过做出救赎承诺和诅咒威胁来指导信徒。宗教领域的特别之处在于，牧师不需要吹捧他们的承诺和威胁，因为如前所述，他们的专长是为了实现超越。无论神或众神是否真的会在来生奖励遵守指令的行为，这都不能被证明是虚伪的，原因显而易见；当然，这也同样适用于通过痛苦的地狱而对不合格行为实施的惩罚。波齐在一定程度上将这种权力战略与勒索保护费进行了类比。[1] 勒索者说服潜在的被保护人相信他们正处于危险之中，例如原罪，我们都将与亚当和夏娃一样，被上帝孤立；第二步，勒索者接着提供解除威胁的保护，尽管只是一种选项，例如，如果你接受了基督教、受洗并支付什一税，那么你将与上帝和好。该权力战略特殊性的负面在于，承诺和威胁是否能够成功依赖于信徒是否真的相信神职人员的宗教表述，因为这是无法核实和验证真伪的。所以，宗教的巨大权力也是其致命弱点："以吸引人并令人信服的观点控制人的思想，宗教权力建立于此。当控制变得松散时，宗教权力很大程度上就瓦解了。"[2]

　　当然，这并不意味着工具权力是宗教领域唯一一种权力形

---

[1]　参见 Poggi（2001）：p. 68。
[2]　因此，韦伯将先知清楚地定义为一个拥有纯粹个人魅力的人，凭借其使命，对宗教教条或神的指令进行发布，参见 Weber：[（1921）1978]：p. 250。

式。宗教惯习和实践可以通过所有权力形式来实现或得到所有形式的支持。毫无疑问，尤其重要的是权威权力，即利用他人对认可和引导的需求来掌控他人的能力。例如，韦伯强调摩西（Moses）、耶稣（Jesus）、查拉图斯特拉（Zarathustra）、释迦牟尼（Buddha）和穆罕默德等宗教远见者和先知的成功与他们的个人魅力是密不可分的。[①] 只有那些有能力将自己塑造为精神和道德的模范、认为自己的美德值得模仿的人才能建立一个有信仰的社会，以宗教的表述来鼓舞他们的追随者。由于宗教创建者的生命和活动已经成为信仰的一部分，被世代传递，所以宗教创建者的权威权力能够在他们死后得以延续。通常来说，即使不是全部，但可以说许多信仰都可以追溯至其富有个人魅力的创建者，他们的人格是宗教表述的核心。延续权威权力是宗教权力战略的关键要素。只有神职人员成功地以创建者合法继承人及其传统的守护人形象出现时，他们才有希望继承创建者的非凡魅力和权威权力。

之前已经提过，宗教是第一个也是原始的社会权力领域。因此，这就注定了它要与其他权力领域竞争，以便在全部社会领域中获得主导地位。关于宗教惯习和实践如何渗透、根植于其他领域的例子不计其数。这里，我们只谈论两个较为突出的例子：并不存在夸大，获得宗教合法性在中世纪被认为是政治权力的主要依据之一。尽管对于现代来说是陌生的，但是这在多个世纪以来都是欧洲政治的模式，政府的权力不是来自对基

---

① 因此，韦伯将先知清楚地定义为一个拥有纯粹个人魅力的人，凭借其使命，对宗教教条或神的指令进行发布，参见 Weber：（［1921］1978）：p. 250。（原文脚注与上一脚注重复）

本自由权利的保护或民主意愿，而是上帝的恩典。具体例子是众所周知的"卡诺莎悔罪"（Walk to Canossa），这指的是撒利人国王亨利四世（Henry IV）在 1076～1077 年时试图说服教皇格里高利七世（Gregory VII）撤销将其驱逐出教会的法令。在此，我们不深入讨论错综复杂的主教叙任权之争（Investiture Controversy），这里指的是皇帝和教皇间关于世俗和精神权力的斗争。我们只想说，两者间权力斗争的决定性举动是教皇将神圣罗马帝国的年轻国王驱逐出教会，剥夺他所有的政治合法性，使帝国陷入严重的动荡之中。迫不得已，国王只能在隆冬时节翻越阿尔卑斯山前往博洛尼亚朝圣，谦卑地穿着一件悔罪的刚毛衬衣，向卡诺莎城堡中的教会领袖寻求原谅。

二 经济权力领域

现在，让我们转向第二个权力领域——经济。根据经济学的普遍定义，经济领域是商品和服务生产、分配、消费和交换的社会体系。① 除了早期的狩猎文化和 19、20 世纪的社会主义—共产主义以外，经济领域的普遍组织原则是市场。波齐认为："［这］由大量彼此独立却又相互依赖的单位组成，如公司、家庭、单一生产者或消费者，这些单位以表面和平的方式相互交易［……］；也就是说，他们以彼此认可的价格交易各自的产出，换取金钱；他们也彼此竞争，在潜在交易伙伴面前，每一单位都试图让自己的产出比其他单位

---

① 参见 Mann, Michael（1986）：p. 25。

更有价值。"[1] 通过参与货币交换，市场参与者创造了一个开放的网络。理想状态下，行为体的身份只取决于行为体在交换、分配、生产和消费过程中做出的贡献。然而，需要指出的是，这里已经存在着一个重要的条件：只有国家这个外部且拥有权力的机构，才能确保波齐提到的互动关系的和平和自愿本质。[2] 即便需要使用武力，只有存在保证财产权、合同和个人基本权利的制度体系，作为市场经济核心的交易机制才能成为可能。因此，政治权力领域从一开始就参与了经济领域。

正如历史学家和权力理论家迈克尔·曼（Michael Mann）陈述的那样，经济权力领域的功能或者其在社会分化过程中形成的原因是显而易见的：这服务于"满足生存需要，通过社会组织对自然物品进行萃取、改造、分配和消费"[3]。宗教满足了人类对精神方向和意义的无形需求，而经济则满足了物质需求，从食物、住所和医疗护理等基本物品到从文明中发展而来的爱好，如烟草、酒水或甜食。我们已经在第一章第二节中探讨了细节，人类的需求既是权力最主要的根源之一，也是权力最基本的原则之一。因此，经济领域相对于其他社会范畴的整体社会权力地位是明确的：因为根据劳动分工对商品和服务

---

① Poggi (2001)：p. 124.

② 甚至大部分自由意志主义者也这样认为。参见 Hayek, Friedrich A. (1939)：*Freedom and the Economic System*, Chicago：Chicago University Press；and Nozick (1974)。但批评者是 Rapaczynski, Andrzej (1996)："The Roles of the State and the Market in Establishing Property Rights," *The Journal of Economic Perspectives*, 10 (2), pp. 87 – 103。

③ Mann (1986)：p. 24.

进行生产和分配对满足需求是必不可少的。任何人甚至都无法独自生产出所需商品和服务的一部分。

尽管如此,一些著名的维也纳学派的经济学家,尤其是欧根·冯·庞巴维克(Eugen Böhm von Bawerk),否认权力在经济领域中扮演了角色。[①] 他们认为市场交易机制,例如向何人以何种价格购买了何物以及为何人以何种成本来工作,是由供需关系而非权力因素来决定的。国家通过保障经济活动的和平、自愿来保证这一点。这样的立场很早就遭受质疑,例如在法国经济学家弗朗索瓦·佩鲁(François Perroux)撰写的颇具影响力的《优势效应与现代经济理论》(*The Domination Effect and Modern Economic Theory*)一书中,[②] 作者这样表达他的反对观点:"经济生活一定程度上与交换网络是不同的。这更像是一个权力网络。经济不仅受利益追求的推动,还有权力追求。两个目的在企业政策或国家经济政策中相互交织。"[③] 在佩鲁看来,权力是经济生活中不可缺少的组成部分;确实,权力是经济生活最重要的目的,以"优势效应"的形式在这个领域中表现出来。"在 A 和 B 两个经济单位之间,当单位 A 对单位 B 具有不可逆或部分不可逆的影响时,优势效应就显现在某一特定领域之中。[……] 例如,在很多情况下,一家公

---

① 参见 Böhm von Bawerk, Eugen (1914): Macht oder ökonomisches Gesetz?, Zeitschrift für Volkswirtschaft, Sozialpolitik und Verwaltung, 23, pp. 205 – 271。

② Perroux, François (1950): "The Domination Effect and Modern Economic Theory," *Social Research*, 17 (2), pp. 188 – 206. 深度分析请见 Sandretto, René (2009): "François Perroux, A Precursor of the Current Analyses of Power," *The Journal of World Economic Review*, 5 (1), pp. 57 – 68。相似的分析请参见 Blau, Robert (1965): *Exchange and Power in Social Life*, New York: Wiley。

③ Perroux (1950): p. 188.

司会影响另一家公司及其客户或竞争者在价格和数量方面的决定，反之则不成立。"[1] 如果权力显现的方式能够影响某一行为体在价格和产品制定、生产方式、合同、雇用类型及聘用时间等方面的决定，并且没有第二个行为体能与之抗衡，那么问题来了：经济权力的基础是什么？还有，该领域的权力资源是什么？

对这一问题有无数的回答。尽管如此，可以基本概括出四种基本权力资源：资本、资质、原材料和土地的所有权，最后是数据。[2] 200多年以来，资本已经牢牢地成为经济学著作中的通用术语。[3] 为了进行更好的概述，我们将资本分为三个方面。实际资本（real capital）或资本存量（capital stock）只是私营或国有企业对生产手段的控制，包括汽车、药品、糖和电脑等商品的生产和医疗、学校课程、美甲、政治咨询等服务的提供。因此，实际资本的种类丰富，有工厂、机器、办公大楼、咖啡机、出租车、文身机、记事本、笔，等等。与之对应，金融资本指的是企业用于扩张、更新和保存实际资本的金融资源。第三个，也是最近才被认定的是人力资本，指的是劳动力的表现潜力和生产力。

经济领域内各参与者在资本上的差异决定了其权力的不同。高度资本化的企业能够支付得起更高的工资，从竞争对手

---

① Perroux (1950)：p. 188.

② Poggi (2001)：pp. 127 – 135；and Scott, John (2001)：*Power*, Cambridge：Polity Press, p. 73.

③ 参见 Krugman, Paul and Wells, Robin (2015)：*Economics*, 4th edition, New York：Worth Publishers, p. 252f。

那里吸引来更好的工人。他们可以增加产量，向市场大量投放产品，迫使竞争对手陷入价格战，以创新推动市场发展，等等。总而言之，他们能够主导其他参与者的市场决策。但是，我们不应忽略的是：在这个领域，很少有参与者能够拥有以上提到的所有资本。这导致的是更大的权力差距，第一个注意到这个现象的人不是马克思，而是一个与社会主义思想没有关系的理论家。在《国富论》（*Wealth of Nations*）中，亚当·斯密（Adam Smith）写道："许多工人无法维持一周的生活，很少有人能够维持一个月，没有人能够在不工作的情况下维持一年。长期而言，工人对其雇主的重要性就像雇主对其工人一样；但是，这样的必要性不是那么直接的。"[1] 尽管从结构上而言，企业和雇员相互依赖，即企业需要劳动力，工人需要工资，但是他们的权力关系是不平衡的。[2] 喜爱使用简洁格言的波齐如此说道："资本雇佣劳动力，反之则不然。"[3]

但是，在企业和雇员的权力斗争中，资质作为第二种权力资源是关键。非熟练工人无法选择雇主，尤其是无法选择工资、假期、工作场所设计、培训等聘用条件，但是合格工人则是完全不同的。这里有必要更详细地引用经济学家埃里希·普莱塞（Erich Preiser）的杰作《权力、财产和收入分配》（*Power, Property, and the Distribution of Income*）："权力假设经

---

[1]　参见 Smith, Adam［（1776）2012］: *An Inquiry into the Nature and Causes of the Wealth of Nations*, London: W. Strathan.; p. 76。

[2]　Preiser, Erich (1971): "Power, Property, and the Distribution of Income," in: Kurt W. Rothschild（ed.）, *Power in Economics*, Harmondsworth: Penguin, pp. 119 – 140.

[3]　Poggi（2001）: p. 127.

济主体有规定条件的可能性，他可以接受或拒绝提议，可以规避压力；反之，这种可能性的前提是资质高于平均水平，即掌握一些具体的稀有技术。"① 如果行为体所具有的能力是稀有的，但企业却大量需要，例如编程和 IT 技术，工程专业等，那么他们就能够扭转权力平衡，进而规定雇用条件。这同样适用于那些在人群中具备稀有技术且技术掌握程度特别好的人，例如明星钢琴家或重要的职业棒球大联盟的全明星球员。

我们将要探讨经济领域的第三个权力资源——资源和土地的所有权。这两个要素对权力战略具有显而易见的重要性。钻石、稀土元素、石油等是难以替代的资源，作为这类资源唯一或为数不多的供应商之一，行为体首先可以作为垄断者或寡头垄断者在不流失客户的情况下极大地提高价格。② 其次，通过威胁要剥夺他们的资源，这些行为体可以迫使市场参与者建立或切断与其他参与者的经济联系。最后，他们阻止替代品的发展，或者通过降低价格使相关发展停滞。总而言之，在佩鲁看来，供应商能够主导其他经济行为体的行动，而且他们不具备形成抗衡能力的可能性。这种情况下，值得指出的是，以上意义上资本的缺乏能够通过掌握原材料而在战略上得到弥补。具有丰富石油的海湾国家王室的崛起就是一个显著的例子，尤其是 20 世纪 40 年代早期之后的沙特阿拉伯。尽管在 20 世纪中期，这些国家严重缺少资本（即实际资本、金融资本和人力资本），但是通过开发其石油资源，他们迅速成为地区具有影响力的国

---

① Preiser (1971): p. 136.
② 对垄断 (monopoly) 和寡占 (oligopoly) 术语的深度讨论，请见 Krugman & Wells (2015): pp. 387 – 444; cf. also Scott (2001): p. 73。

家，拥有全球控股公司，迅速地抵销了它们的资本积压。

占具具有经济和/或政治重要性的领土也是这个道理。如果行为体掌握了对国际海洋贸易起关键作用的海峡或石油管道途经的领土，那么就能在经济领域将广泛的工具权力集中起来。不过，缺点在于：集中这样的权力资源促进了经济和政治抵消势力的发展。俄罗斯和乌克兰之间仍在发酵的天然气争端就是一个例子。① 直到 2010 年左右，俄罗斯仍通过乌克兰管道运输大部分对欧洲的天然气出口。这条运输路线实际上是俄罗斯天然气工业股份公司（Gazprom）唯一的选择。这样的依赖性使得乌克兰方面能够以远低于市场售价的价格从俄罗斯那里获取天然气。2005 年，俄罗斯总统弗拉基米尔·普京（Vladimir Putin）结束了这样的惯例，重新制定了价格，大幅度提高了售价。这样的决定引发了迅速升级的相互攻击。乌克兰的领导人拒绝接受新的售价；俄罗斯天然气工业股份公司停止向乌克兰的买家提供天然气；乌克兰将原本出口至德国、法国、奥地利和匈牙利的天然气转为自用。对欧洲供应的减少以及迅速升级的政治压力迫使双方坐到谈判桌前。然而，迅速达成的协议总是短命的。直到 2014 年秋季，双方才达成妥协。乌克兰决定放弃封锁，这显然是受到莫斯科决定建造替代管道的影响，即途径波罗的海的北流管道（Nord Stream），通过这条管道，俄罗斯能将天然气直接出口至欧洲。这个计划硬生生地让莫斯科绕开了乌克兰，就算不是完全剥夺，也至少会削弱

① 更多信息，请见 Stulberg, Adam N.（2015）: "Out of Gas? Russia, Ukraine, Europe, and the Changing Geopolitics of Gas," *Problems of Post - Communism*, 62 (2), pp. 112 - 130。

乌克兰领土的权力资源。显然，针对乌克兰同步动员起来的政治军事行动权力对这项经济战略进行了有效补充。因此，天然气争端也强有力地说明了像普京政府这样擅长权力战略的行为体是如何成功地整合来自不同领域的权力资源的。

领土作为权力资源，其重要性由另一个例子体现，那就是苏伊士运河，我们将对此进行简要的讨论。[1] 这一人造航道位于埃及东部，将地中海和红海连接起来，自1869年开通以来，曾依次处于奥斯曼帝国、英国，最后是埃及的控制之下。该运河使得往返于北大西洋和印度洋的远洋船舶能够避免经过位于非洲南部臭名昭著的好望角。保守估计，这节约了至少40%的时间。每天有几十艘集装箱船舶通过这条大约190公里长的通道。潜在的权力是显而易见的：无论是谁，只要掌控了苏伊士运河，就主导了国际海洋贸易机制。[2] 他们可以决定价格、封锁竞争者、给予盟友特权，等等。然而，苏伊士运河的国际地位最初是由奥斯曼帝国和早期重要的欧洲大国确立的。在1888年签署了《君士坦丁堡条约》（Treaty of Constantinople）之后，此地成了允许所有商业和军事船只自由航行的中立区域；因此，政治工具化的选择是有限的。然而，苏伊士运河的战略重要性体现在，这样的中立性在之后的100年里总是受到挑战，挑战者包括：1916年第一次世界大战中的同盟国

---

① 历史概述见 Karabell, Zachary (2003)：*Parting the Desert*：*The Creation of the Suez Canal*，New York/Toronto：Knopf。

② 只有巴拿马运河有着类似的海洋和地缘政治重要性。巴拿马运河位于巴拿马地峡（Isthmus of Panama），连接了大西洋和太平洋。参见 Major, John (1993). *Prize Possession*：*The United States and the Panama Canal*, *1903 – 1979*, Cambridge：Cambridge University Press。

（Central Powers）；1941 年第二次世界大战中的轴心国（Axis Powers）；1956 年贾迈勒·阿卜杜勒·纳赛尔（Gamal Abdel Nasser）担任首脑的埃及政府；最后是 1967 年埃及和以色列之间爆发的六日战争（Six - Day War）。每一次，行为体们都试图声称对苏伊士运河拥有唯一的控制权和使用权，而每一次，在流血冲突后，苏伊士运河都恢复了现状。《君士坦丁堡条约》至今仍旧生效，埃及政府对其实施承担责任。尽管存在无数侵犯人权的行为，但埃及政府仍旧持续得到西方的支持，这多少归功于埃及政府作为运河中立性守护人的角色。对于大型航运公司来说，没有比这条海上通道被伊斯兰原教旨主义者控制更可怕的场景了。因为存在这个风险，所以如今法塔赫·塞西（Fatah al - Sisi）的军事政权掌控着关键的权力资本。

　　数据是经济领域中第四个也是最后一个权力资源。在某种程度上，它们是一个特例。毋需置疑，积累、储存、垄断、分析和评估数据一直以来就是权力的一个组成部分。然而，只有最近几十年的技术、经济和社会发展——我们指的是数字化、全球化和加速发展之间的相互依存——才可能使数据成为我们时代最重要的权力资源。这在人类历史上尚属首次，电脑和基于软件的算法能够收集全球大量的数据并使之相互关联，实现了前所未有的信息检索和信息交换形式。这带来的影响是巨大的：在"大数据"时代，我们经历最多的无非工作和私人领域的融合（如通过脸书或微博等社交网络）和用多重视角看待单一情境。与"万维网"（World Wide Web）一词并列的"网络"（net）的比喻在两个方面很贴切。自数字革命开始以来，我们已经与无数的人和组织在所有可想象得到的生活领域相连，只需不到一秒，我们就可以进行跨越大洲的交流和合作。① 但与此同时，这样数字化的生存是无法逃脱的，隐退去过自给自足的生活已彻底成为历史。

这些与权力有什么关系呢？让我们首先从组织和经济的角度来看数据力量的重要性，然后再进一步探讨它的政治相关性。

相对于其竞争者来说，无论是企业还是非政府组织，它们出众的收集、阅读和关联（潜在）客户和支持者的数据的能力是巨大的竞争优势。如果一个组织了解其"追随者"，即他们经常访问的网站是哪些？访问时间是多久？他们倾向于哪些运动？他们购买什么样的产品？他们具有哪些宗教、性别和美学方面的偏好？那么这个组织就能更好地为他们量身定做产品和服务。Tableau 软件公司前首席执行官克里斯蒂安·查伯特（Christian Chabot）甚至将数据比作"21世纪的石油"。在数据权力竞赛中，能将自己定位为终端用户和其他（电子）服务供应商之间的中间人或推动者的行为体具有优势。因此，平台和门户网站日益成为市场中的一个关键因素。例如，这项战略被研发了微信的中国公司很好地使用。这个主导了整个亚洲的智能手机程序不仅仅拥有聊天功能，还是支付软件、游戏中心和搜索引擎。微信提供了一个通用的平台，通过这个平台，该公司不仅仅获得了用户数据，还能够与其他公司建立权力关系，因为它控制了用户的服务供应商访问，因此能够决定经济合作的条件。

对数据的获取和使用不仅在商品和服务的创新性设计上扮

---

① 举例说明，根据世界互联网统计中心（Internet World Stats）2016年6月的统计，全球互联网用户达到了 3675824813 人，［online］http：//www. internetworldstats. com/stats. htm，retrieved 21. 12. 2017。

演着核心角色，还在市场走势预测和组织定位上至关重要。如今，这里的关键词是"预测分析"。根据从社交网络、所谓的物联网（IOT）以及无数的机器和算法的传感器中获取的数据，能够概率极高地进行预测，包括石油价格的走势、股票价格和政府债券的涨跌，甚至是怀孕。[①] 当风险投资人投资爱彼迎（Airbnb）时，看重的不仅仅是这个预定平台的商业模式，还有该公司在租金、住房供给和供需比例上拥有的完整数据，使其能够就大城市的房地产价格走势做出比其他任何数据库更好的预测。总而言之，任何能够翻阅爱彼迎数据的人在预测市场走势上都拥有了极为强大的工具。

经济数据权力的第三个方面涉及横向和纵向搜索引擎的市场细分。横向搜索引擎提供跨领域的搜索，如谷歌（Google）、必应（Bing）或雅虎（Yahoo），而纵向搜索引擎是特定主题、特定地点或特定领域的，如 Yelp 或猫途鹰（TripAdvisor），他们专注于餐厅、旅游目的地或资讯。然而，尽管有两个分类，但是这些搜索引擎都有一个共同原则：搜索引擎拥有的经过处理且结构化的数据越多，搜索结果和数据连接性就越准确，搜索者因此就能得到更多有用的信息。同时，这也是具有自我强化效应的：每一个新的搜索请求都有助于搜索引擎的改进，最终扩大其竞争优势。

---

① 许多年前，美国超市连锁商塔吉特公司（Target）通过将可用于尿不湿和其他婴儿产品的优惠券送给明尼苏达州的一位青少年，以此展现了其预测的质量。少女的消费行为显示其怀孕，该信息准确无误。该事件尤为独特之处在于，这个女孩甚至没有把怀孕的消息告诉她的父母，参见 Hill, Kashmir（2012）："How Target Figured Out A Teen Girl Was Pregnant Before Her Father Did," in: *Forbes Magazin* from 16th February 2012, ［online］ https：//www. forbes. com/sites/kashmirhill/2012/02/16/how－target－figured－out－a－teengirl－was－pregnant－before－her－father－did/#418017cd6668，retrieved on 21. 12. 2017。

最后，同样重要的是，数据作为商品是经济权力机制的一部分。正如之前提到的那样，数据对于产品和服务的发展、消费者忠诚度、市场定位以及组织经济发展的其他核心要素而言都是不可或缺的。这就是经济范畴内有许多参与者专注于收集、处理、展示和转卖数据的原因。用经济学的话来说，数据是"可用货币衡量的生产要素"，因此，数据注定是商品。① 从事此类业务的不仅仅是像欧唯特（Arvato）或 Doubleclick 这样的数据管理企业，还有 change. org 这样的请愿平台。② 这个

---

① Hill, Kashmir (2012): "How Target Figured Out A Teen Girl Was Pregnant Before Her Father Did," in: *Forbes Magazin* from 16th February 2012, p. 275. ［online］https：//www. forbes. com/sites/kashmirhill/2012/02/16/how－target－figured－out－a－teengirl－was－pregnant－before－her－father－did/#418017cd6668, retrieved on 21. 12. 2017。在美国，从地址到社会保险号再到破产信息，特定类别的数据的当前市场上的价值甚至能够通过所谓的"数据计算器"来决定，参见 Swipe Toolkit, "Data Calculator," ［online］http：//archive. turbulence. org/Works/swipe/calculator. html, most recently retrieved on 21. 12. 2017。

② Change. org 因消极对待用户数据，而被 Digitalcourage e. V. 授予了 2016 年度的老大哥奖（BigBrotherAward），参见 Bakir, Daniel (2016): "Big Brother Awards 2016：Change. org － eine Weltverbesserer－Plattform als gierige Datenkrake," in：*Stern* from 22th 2016, ［online］http：//www. stern. de/wirtschaft/news/big－brotherawards－change－org－als－datenkrake－ausgezeichnet－6807950. html, retr on 21. 12. 2017。蒂洛·威夏特（Thilo Weichert）是前德国石勒苏益格－荷尔施泰因州（Schleswig－Holstein）的数据保护专员，是著名的网络活跃分子，他撰写的报告支持了这项指控。他认为 Change. org 违背了自我描述，滥用用户数据，而且，无视欧盟数据保护法，参见 Netzwerk Datenschutzexpertise（2015）：Datenschutzrechtliche Bewertung des Internet － Beteiligungsportals Change. org von Dr. Thilo Weichert, ［online］ http：//www. netzwerk－datenschutzexpertise. de/dokument/datenschutzrechtliche－bewertung－des－internet －beteiligungsportalschangeorg, retrieved on 21. 12. 2017；也可参见 Casano, Olivia（2016）："Why You Should Think Twice Before Signing a Change. org Petition," ［online］http：//www. konbini. com/en/lifestyle/change － org － data － mining/, retrieved on 06. 02. 2018。

平台将自身包装为非营利的公民运动，在其主页上，人们可以免费请愿。然而，关于 change. org 在实际上并非如此的说法有很多，例如，该网站存储请愿签名者的信息，将这些信息打包压缩并以筹集资金为目的进行泄露。

在 21 世纪，数据所展现的巨大经济重要性势必造成价值创造重心的全球转移。在数据时代来临之前，价值创造首先且最主要是由物品，即"硬件"来完成，但我们现在正经历着向"软件"的转变。从提供电子烹饪书籍的厨房用具制造业者到发明自动驾驶的汽车制造商，数字化覆盖了所有制造业范畴，因此，数据的处理及主权正日益成为互联经济的核心议题。但是，所有这些都不应该导致我们忽略一个关键条件：数据本身不是知识，而是关于人、机器、交易等内容的分散信息。为了从这些信息中挖掘并评估具有战略意义的内容，需要用到复杂的大数据软件，而且越来越需要人工智能。然而，这些技术仅仅处于发展初期。随着未来技术创新的到来，经济领域正面临着深刻而长远的变革。①

政治总是强烈地追求获得经济范畴内的数据权力，一方面，数据权力是"'王牌'斗争"中的风险；另一方面，它是使自身能力在内外都得以发挥和增强的条件。毕竟，就像没有武器产业就无法发动战争一样，如果无法掌控从印刷、电报和电话到往来邮件等交流媒介，那么国家就无法掌控其人民。对于部委、税务机关、政党、军队或情报部门等政治行为体来

---

① 关于值得推荐的概述，请见 Schwab, Klaus（2017）：The Fourth Industrial Revolution. Köln：World Economic Forum。

说，数据权力曾是且一直是非常重要的。数字化革命只是完善了这类资源。在政治领域，有四个方面是核心：第一，监视；第二，网络战争；第三，通信和影响力；第四，预测和模拟。

甚至早在前美国安全局（US National Security Agency）雇员和揭发者爱德华·斯诺登（Edward Snowden）披露内幕之前，情报工作被大数据彻底改变就已经是人尽皆知的了，此后，大数据的重要性飞速上升。[①] 直到 20 世纪 80 年代，间谍的工作仅是发现"漏洞"，监听个人电话，然而如今，在数字化时代，他们将能够利用数据进行监控，即数据监控（Dataveillance），它指的是对群体数据进行监控。[②] 这种监视过程是基于 IP 地址、邮件、搜索查询、信用卡账单、推特发文等在内的全球可用数字化数据存储而进行的，例如，监听成千上万的海底数据电缆，这些电缆每天在全球传输着无数的信息。自动算法程序对这些庞大的原始数据的关键概念、模式和联系进行检查、分类和排序。分析是关键：情报机构通过分析能够鉴别恐怖分子，创建运动模式，评估事件风险，为外国政治人物画像，以及最后但尤其重要的，从其他国家那里获取具有经济敏感性的信息（关键词：工业间谍）。最先加入这场争取公共数据权力斗争的是美国安全局（NSA）和英国政府通信总部（GCHQ）。他们分别开

---

① 参见 Lyon, David (2016)："Snowden, Everyday Practices and Digital Futures," in: Tugba Basaran, Didier Bigo, Emmanuel – Pierre Guittet, and R. B. J. Walker (eds.), *International Political Sociology*, Transversal lines. London/New York: Routledge, pp. 254 – 271。

② 内行人将此称为"收集所有信息的方法"，参见 Hu, Margaret (2014)："Small Data Surveillance vs. Big Data Cybersurveillance." *Pepperdine Law Review*, 42 (4), pp. 773 – 844。

展了"时代"（Tempora）和"棱镜"（Prism）计划，通过这两个计划，两家情报机构每天最多能够分析 20 亿人的数据。

尽管数据监控以获取信息作为唯一目标，但是网络战争将会直接或间接伤害敌对国家或非国家行为体，例如恐怖组织或准军事组织。[①] 正如军事分析家马丁·C. 利比基（Martin C. Libicki）指出的那样，数据监控和网络战争总是很难区分的。尽管如此，他还是给出了以下定义："网络攻击［……］是一个国家蓄意破坏或扰乱另一国家的利益体系［……］网络刺探（CNE）（从破坏和扰乱的角度而言）则不是攻击。"[②] 政治行为体的军事和经济权力越来越依赖于电脑网络，并且，因为这些网络能够被外部资源渗透，所以，利比基认为网络攻击带来的安全风险呈指数级增长。根据军事逻辑，国家因此必须不断增强其抵御网络攻击的能力以及本身的攻击能力，这是出于威慑的目的。

大体上，网络攻击有两种不同的形式：第一，通过黑客攻击和恶意软件，直接破坏硬件或软件；第二，通过有针对性地投放虚假信息和宣传，间接给对方造成伤害。近年来，第一种网络攻击的例子不胜枚举。2007 年，在俄罗斯大规模的抗议之下，爱沙尼亚政府决定将位于塔林市中心的苏联军事纪念碑迁往郊区。几个星期以后，爱沙尼亚的主要政府网站被大量的查询所淹没，成千上万的电脑被关闭，这实际上是远程病毒攻

[①] 关于这个话题真正富有信息的介绍请参见 Libicki, Martin C.（2009）：Cyberdeterrence and Cyberwar, Santa Monica：Rand。

[②] 关于这个话题真正富有信息的介绍请参见 Libicki, Martin C.（2009）：*Cyberdeterrence and Cyberwar*, Santa Monica：Rand, p. 23.

击、控制所导致的。政府不得不暂时完全切断该国与全球数据网络的连接，从根本上修改其安全基础设施。克里姆林宫从未正式宣称对这场攻击负责，但封锁了所有进一步的调查。仅仅是三年之后，位于纳坦兹（Natanz）的伊朗铀浓缩工厂发生了严重事故：来自德国西门子的高灵敏度离心机的整个控制系统似乎不受控制，涡轮机遭到不可挽回的损坏。在达到既定目标之前不久，这项被时任伊朗总统艾哈迈迪·内贾德重视的计划就不得不终止了。很快人们就发现，故障是由一种名为"震网"（Stuxnet）的网络蠕虫所造成的，由美国军方和以色列共同发明并使用。① 从今天的角度来看，"震网"攻击使得2015年的"欧盟+3原子能协议"成为可能，这确保了德黑兰只能将核能作为民用。②

网络攻击的间接形式绕不开"社交机器人"（social bot）和"虚假新闻"这两个词语。社交机器人的程序是独一无二的，大体上是"互联网中的自动代理程序，伪装了真实身份，假装向用户表明他们是真人"③。这样的伪装由软件机器人通

---

① 关于"震网"所造成的损害的技术细节，请见 Farwell, James P. and Rohozinski, Rafal（2011）："Stuxnet and the Future of Cyber War,"*Survival*, 53（1），pp. 23 - 40。政治背景请见 Sanger, David A.（2012）：*Confront and Conceal：Obama's Secret Wars and Surprising Use of American Power*, New York：Crown Publishers。

② 补充请见 European External Action Service（2015）："Joint Comprehensive Plan of Action,"［online］http：//www. eeas. europa. eu/statementseeas/docs/iran_ agreement/ iran_ joint－comprehensive－plan－of－action_ en. pdf, retrieved on 21. 12. 2017。

③ Hegelich, Simon（2016）：Invasion der Meinungsroboter, Analysen und Argumente, 221, pp. 1 - 9. ；关于研究现状的良好概述请见 Woolley, James C.（2016）： "Automating Power：Social Bots Interfere in Global Politics," *First Monday*, 21（4）， ［ online ］ http：//firstmonday. org/ojs/index. php/fm/article/view/6161/5300, retrieved on 21. 12. 2017。

过创建脸书个人资料、推特和红迪或其他社交媒体账号来维持。通过这些个人资料，大量的政治评论或虚假新闻被投放到社交网络和媒体的评论专栏中。一旦将基本关键词输入程序中，这些机器人就能够独立地生产信息，融入当下的事件，甚至是与人类用户进行实时聊天。[①] 名为"当社交机器人进行攻击时"（When Social Bots Attack）的科学调查是由格拉茨大学（University of Graz）所做的一项研究，这项科学研究惊人地展现了人们是如何快速沦为人造档案的牺牲品。[②] 大数定律在这里扮演着关键角色：西蒙·黑格里谢（Simon Hegelich）是一位政治数据学的专家，他声称只需要在部署软件上花费 500 美金，就有可能控制 10000 个推特账户。[③] 宣传权力的潜力是显而易见的："机器人操纵了社交媒体的动态，而这些动态被融入了政治和经济决策过程之中。"[④] 一方面，政治家可以被民众的情绪所误导。其中一个例子就是在 2014 年克里米亚被吞并期间，德国社交媒体上出现了非常多支持俄罗斯的帖文，这与实际调查结果形成巨大反差，有可能是忠于克里姆林宫的程序员所发起的。另一方面，各团体能够被动员起来，或被煽动起来对抗彼此。例如，在 2015 年，乌克兰准军事网络"正义

[①] 顺便提一句，通常情况下，性和情色产业处于这种技术发展的最前沿。例如，早在刚刚进入 21 世纪之时，偷情网站"Ashley Madison"就充分利用了所谓的"聊天机器人"，假扮成真实的女人，成功地从男性网络用户身上骗取金钱。

[②] 参见 Wagner, Claudia, Mitter, Silvia, Körner, Christian, and Strohmaier, Markus (2012)："When Social Bots Attack, Modeling Susceptibility of Users in Online Social Networks," Proceedings of the WWW'12 Workshop on Making Sense of Microposts, pp. 41 – 18.

[③] 参见 Hegelich (2016): p. 3。

[④] 同上。

部"（Pravyj Sector）的僵尸网络散播了一个虚假新闻，称俄罗斯领导的分裂分子用导弹瞄准了基辅。[①] 然而，支配性趋势的问题不仅影响了人类媒体用户，甚至为了政策分析而梳理社交网络的基于软件的算法也会落入社交机器人的圈套，给决策者提供具有缺陷的管理报告。因此，这个权力和技术领域是以分析者和操控者之间不断的创新竞赛为特征的。

大数据对于影响民主竞赛的重要性是政治数据权力的第三个重点。其中关键的部分是将数据驱动的对话交流与心理测验学进行有效结合。心理测验学是一种科学方法，用来测量一个人的心理，并根据需求、恐惧、希望、社交行为等性格维度做出分类。在互联网时代到来之前，这是一个烦琐且耗时的学科，需要进行访问，完成详细的调查问卷，以及使用实证社会科学的所有工具。自数字化革命开始后，人们越来越多地通过数字媒体进行交流。通过这种方式，有关他们的信息被永久地记录在互联网上，只需要对这些信息进行分析即可。在政治领域，十多年来，数据挖掘和数据定位已经成为日常。今天，缺乏针对目标团体及其主要议题的详细信息，竞选将变得不再可能。美国是这个领域的先行者，在那里，极为自由且不受限制的数据保护法为竞选战略家们在使用数据权力方面提供了比德国大得多的行动空间。现在，在竞选活动期间，专家们能够准

---

① 参见 Hegelich, Simon and Janetzko, Dietmar (2016)："Are social Bots on Twitter Political Actors? Empirical Evidence from a Ukrainian Social Botnet," Proceedings of the 10th International AAAI Conference on Web and Social Media, [online] https：//www. aaai. org/ocs/index. php/ICWSM/ICWSM16/paper/view/13015/12793, retrieved on 21. 12. 2017。

确定位投票者的偏好，甚至其街道名称和门牌号。通过少量的线上活动，如订阅博客和杂志、打折促销、俱乐部会员制等，即使与政治无关，也能够获知一个人的政治态度及其可能的投票决定。

这对于民主的重要性不言而喻：例如，在"草根竞选"中，竞选活动面向目标公民，这是为了将内容传播给更多的人，让他们传播或繁殖政治信息，并让他们成为竞选活动中的熟面孔。通过这种方式，"将会出现抗议活动、公民倡议、支持协会和公民游说团体"，发挥政治"压力团体"的作用。①另外，基于大数据的方法让政治党派能够将所有的选民按照支持者、反对者和未决定者进行划分。最重要的是，以个人偏好为导向，这些方法以首选主页、社交网络和邮件作为定制化对话交流的载体，有针对性地进行沟通和动员。总而言之：通过将心理测验学和由数据驱动的沟通结合，引起易于接受党纲的目标群体的注意。2016 年的两大事件是由数据驱动的政治影响力取得胜利的典范：英国脱欧和唐纳德·特朗普当选美国总统。在他们的竞选活动中，奈杰尔·法拉奇（Nigel Farage）带领的反对欧盟人士和特朗普都极度依赖于对话战略中的数字化部分，并且都取得了成功。这是大部分评论家没有预想到的，他们的成功也说明电视、新闻和广播等传统媒体已经丧失了其作为专属政治"守门人"的功能。未来评论战场位于数字化空间。当然，之前提到的针对性识别、沟通和动员不仅对

---

① Speth, Rudolf (2010): Grassroots Campaigning, in: Olaf Hoffjann and Roland Stahl (eds.), Handbuch Verbandskommunikation, Wiesbaden: VS Verlag, pp. 317 – 332; p. 317.

于民主行为体而言是具有潜力的，它们还能服务于专制和独裁政权，使其心理灌输达到最优。

政治数据权力的第四个，也是最后一个方面是预知，听起来像科幻小说。1956 年，在其短篇小说《少数派报告》（*The Minority Report*）中，菲利普·迪克（Philip Dick）创造了一个世界，在那里，一群变异人能够预知犯罪。在迪克的讲述中，虽然存在道德上的质疑，但是安全部门从这项预言性天赋中获得了一种实用优势：他们在嫌疑犯成为罪犯之前就逮捕了他们。对于与迪克生活在同时代的人来说，这样的情节虽然是有趣的，但总归是不切实际的。如今则不同。"预测警务"（Predictive Policing）是基于算法的犯罪统计和案件数据评估，案件数据如犯罪地点：别墅小区；类型：盗窃高保真音响系统；作案人数：4 人；等等。这能够被用于计算何人将于何处、何时犯下何种罪行的概率。由 IBM 研发的名为"利用历史统计数据减少犯罪"［Crime Reduction Utilizing Statistical History（CRUSH）］的软件提供了一个令人印象深刻的例子。①2005 年，IBM 与孟菲斯警察局一道设计了一款程序，用本地警察数据库来判断未来犯罪趋势，计算并确定犯罪分子在特定时期内进行犯罪的热门地点。接着，警车在精确预计的时间内前往这些地区巡逻。在接下来的几年中，孟菲斯的犯罪率下降了 30% 多。同时，孟菲斯警察局能够减少现役人员，更有效地利用人力资源。

---

① Figg, Erinn（2014）: "The legacy of Blue CRUSH," in: *High Ground News* from 19th March 2014, ［online］ http://www.highgroundnews.com/features/BlueCrush031214.aspx, retrieved on 21. 12. 2017.

显然，基于大数据的预测权力不仅仅限于犯罪预防领域。最近刚研发出来的衍生软件"蓝色粉碎"（Blue CRUSH）的更准确的名称是"CRASH"（利用历史统计数据分析减少交通事故），它能够利用交通数据，计算事故发生的可能性，预测交通堵塞。在卫生政策领域，利用医疗数据和记录的类似算法能够根据人口和年龄组别判定具体的健康风险。类似的例子不胜枚举。从权力理论的角度出发，这些预知性工具对于国家机构来说是绝好的控制工具。借助它们，人们在所有可想象的行动领域中的行为动态和模式变得易于理解，因此也更好地被控制。提出普遍控制的伟大理论家福柯（见第一章第二节）也无法想象出更好的方式了。然而，与此同时，问题也随之而来，即这可行的一切是否被道德所接受或是否合理。

我们只能非常简捷地处理这个真正的道德和权力战略问题；这不是本书的重点，而且，我们仅仅处于相关技术改变的开端。[①] 根本而言，在数据权力的背景下，无论我们是否谈及经济或政治，这些议题都围绕着一个关键点：这些数据实际属于谁？数据"所有人"可以合法地向他人宣称拥有何种权利？偏激的观点能够被迅速概括出来。根据自由意志主义者的立场，没有人可以对意向享有独占权。个人通过在社交网络上分享报纸文章、预订前往马尔代夫的旅行或者使用网络设备测量心跳等方式创建的数据属于每个人，因此也不属于任何人。与此相对，偏激的反方观点注重个人权利，将个人视为对其数据

---

① 比较 Richards, Neill M. and King, Jonathan H. (2014)："Big Data Ethics,"*Wake Forest Law Review*, pp. 394 - 422。

进行处理的唯一决策权威，能够决定数据的用途。显然，这两种立场都是理想化的，是不切实际的，因此是不合理的。第一种观点迅速结束了关于隐私的探讨，忽略了我们自由宪政国家的合法道德元素。反之，第二种观点意味着失去政治－经济行动能力，它实际上宣告了每一单一个体的主权，因此将政治社会带入极度的荒谬之中。

关于数据权力使用的决定突出展现的是社会中的权力政治平衡，这是一个存在于两极之间的竞争领域。我们得出一个简洁的结论：数据道德因此是一个政治话题。它们的诞生、落实和持续地被重新审视都必须在协商和决策过程中进行，这些过程是由技术创新和文化范式转变而决定的。将公共部门和经济部门区分开来是重要的：国家机构的职责是保护民众（见第五节第三部分"工具权力"），这与企业不同。例如，警察和情报部门的专属职能是有效地使民众避开恐怖分子、犯罪分子和社会上其他敌人的攻击，他们的数据权力和相应的法律限制和要求也必须考虑这些方面。

这里，我们希望总结关于经济权力资源和数据的讨论，并且阐述经济领域与其他领域的关系。我们已经强调了经济的重要地位。如果没有一个生产和分配商品和服务的体系，那么其他领域及其实践都无法维系。所有 20 世纪的经验，尤其是苏维埃共产主义的失败，都告诉我们只有在自治性得到一定程度的保证、市场机制得到保护的情况下，经济权力领域才能完全发挥其生产力。鉴于其特殊性，经济权力领域参与其他领域的"'王牌'斗争"并强化其权力逻辑的首要地位是命中注定的。我们不必接受"金钱统治世界的秩序"，也不必跟随马克思的脚步，将政治和宗教仅仅视为与经济"下层建筑"无因果关系的"上层建筑"。[①] 这样权威的观点低估了宗教和政治领域抵御经济战略干预的能力。尽管如此，这样的战略的确塑造了社会世界。

显然，赎罪券交易是历史上在宗教领域采用经济权力逻辑的例子。[②] 赎罪券自古典时代晚期就存在，其原本是不具有罪恶属性的。它表示"在教会允许下，在忏悔圣礼之外，在上帝面前，暂时免予原罪带来的现世惩罚"；[③] 这不是宽恕原罪本身，而是通过善行、祈祷、朝圣、施舍等方式，在死后免予惩罚。直到文艺复兴时期的教皇们将神对惩罚的豁免作为商品进行交易，用以填充天主教教廷的金库时，这样的惯例才被猛烈地抨击。突然之间，有能力的贵族和佣兵能够购买他们的救赎，毫无顾虑地持续犯下原罪，因为教会将会使他们得到救赎以换取金钱。正如伟大的宗教历史学家尼古拉斯·保卢斯（Nikolaus Paulus）所写的那样，这样的问题在于："赎罪券原本主要是作为宗教关怀的精神工具，现在却成为收入的来

---

① Poggi（2001）：p. 58f. 试图拯救马克思的理论。根据波皮茨的解释，《资本论》的作者认为宗教、经济和政治作为三个核心权力领域，相互之间是系统性的平衡。然而，这样的解释是经不起对一手资料的检阅和更详细的二手阅读。马克思认为，社会领域的所有法律都是从经济领域准则中得出的；政治、宗教、文化和其他现象仅仅从更为基本的经济过程中诞生。

② 关于此话题的经典概述，见 Paulus, Nikolaus［（1922）2000］：Geschichte des Ablasses im Mittelalter. Vom Ursprunge bis zur Mitte des 14. Jahrhunderts, Darmstadt：Wissenschaftliche Buchgesellschaft.；and Paulus, Nikolaus［（1923）2000］：Geschichte des Ablasses am Ausgang des Mittelalters, Darmstadt：Wissenschaftliche Buchgesellschaft。

③ Paulus［（1922）2000］：p. 1.

源。"① 从权力战略的角度来说，这样的情况是既富有戏剧性，又非常有趣的。通过赎罪券交易，经济领域的核心权力资源突然间变成了宗教领域中至关重要的权力资源。以前，行为体必须服从真正的宗教规则和神职人员的戒律，并真诚地，或至少看上去是可信地忏悔所犯下的错误，但是现在，他们可以将市场逻辑一一应用于宗教实践。在这样的背景下，由这些事件点燃的宗教改革怒火，以及围绕马丁·路德（Martin Luther）的教会革命所取得的巨大成功，也就不值得奇怪了。在这之中，最为攸关的不过是基督教作为独立权力领域的自治性。

政治权力领域对经济领域的干预一直是政治辩论的常见话题。但是，我们应该在此给出一个清晰的区分，这常常被日常政治所忽略：一方面，在政治决策过程中考虑经济利益；另一方面，试图将经济的权力逻辑用于政治之中。在我们看来，前者是政治决策的合法一面（见第二章第四节）②；后者是对政治权力领域自治性的攻击。例如，当人们试图购买政治决策和/或官职时，我们就谈及这样的攻击。当然，这里的关键词是"贪污"。在这里，我们不想针对贪污概念展开详细的讨论。对于我们来说唯一重要的是，在贪污过程中，政治决定被看作

---

① Paulus［（1922）2000］：p. 379.
② 在对欧盟层面的利益表达所进行的重大研究中，克雷蒙斯·琼斯（Klemens Joos）准确地观察到，游说通过其中介活动，克服了政治和经济体系的交流障碍，将两者连接起来。理想状况下，游说是双方间的翻译机制。Joos, Klemens（2016）：*Convincing Political Stakeholders：Successful Lobbying Through Process Competence in the Complex Decision - Making System of the European Union*，Weinheim：Wiley.

商业服务，而官职就像商品。跟之前所提到的例子一样，这是将市场原则及其核心权力资源安插在非经济领域的尝试，以达到使该领域的权力逻辑和资源被边缘化的目的。该现象无论是对政治及其核心任务还是对最终的经济领域自身而言，都是毁灭性的。这从全球贪污指数中可以看出，该指数由透明国际（Transparency International）自 1995 年开始收集整理。[1] 管理不善、缺乏效率和社会贫困与贪污的联系如此紧密，以至于没有人会相信这只是偶然。

三　政治权力领域

让我们转向最后一个重要的权力领域——政治。政治领域最突出的是什么、是什么将政治与社会其他领域区分开来，这是著名的难题。[2] 为了避免被这些冗长的概念斗争所牵绊，我们采用以下定义：政治的本质是授权并执行具有集体约束力的行动准则。政治的核心在于，通过团体统治，在需要的时候使用行动权力，即暴力，来实现社会共存的组织机构。至于这些准则是通过民事法典和刑法典所决定的，还是通过公元前 18世纪巴比伦的《汉谟拉比法典》（Hamurabi）或口述禁忌所决定的，在这个阶段是不重要的。同样不重要的是将权威政治权力分成立法、行政和司法三个分支。只要治理、执行和监督当局实现（一定程度地）制度化且被权威所接纳，我们就可以

---

[1]　见 www.transparency.org。

[2]　不过，清楚的是，我们不能接受"一切都是政治！"这样的概括性说法。如果我们接受布迪厄和波齐的假设，认为有许多（相对）独立、相互竞争的权力领域，那么这些领域必须得到清晰的划界。

称之为政治权力领域（见第一章第二节）。用卡尔·施密特（Carl Schmitt）和韩炳哲（Byung-Chul Han）的话来说，这一定存在主权。[1] 否则我们面对的不是政治，而是与之相反的：无政府状态。[2]

通过对政治领域进行简单描述，关于权力现象如何表现、拥有政治权力意味着什么的答案是显而易见的。在我们看来，拥有政治权力意味着能够影响：一、共同规则的内容和范围；二、规则的实施和对违规行为的制裁；三、对新规则的授权程序和对已有规则的修改或废除。简言之，政治权力是对具有集体约束力决定的形式和内容的控制。拥有这种权力的人可以决定（或参与相关决策）何人缴纳何种税款，同性恋和异性恋是否同样合法，安全机构拥有哪些权力，药物获得批准的必要条件，等等。在这个决策领域内，行为体的影响越大、越广泛，那么他们对政治领域的控制就越广，他们在实际政治等级中的地位就越高。

亚里士多德将这个核心发现作为其政治体系分类的起点。[3] 于他而言，政治社会的所有形式都可以根据两个问题而

---

[1] 见 Schmitt, Carl (1934): Politische Theologie. Vier Kapitel zur Lehre von der Souveränität, Berlin: Duncker & Humblot.；也可参见 Han (2005): pp. 91ff。

[2] 在此，我们将无政府状态理解为一种随机状态。如果政治的本质不可避免地与行动准则的颁布与落实有关，那么无政府状态必定是政治的对立面。这样的观点是存在争议的。关于该辩论的概述，见 Franks, Benjamin and Wilson, Matthew (eds.) (2010): Anarchism and Moral Philosophy, Basingstoke: Palgrave.；从经济角度提出的一个有趣观点请参见 Skaperdas, Stergios (2008): "Anarchy," in: Donald A. Wittman and Barry R. Weingast (eds.), *The Oxford Handbook of Political Economy*, pp. 881-898。

[3] Aristotle (2017): *The Politics*, translated by Sir Ernest Barker, Oxford: Oxford University Press。

进行分类。第一，多少人拥有政治权力——一个，几个还是全部？第二，他们用这种权力做好事还是坏事？这引申出六种基本形式（如图2所示）：

		权力的道德状态	
		善	恶
统治者数量	一个	君主制	暴君制
	多个	贵族制	寡头制
	全部	法律面前人人平等	民主制

图2-2　亚里士多德的政治体系分类[*]

注：实际上，亚里士多德最先将"democratia"（民主）用于表示一种政治堕落的形式。当然，这种早期影响并没有妨碍这个术语长期的成功。这里不就亚里士多德关于民主的理解进行深度讨论。

至于该分类是否精确到足以囊括各种政治组织形式或是否说明了政治权力分配和关系所具有的多样性，尚无须就此进行更多讨论。从今天的角度来说，仍旧存在很多质疑。另外，仅仅将统治形式以善恶区分似乎过于简单。然而，具有决定性意义的是一个完全不同的观点：即使是在国家和宪法原则的起源地阿提卡地区（Attic），人们也清晰地认识到，谁在社会中拥有何种程度的政治权力对于组织形式（是否具备国家特征）的评估和分类而言是至关重要的。

在我们解决政治权力的基础是什么、它可以获得和扩展哪些资源这些具有难度的问题之前，我们应该专注于政治权力领域的职责，就像之前对宗教和经济领域的讨论一样。正如我们已经提到的那样，宗教领域的重要性来源于对非物质需求的满足感；而经济领域的重要性则来自对物质需求的满足感。因为两者的根源都在于人类的需求，所以与权力的基本原则密不可分。但是政治是怎么样的呢？政治就没有那么简单了。这里有两种相互对立的解释，为了简化，让我们分别称之为霍布斯解释（Hobbe's account）和卢梭解释（Rousseau's account）①。

霍布斯解释是这样的：人类就本质而言是有目的性、理性的利己主义者，为了满足其需求，他们愿意利用他人，不顾他人意愿而获取自己的利益。因此，为了将需求带来的满足感最大化，他们必然会为争夺权力而展开激烈的竞争。由于他们拥有相似的物质和精神资产，因此，这样的冲突预见不到结束的一天。这样的竞争终将对所有参与者不利，因为这不仅仅消耗资源，还将人们置于持续的死亡恐惧之中。只有一个关键性步骤可以对其进行遏制：建立一个具有政治权力的机构，这个机构能够设立约束集体行为的规则，如禁止抢劫、攻击和谋杀等，得益于对武力使用的垄断，该机构能够对违背这些规定的人进行严厉惩罚。政治权力的目的是防止人类陷入暴力，确保和平。防止发生著名的所有人对所有人的战争（war of all against all）是首要且最为重要的；政治权力的功能是被动或

---

① 当然，我们的表述将引用现代国家理论的伟大经典：霍布斯的利维坦（*Leviathan*）［（1651）2008］和卢梭的《社会契约论》（*Du Contrat Social*），参见 Rousseau, Jean Jacques［（1762）2012］：*Of the Social Contract and Other Political Writing*, translated by Quintin Hoare, London/New York：Penguin。一定程度上，针对政治权力的基础和合理性，两个分别根据霍布斯和卢梭得出的解释都是偏激的，但我们认为它们仍旧提供了有用的信息。属于霍布斯阵营的有洛克［（1689）1988］、诺齐克（1874）和波齐（2001）。在卢梭一方，我们将会遇到黑格尔（Hegel）［（1821）2003］、罗尔斯（1971）和鲁曼［（1975）2003］，还有孔子（2005）和老子（2009）。

预防性的。增加对它的需求意味着狂妄。

卢梭的解释则是不同的。人类发自内心地依赖于并且倾向于与他人合作。独自一人将会灭亡。当他们相互结合彼此技能、制定共同目标时，他们不仅可以确保各自的生存，还能实现所有人的幸福和福祉。不过，关键问题在于如何实现个人能力的协同以及如何有效、高效地采取联合行动。富有逻辑的答案是建立一个政治机构，为所有人的行动制定约束性规则。这些规则让个体在彼此之间建立起合作关系，以便他们更有可能成功地实现共同目标。这些规则为期望提供了安全感，降低了交易成本；破坏规则将会受到惩罚，因此它们鼓励所有人不得阻碍对共同利益的追求。政治权力的目的是促进人与人之间的合作，达成共同目标。促进公共利益是首要且最主要的。最重要的是，政治权力的功能是积极或有建设性的。减少对它的需求意味着放弃其潜力。①

如果你对这些经典政治理论稍微有些熟悉，那么你就会发现我们忽略了霍布斯和卢梭观点的核心要素。我们既不是为了捍卫《利维坦》中的绝对君主制，也不是为《社会契约论》中乌托邦式的激进民主方式进行辩护。这不是粗心大意。我们只是要表明，政治权力可以通过两种完全不同的方式获得其合理性：要么仅仅通过控制人际暴力，要么通过促进公共利益。

显然，这两种解释在政治权力的制度结构和政治与其他权

① 在此，我们要稍微防止可能造成的误解。当然，在卢梭的解释中，政治权力同样有控制人际暴力的功能。支持卢梭立场的人赞同人类伤害他人的能力和动因是社会化的基本问题。但是，这一具有保护性和预防性的职能最终不过是实现政治权力的真实目标，即促进公共利益的先决条件。

力领域的关系上都存在着非常不同的观点。对于霍布斯解释的
追随者而言，政治权力的作用在确保和平共处上已经耗尽，这
些人总是选择最弱意义上的国家（a minimal state）。在这样的
体系中，举例而言，社会、教育和文化政策顶多扮演的是次要
角色，政治对经济和宗教等其他领域的干预是最低限度的。与
之相反，赞同卢梭解释的人将实现公共利益视为政治权力的核
心，呼吁在政治领域采用更具干涉主义性质的模型。这样一
来，随着其他权力领域寻求自治，更为紧张的局势将会自行
出现。

当然，两种立场都是理想化的，不过直到今天，在围绕
政治权力的功能和限制所展开的持续冲突中，它们仍然是对
立面。尽管如此，总体而言，卢梭解释基本上得到了证明。
我们的社会具有社会文化和经济的复杂性，它分化成为最具
多样化且彼此竞争的权力领域，这些都意味着现代化不得不
沿着公共利益概念进行思考。与这样的观点切割开来，将意
味着政治统治严重缺乏其合法性，导致体系的崩塌。但是，
除了这些历史性、权力理论性的思考之外，其在概念上和规
范上都是不足的。致力于公共利益是我们现代民主宪政国家
的核心要素。

不过，"公共利益"代表着什么以及它与民主的关系并未
得到阐明。因此，有必要分析公共利益的概念，解释政治权力
的合法性，尤其是对民主宪政国家而言。这样的分析也能够让
我们回答一个故意留到现在的问题，即政治领域的具体权力资
源是什么。在本节开始的时候，通过提到布迪厄认为威望、网
络、自由时间和教育是政治权力斗争的主要资产，我们粗略地

回答了这个问题。尽管如此，恕我直言，布迪厄的观点既不是基于对政治领域的功能分析，也不是基于对其合法性的彻底阐明。这两者对于清楚了解哪些能力、手段和动产有资格成为政治权力资源而言都是必不可少的。换言之，回答资源问题之前，首先需要回答功能和合法性的问题。

因此，论述的方向是清晰的。接下来，我们将讨论政治权力和公共利益之间的合法关系（第二章第四节）。基于此，我们将讨论与政治领域相关的权力资源、技巧和工具（第二章第五节）。在第二章的最后一节中，我们将讨论政治权力的政治合法性和有效、高效的政治权力使用。

第四节　公共利益

政治权力只有在服务于公共利益时才合法。无论在西方文化，还是中国、印度等东方文化中，这种为统治辩护的方式贯穿着世界政治思想史。① 毫不夸大，这个我们所谓的全球指导概念一直存在着激烈争议（见第二章第三节），但是自古希腊时期开始，这个概念就一直决定着政治话语。公共利益常常处

①　众多跨文化观点之一，请见 Zaman, Muhammad Q. （2006）："The Ulama of Contemporary Islam and their Conceptions of the Common Good," in: Armando Salvatore and Dale F. Eickelman （eds.）, *Public Islam and the Common Good*, Boston/Leiden: Brill, pp. 129 – 155; Hiriyanna, Mysore [（1949）2005]: *The Essentials of Indian Philosophy*, New Delhi: Shri Jainendra Press, pp. 53 – 56; and Zhang, Ellen （2010）："Community, the Common Good, and Public Healthcare, Confucianism and its Relevance to Contemporary China," *Public Health Ethics*, 3 （3）, pp 259 – 266。

于冲突之中，有时甚至与社会成员的个人利益出现矛盾。[①] 个人利益与公共利益的分歧不仅仅体现在军事冲突之中，此时士兵或平民为了保护大众的安全而冒着极大的死亡风险。在日常争端中，分歧也变得十分严重，例如，在住宅区建设铁路轨道时，在建立垃圾填埋场时，在收入阶层的纳税方面，在对有害消费品的监管方面，等等。管控这些分歧是政策制定面临的最重要也是最困难的任务之一。尽管这些问题组合有时候是悲剧性的，且往往无法令人满意地解决，但在今天的政治话语中，公共利益得到了高度重视。根据政治学家于尔格·施泰纳（Jürg Steiner）所做的一项研究，在德国、瑞士、英国和美国的所有演讲辩论中，大约三分之一与公共利益有关。[②] 与公共利益有关的标语在工会、非政府组织、协会和教会中也同样流行。[③] 施泰纳给出了清晰的结论：在政治冲突中，"通过公共利益来表达观点是社会规范"[④]。接着，他补充认为，这样的规范不仅适用于民主体制，也同样适用于违反了人民主权原则的其他体制，如专制独裁、寡头政治等。

---

① 参见 Blum, Christian（2010）："Dilemmas Between the General and Particular Will – a Hegelian Analysis," in：Ignacia Falgueras, Juan A. García, and Juan J. Padidal（eds.），*Yo y tiempo：la antropología filosófica de G. W. F. Hegel*, Malaga：Contrastes, pp. 231 – 239。

② 参见 Steiner, Jürg（2012）：*The Foundations of Deliberative Democracy. Empirical Research and Normative Implications*, Cambridge：Cambridge University Press, p. 96。施泰纳将公共产品和共享利益视为等同的术语。

③ 关于以公共利益的名义所下决心的概述，请见 Blum, Christian（2015）：Die Bestimmung des Gemeinwohls, Berlin：De Gruyter, pp. 7ff。值得注意的是，对公共利益的诉求完全与经典的左右政治划分无关。公共利益引起了环保主义者、右翼民粹主义分子，甚至是反法西斯主义者的注意。

④ Steiner（2012）：p. 95.

　　当然，这并不意味着政治行为体提到公共利益时总是切实地考虑民众的利益。正如斯坦纳适宜表述的那样："当政治家和平民百姓声称以公共利益来为他们的立场辩护时，他们并不总是可以信赖的。他们可能采用一种战略性的方式，以公共利益作为理由来捍卫个人利益。"① 又一个问题出现了：与权力这一关键概念相比，公共利益的定义更具争议。政治决策者在包括安全、社会、文化、环境、交通等所有可能的政策领域使用这个概念，并总是用它来为相反的目标和考量进行辩护。由于政治话语在内容上存在如此多的任意性，就难怪社会学家瓦尔特·黑塞尔巴赫（Walter Hesselbach）不屑一顾地将公共利益视为仅仅是"无意义的准则"了。② 虽然存在争议，但是可以这么说，当政治家们无法给出更多论据但又希望赋予他们的考量一种公平和正义感时，他们就会引用"公共利益"。在政治道德范畴中还有第三个问题：自20世纪以来，在现代极权主义意识形态出现以后，公共利益实际上被怀疑是一种极度反自由、充满集体主义色彩且反民主的思想。③ 批评者认为，公共利益的合法性原则暗示了其较个体公民的有限利益而言具有更高的道德价值，而在公共利益的实现过程中，民主进程阻碍了公共利益的实现。这实际上是迫使人们接受被赐予特殊

---

① Steiner（2012）：pp. 92f。

② 参见 Hesselbach, Walter（1971）：*Public Trade Union and Cooperative Enterprises in Germany*, London：Frank Cass, p. 111。

③ 其中之一，请参见 Schumpeter, Joseph A.［（1942）2003］：*Capitalism, Socialism and Democracy*, London：Routledge；and Berlin, Isaiah（1969）：*Four Essays on Liberty*, Oxford University Press；and Mouffe, Chantal（1993）：*The Return of the Political*, London/New York：Verso。

"天意"的专家和领导者的统治。

我们不应对这样的批评置之不理。但是，另一方面，简单地将公共利益作为政治权力的合法化条件也同样是危险的。这样一来，出现两个问题。第一，公共利益可以被如何决定？第二，公共利益与现代的宪政民主存在何种关系？在处理这些问题时，应该考虑到上述批评声浪：一个站得住脚的公共利益概念必须同时满足两个要求，即内容连贯（不仅仅是无意义的公式）与符合民主式的人民主权（非极权主义）。为了更好地专注于这一话题，我们小心地对当下政治、法学和哲学围绕公共利益的辩论做一个简短的回顾。在这里，三个学派相互对立，它们分别是依程序论（proceduralism）、实质论（substantivism）和一体论（integrative theory）。

依程序论（proceduralism）是政治科学的主导范式。这可以追溯到法学家格雷顿·舒伯特（Glendon Schubert）和民主学者恩斯特·弗兰克尔（Ernst Fraenkel），他们给出了以下定义：①

定义：公共利益在于政治制度的产出，这个过程（1）为所有个人提供了同样的机会，让他们在政治决策过程中维护其利益，并且（2）通过政策决定，公平、有效、高效地落实的

---

① Schubert, Glendon (1960): *The Public Interest: A Critique of the Theory of A Political Concept*, Glencoe: Free Press of Glencoe; and Fraenkel, Ernst (1991): Deutschlandund die westlichen Demokratien, Frankfurt am Main: Suhrkamp. 弗兰克尔的书是德国有史以来出版的最好的政治理论著作之一。也可见 Mackie, Gerry (2003): *Democracy Defended*, Cambridge: Cambridge University Press; Benhabib, Seyla (1996): Toward A Deliberative Model of Democratic Legitimacy, in: Seyla Benhabib (ed.), *Democracy and Difference: Contesting the Boundaries of the Political*, Princeton: Princeton University Press, pp. 67-94。

要求的利益。

鉴于依程序论所具有的主导地位，该论断有许多表述，其中，弗兰克尔的论述最为著名。根据弗兰克尔的说法，公共利益是政治体系中"由分散的经济、社会和概念性权力组成得来的平行四边形"[1]，在此之中，"政治竞争的规则是公平的［并且］管理政治决策过程的法律规则始终得到遵守。"[2] 这个观点是具有强烈的激进主义色彩的，它仅仅表达了坚持不懈地采用民主程序规则、保护相应的权利就能保证实现公共利益的观点，这里的民主程序规则指的是一人一票、多数原则、权力分立等，而相应的权利包括言论自由、信仰自由、结社自由等。用艾米·古特曼（Amy Gutman）和丹尼斯·汤普森（Dennis Thomson）的话来说就是："一旦采用了正确的程序，无论出现什么都是对的。"[3] 无论将哪种具体利益注入政治体系，都能自动形成公共利益。因此，该理论认为不需要给出公共利益的任何具体形式，例如一系列的动产或价值。唯一重要的是，政治体系符合依程序论的正规特质。我们可以用社会学中一个简单的投入－产出模型来形象化地理解这个体系。投入来自公民利益，通过不同的政治渠道进入政治决策过程。这些利益的接收者是体系中的机构，以政治决策的方式得到落实，例如卫生法、环境监管、税务改革、预算决策等，这些组成了该体系的产出。

---

[1]　Fraenkel（1991）：p. 273.

[2]　Framenkel（1991）p. 275.

[3]　Gutman, Amy and Thompson, Dennis（2004）：*Why Deliberative Democracy?*, Princeton/Oxford：Princeton University Press, p. 24.

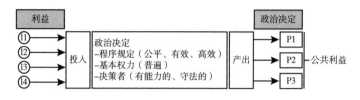

图 2 - 3　依程序论中公共利益的基本模型

如何看待这个公共利益概念呢？乍看之下，公共利益总是公平、有效且高效体系的政策产出，这个依程序论的核心概念似乎是有些牵强的。然而，如果我们采用两个原则，那么这个概念就会瞬间显得有道理了。第一个原则可以称为"主权原则"或"民主解释原则"。[①] 这意味着社会成员有权力对他们社会的利益进行诠释。换言之，公共利益不是"在那里"等着被发现，而是公民自身自主创造了他们的集体福祉。这个原则尽可能地认真对待公民的实际利益，将这些实际利益而不是专家或技术精英的判断作为公共利益的本质基础。如果我们赋予公民定义公共利益的权力，那么自然需要回答如何行使这一解释上的主权问题，因为不幸或值得庆幸的是，我们并不总是且并非在所有地方就社会利益组成达成一致，利益总是存在巨大的分歧和冲突。这就是第二个原则、即"依程序论原则（procedural principle）"发挥作用的地方。[②] 这表示，社会成员通过公平、有效且高效的民主程序来行使定义公共利益的权利，这为每一个公民影响产出，即最终政策提供了平等的机会。为

---

① 参见 Furniss, Richard and Snyder, Edgar（1955）: *An Introduction to American Foreign Policy*, New York: Rhinehart, p. 5。

② 参见 Blum（2015）: p. 55。

什么民主程序强调公平、有效和高效？在这里，民主理论家汤姆·克里斯第安诺（Tom Christiano）给出了至今最让人印象深刻且富有说服力的解释："这种平等产生自利益的重要性和个人的独立性。没有一个人的利益比其他人的利益更重要。"[1]由于每个公民或每个人都同等重要，所以他们的利益都必须得到同等重视。克里斯第安诺赞同这个道德原则，其最终结果是人人平等，都享有民主参与的权利。在此基础上，可以快速地对有效性和高效性的必要性进行解释：政治体系的程序不足以为所有人在政治决策过程中维护其利益提供平等的机会。他们还必须以目标为导向、成功地实现利益，并在物质资源匮乏和时间紧迫的情况下，在目的和手段之间找寻平衡。

让我们总结如下：依程序论的支持者认为，首先，公共利益由公平的实际利益、愿望、担忧、价值和信仰构成；其次，公民能够通过民主参与、平等地维护其利益。如果我们同时采用解释主权原则和依程序论原则，那么将会得出依程序论的核心思想：公共利益代表的是一个公平、有效且高效的体系的产出，因为这是由公民民主所要求的利益构成的。

然而，这个公共利益理论遭到许多激烈的反对。[2]这里我们仅关注两点批判，分别是缺点异议（inadequacy objection）和错误异议（error objection）。

缺点异议关注的是弗兰克尔观点中最为鲜明、要求最高的条件，即公共利益是由体系的产出所构成的，在这个体系中，

---

[1]　参见 Christiano, Thomas（2004）："The Authority of Democracy," *The Journal of Political Philosophy*, 12（3），pp. 266 – 290。

[2]　更详细的概述，见 Blum（2015）：pp. 88 – 98。

"政治竞赛的规则是公平的，政治决策过程的法律规则始终得到遵守。"只有完全且严格遵守与经过民主考量的利益和决策相关的规范，政治才能实现公共利益。问题在于，这样的要求无法在现实以及日常政治中实现。我们既不是说我们的西方民主体制腐败到了令人绝望的地步，也不是说这样的体制只服务于少数具有影响力的精英的利益。那将是一种不切实际的指责。但是，我们不得不赞同政治学家克劳斯·奥非（Claus Offe）的"常态，即实际政治过程从不考虑统一的价值和利益"。① 这由许多原因导致，如人为失误、缺乏时间和资源、操控、制度设计上的错误，等等。这带来的影响是巨大的。首先，实际的政治体系从来不会实现公共利益，因为他们不适用依程序论的形式要求，其次，因为依程序论仅仅将公共利益定义为合乎需要的体系的产出。当然，如果根据这样的论点，公共利益将被降级成为"规导性理念"（regulative ideas）天堂，这是套用了伊曼努尔·康德（Immanuel Kant）的表述。世界和平、各国人民的友谊，等等，这些都是我们用以确定方向的原则，但是我们却无法在当下将其落实。然而，这样的结论是极其站不住脚的，因为成功的民主体制确实服务于公共利益，尽管并非总是如此，但至少偶尔会。

　　缺点异议关注的是政治程序，而错误异议涉及的是依程序论模型中的投入。错误异议认为，一个国家的公民在是什么服务于他们的公共利益问题上出现错误，因此，不值得公平、有

---

① Offe, Claus (2001): Wessen Wohl ist das Gemeinwohl?, in: Lutz Wingert and Klaus Günther (eds.), Die Öffentlichkeit der Vernunft und die Vernunft der Öffentlichkeit. Festschrift für Jürgen Habermas, Frankfurt am Main: Suhrkamp, pp. 459 – 488。

效、高效地实现他们的利益。伟大的论理学家詹姆斯·格里芬（James Griffin）不客气地总结道："众所周知，我们误解了自己的利益。令人沮丧的是，即使我们最强烈、最核心的欲望得到了满足，我们也不会变得更好，甚至会变得更糟。"[1] 这背后的原因是多重的：错误的信息、缺乏信息、从正确的信息中得出错误的结论，等等。所有这些因素都是毁灭性的，尤其是对于让人绝望且复杂的政治领域（指的是高技术领域的财政政策或卫生政策）而言。奥地利政治经济学家约瑟夫·熊彼特（Joseph A. Schumpeter）被认为对人类持有极其悲观的观点，但是他关于资本主义、社会主义和民主的经典著作的结论中也囊括着真理："所以一旦进入政治领域，普通公民的智力表现会下降到较低的水平……他再次变成了原始人。他们变得感情用事、思想易受影响。"[2] 因此，问题在于政治利益可能因各式各样的错误而被误导；于是，依程序论者认为体系投入构成了公共利益，而这是有缺陷的。这在计算机科学中被称为"无用输入、无用输出"问题：如果我们输入体系的内容已经是有缺点的，那么最后的结果也不可能是正确的。

因此，依程序论存在两个重大问题：解释主权原则指的是公共利益总是由公民的实际愿望、利益和判断所构成，这是存在错误异议的。依程序原则指的是公民通过恰当、公平的政治

---

[1] Griffin, James（1986）: *Well - Being, its Meaning, Measurement, and Moral Importance*, Oxford/New York: Oxford University Press, pp. 10f.

[2] Schumpeter［1942］2003: p. 263. 即使是卢梭也持有类似的观点，他是位伟大的博爱主义者，毫无疑问，也是政治思想史上最重要的乐观主义者之一；他的表述较为友好，声称人们"从不贪污，只是时常被误导"。参见 Rousseau ［（1762）2012］: p. 30。

决策过程捍卫其利益，这是存在缺点异议的。

得出这个冷静的暂时性结论后，让我们思考一下实质论者的竞争理论。从体系逻辑角度而言，实质论就像是对依程序论缺点的补充。实际上，实质论比依程序论早 1000 多年出现。实质论可以追溯到亚里士多德和托马斯·阿奎那（Thomas Aquinas）所撰写的著作。[①] 现代则有政治科学家约翰·德赖泽克（John Dryzek）、大卫·埃斯特兰德（David Estlund）和伊恩·奥弗林（Ian O'Flynn）作为代表，此外还有宪法学者恩斯特·福斯特霍夫（Ernst Forsthoff）。[②] 他的常识性概念可以概括如下：

定义：公共利益由普遍存在的、客观且有价值的一系列好处构成，这些好处（1）与社会整体有关，（2）与公民的偏好、判断和政治决定无关，以及（3）可以通过认知努力而得到确认。

实质论者毫不否认社会围绕公共利益存在着根深蒂固的争议和分歧。[③] 然而，这些分歧最终是因公民认知不足而造成的，这是关键。如果我们所有人都是理性且消息灵通的，那么我们可以通过一系列普遍的好处来表达公共利益。[④] 根据德赖

---

① 参见 Aristotle（2017）。

② 参见 Forsthoff, Ernst（1984）：Der Staat der Industriegesellschaft. Dargestellt am Beispiel der Bundesrepublik Deutschland, Munich：C. H. Beck；Dryzek, John（2000）：*Deliberative Democracy and Beyond：Liberals, Critics, Contestation*, Oxford/New York：Oxford University Press；Estlund, David（2008）：*Democratic Authority：a Philosophical Framework*, Princeton：Princeton University Press；and O'Flynn, Ian（2010）："Deliberating About the Public Interest," *Res Publica*, 16, pp. 299 – 315。

③ 参见 O'Flynn（2010）：p. 304。

④ 在个人道德范畴内，这种方法在逻辑上也称为客观清单（objective lists）。参见 Crisp, Roger（2013）："Well – Being," in：Edward N. Zalta（ed.），*Stanford Encyclopedia of Philosophy*, ［online］http：//plato. stanford. edu/entries/well – being/, retrieved on 21. 12. 2017。

泽克的说法，通过考虑所谓的"国家义务"，我们至少可以接近这一系列好处，每一个社会都通过"国家义务"来获得生存和发展。德赖泽克认为，这包括了内部和外部安全、经济增长和保护生态资源。另外，埃斯特兰德则选择消极的部分，即通过战争、饥荒、政治和经济崩溃、流行病和大屠杀等一系列"主要灾害"，来实现公共利益。[①] 埃斯特兰德认为，政府通过控制这些基本罪恶来鼓励实现公共利益；但是，他承认这个标准充其量只是一个粗略的指标。

无论是德赖泽克的思考看似合理还是埃斯特兰德的观点较为可信，这样的实质论都展现了惊人的正当性。反对依程序论的人赞同实质论，逻辑如下：如果公民和决策者在何种政策服务于或违背公共利益上出现错误，那么在对与人们信仰和偏好无关的一系列好处的理解上，他们肯定多少也出现了错误。否则，我们将不得不接受，任何可能伤害公共利益的集体授权政策都不存在，无论该政策是基于何种有限的信息或非理性的情感所做出的。这显然是荒谬的退让。

一旦我们接受了这样的实质论逻辑，政治突然间有了不同的呈现。在这里，政治决策的主要功能是尽可能地创造关于公共利益的正确信念（true belief），同时，尽量避免错误。这听上去像强烈的精英主义或反民主式的政治理解，因为在这样的情形下，似乎在决策过程中只有政治专家的参与才是重要的，完全排除他人则是势在必行的。确实，无论是过去还是现在，

---

① 参见 Estlund（2008）: p. 161。

这样的指责都是针对实质论而提出的。[①] 然而，实质论者却用自亚里士多德时代起就存在的"集体智慧的论断"进行回击。亚里士多德这样论述："就多数人而言：个人自身可能是没什么善德而言的；当他们组成一个集体时，却往往可能超过少数贤良［本书作者多米尼克·迈尔和克里斯蒂安·布鲁姆认为亚里士多德在这里指的是政治专家］，就像多人出资举办的宴会可以胜过一人独办的宴会那样。"[②] 这位来自阿提卡地区的哲学家这样证明该假设："因为人多的时候，每一个人都贡献了自己的善德和实用智慧；当他们相聚时，所有人就像变成了一个人，这个人拥有许多双手足、庞大的感官，也许还有着不同的人格和智慧［……］有些人欣赏这一部分，有些人欣赏另一部分，还有些人欣赏全部。"[③] 用我们现代的技术性语言来说，这意味着民主的优势在于通过政治参与，确保所有公民的认知能力都得到合成，因此就服务于公共利益而言，民主比精英模式更为可靠。[④] 总而言之，即使像实质论所倡导的那

---

① 该批判的权威论述是 Arendt, Hannah（1961）：*Between Past and Future*，New York：Penguin。

② Aristotle（2017）：p. 108.

③ 同上。

④ 这个亚里士多德论断的现代版本是陪审团定理（jury theorem），由数学家和启蒙运动代表马利·让·德·卡里塔（Marie Jean de Condorcet，他又被称为孔多塞侯爵）在 Essai sur l'application de l'analyse à la probabilité des decisions rendues à la pluralité des voix 提出，参见 Condorcet, Marie J.（2011）：Ausgewählte Schriften zu Wahlen und Abstimmungen，translated by Joachim Behnke, Carolin Stange and Reinhard Zintl（eds.），Tübingen：Mohr Siebeck。丝毫不夸张地说，这个理论滋养了几代政治科学家和哲学家。最为精明的当代代表毫无疑问是 List, Christian and Goodin, Robert（2001）：Epistemic Democracy："Generalizing the Condorcet Jury Theorem," *Journal of Political Philosophy*, 9（3），pp. 277 – 306。

样，我们将确定正确的公共利益归功于政治体系，我们也不赞同由公共利益专家来统治；民主永远是最适当的体系，即使是在公共利益的实质论概念下，也是如此。

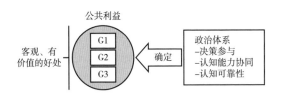

图 2 - 4 公共利益的实质论概念基本模型

乍看上去，实质论的公共利益模型似乎优于依程序论。但是，进一步探究就会发现疑问。许多异议就此提出，但是在此我们关注两个：自我挫败异议（self - defeatingness objection）和家长式统治异议（paternalism objection）。[1]

自我挫败异议基于两个步骤而成。第一，我们必须认为亚里士多德的"集体智慧论断"绝对是不言而喻或非常真实的，实际上，这是存在争议的。例如，经济学家布莱恩·卡普兰（Bryan Kaplan）指出，民主国家在公共利益的资产负债表上是出了名的糟糕，因为绝大多数公民的选举决定是非理性的。[2] 该论断需要被证实或获得辩护。但是，实质论者对此并不感兴趣，因为该论断完整地列出了构成公共利益的目标清

① 参见 Blum, Christian（2014）:"Why the Epistemic Justification of Deliberative Democracy Fails," in: Andre S. Campos and José G. André（eds.）, *Challenges to Democratic Participation*: *Antipolitics*, *Deliberative Democracy*, *and Pluralism*, Lanham: Lexington Books, pp. 47 - 65。

② 参见 Caplan, Bryan（2007）: *The Myth of the Rational Voter*: *Why Democracies Choose Bad Policies*, Princeton: Princeton University Press。

单，并且通过比较，验证了相互竞争的假设，即哪种体系更好：民主还是专家统治。问题在于，一旦我们创建了可用于比较两个体系公共利益历史的列表（乐观地假设这样的目标完全有可能实现），民主决策实际上就变得多余了。公民不再需要参与政治，因为直接落实客观清单是更加节省时间和成本的。这个论断本身就不成立。尽管如此，终究存在一个极为简单的考量：公民有决定公共利益的内在权利。这种权利无法通过纯粹以效率为基础的论断（例如，只有当所有公民参与政治时，我们才能得到最好的结果）得到表达。

与自我挫败异议相比，家长式统治异议是非常直接的。该观点认为实质论没有认真对待社会成员的愿望、信仰和价值，也没有保护好人民。① 将公共福祉作为客观好处并认为其独立于事实决策的看法否认了公民利益在任何意义下均构成他们的公共利益。这个立场是非常极端的：根据实质论者的解释，政治决策服务于公共利益从根本上是可能的，即使这些利益长期被民众断然拒绝。然而，这是不具有说服力的。根据个人经历，我们都知道我们的主观利益对于我们的幸福而言是至关重要的。我们只需要想想生活中的重要愿望和目标所带来的挣扎是多么痛苦，以及它们对我们的幸福影响有多大，就可以明白了。这并不是像依程序论所声称的那样，公共利益只由公民真实的政治偏好所决定。尽管如此，认为公民真实政治偏好完全不重要似乎是深奥难懂的。然而，这正是实质论者的观点，因

---

① 有许多反对家长式统治传统论断的优秀概述，例如 Dorsey, Dale（2012）："Subjectivism without Desire," *Philosophical Review*, 121（3），pp. 407–442。

此他们的理论是站不住脚的。

这导致依程序论者和实质论者之间出现了无法令人满意的、由理论驱动的僵局，最近，许多作者得出了一个显而易见的结论：如果这两种观点都没有充分考虑政治逻辑基本原则和权力战略原则，那么就必须采取新的方向来确定公共利益。对于以上两个立场来说，取其精华、去其糟粕是重要的。一体论就是这样的尝试。[①] 接下来，我们详细讨论一体论的其中一种变形。

这个解释以两个相互补充的前提为基础。第一，"组成具体社会福祉的东西总是需要被质疑的。"[②] 实质论者认为只要所有公民消息灵通、客观且理性，他们就会在公共利益的理解上达成共识，这个观点与事实相去甚远。实际上，围绕对于社会而言什么是最好的这一问题，是存在根深蒂固的分歧的。[③] 值得注意的是，通常情况下，分歧中的反方也有充分的理性根据。核心政治议题有：公平的社会政策有何特征？我们应该对难民提供哪些帮助？国家主权比欧洲一体化更重要吗？等等，

① 这一普遍理论的代表之一是 Anderheiden, Michael（2006）: Gemeinwohl in Republik und Union, Tübingen: Mohr Siebeck.; Bohlken, Eike（2011）: Die Verantwortung der Eliten: Eine Theorie der Gemeinwohlpflichten, Frankfurt/New York: Campus; Hartmann, Bernd J.（2012）: "Self – Interest and the Common Good in Elections and Referenda," *German Law Journal*, 13（3）, pp. 259 – 286; Blum（2015）; Meier, Dominik（2017a）: Das Gemeinwohl: Ein Blick aus der politischen Praktik, INDES Zeitschrift für Politik und Gesellschaft, 4, pp. 153 – 159。当然，这些作者之间存在着巨大的分歧。因此，这里呈现的观点只是一体方法论变体的其中之一。

② Meier, Dominik（2017a）: p. 158.

③ 参见 Vavova, Katia（2014）: "Moral Disagreement and Moral Skepticism," *Philosophical Perspectives*, 28（1）, pp. 302 – 333。

有一连串势均力敌且存有巨大争议的解决方式，这些方式的合理性与个人价值和态度密不可分。①

鉴于此，像依程序论者那样认为人们在公共利益解释上拥有主权是具有误导性的。不存在具有同一意愿的同一类人。与卢梭的美好愿望相反，政治竞赛中存在众多相互竞争的利益，以至于对公共利益的解释是相互矛盾的。虽然这样的竞赛被竞选、投票、全民公投等打断，但它永不停歇，因此，公共利益斗争永不结束。

认真对待这些政治现实的核心要素是具有决定性影响的：公共利益源于社会斗争对解释的关注，它不仅仅是众多看似合理的公共利益概念之一，而且，总是初步的、暂时的。它总是受到时间和未来可能对其进行修订的限制。

根据第二个前提，围绕解释而展开的斗争在一个清晰的监管框架中进行。这个框架由正式和非正式两个部分构成。正式部分包括民主原则，确保了所有公民都能平等地参与政治决策；以及自由宪政国家原则，赋予公民相同的基本自由和权利。民主和法治成为这场竞技的正式规则。它们确保了解释的斗争是公平的，任何利益集团都不会歪曲决策结果，使结果向其倾斜，也不会垄断公共利益。

然而，仅仅依靠执行这些游戏规则本身并不能保证公平竞争。政治学家恩斯特·沃尔夫冈·伯肯弗尔德（Ernst-Wolfgang Böckenförde）迫切地指出了这个问题："自由且世

① 参见 Stocker, Michael（1992）：*Plural and Conflicting Values*，Oxford：Clarendon Press。

俗化的国家依赖于他们所无法保证的条件而存在。这是为了自由而进行的伟大冒险。一方面，只有当国家给予公民的自由得到自我约束、受到来自个人道德标准和社会同质性的束缚，才会存在自由的国度。另一方面，在国家不舍弃其自由的情况下，任何国家都无法通过强制和独裁命令来对这些内部监管力量给予保护。"① 这一引用已经作为"伯肯弗尔德格言"纳入了法律原则，表达的主要信息是清晰明了的。正是因为民主宪政国家赋予了公民自由，让他们能够公开地就公共利益的本质展开争论，所以国家也可以凭借（想象中的）公共利益的名义，限制或者剥夺他们的自由。如果国家违背人民主权、使用武力强制灌输宪法价值，那么这不过是独裁专政而已，将造成荒谬。根据伯肯弗尔德的说法，这一悖论只存在于人们根深蒂固的民主文化之中。就公共利益的内容和组织而言，除了所有其他考虑以外，还需要有基本的政治共识：首先，要意识到围绕公共利益进行争论是合理的；其次，要意识到这场斗争的结果总是暂时性的。

就像伯肯弗尔德所断言的那样，这种共识既无法得到保证，也无法被强制执行。然而，这并不是这位伟大的宪法律师有时会对宿命论产生共鸣的原因。政治文化与概率无关，而是与养成有关。弗莱格在他的著作中强调了"多数决定"（majority decision），他详细介绍了在雅典和罗马，是如何从婴

① Böckenförde, Ernst – Wolfgang (1967): Die Entstehung des Staates als Vorgang der Säkularisation. Säkularisation und Utopie, Ebracher Studien, Ernst Forsthoff zum 65. Geburtstag, Stuttgart / Berlin / Cologne / Mainz, pp. 75 – 94.

儿时代起就通过社会仪式培养对集体决策的尊重的。[1] 民主教育与自由、公平和宽容等基本政治价值的教授成为宪政国家完整学校课程的组成部分，这不是没有原因的。显然，如果想要获得成功，那么这样的制度化养成必须与教会、体育俱乐部、社区协会等公民社会组织合作完成。[2] 即便如此，基本的政治共识仍旧是脆弱的。这不仅体现在 20 世纪的极权主义意识形态所获得的成功上，还体现在最近越来越多右翼民粹主义运动的涌现方面。就后者而言，德国另类选择党（Alternative for Germany，"AfD"）通过 2017 年全国大选进入德国议会，就是一个非常明显的信号。该政党仅仅依靠煽动反移民情绪便赢得选举。因此，就开放进行沟通、维持并给予尊重，具备修正政治决策的能力，这些都是民主国家的核心任务。

　　监管框架的第二个组成部分存在于这项竞赛的正式法律规则以外。为了简化，我们可以称之为公共利益的"解释视野"（interpretative horizons）。这一集合名词覆盖了利益竞争集团所有的认知、评价和行为模式，这些模式用于塑造他们对公共利益的不同理解，因此，解释视野符合与公共利益相关的社会阶层和群体惯习（见第二章第三节）。尽管这些社会、文化和经济背景是不成文的，但它们却非常强大。第一，在公共利益斗

---

[1]　参见 Flaig, Egon（2013）：Die Mehrheitsentscheidung：Entstehung und kulturelle Dynamik, Paderborn：Ferdinand Schöningh。

[2]　因此，例如罗伯特·帕特南（Robert D. Putnam）在其具有影响力的著作《使民主运转起来》（*Making Democracy Work*）一书中展示的那样，民主文化与公民社会（也称为社会资本）中的横向网络和相互信任密不可分；参见 Putnam, Robert D.（1993）：*Making Democracy Work：Civic Traditions in Modern Italy*, Princeton：Princeton University Press。

争中，它们决定了政治行为体在多大程度上以及为何而合作。第二，它们决定了哪些领域是没有商量余地的。解释视野就像社会利益构成那样，是多种多样的。例如，它们可以是热爱祖国的理念，基督徒对神圣生命的信仰，美国人"追求幸福"的理想，以及公平分配的社会民主原则。这些解释视野在共同仪式上发挥效应，如国家节日、游行、军队检阅、大斋节、体育比赛、斗牛或莱茵河嘉年华。所有的价值、仪式、惯例和象征符号都有一个相同点：它们构成了作为真正社会人的我们对于社会和公共利益的理解。

一定程度而言，这些解释视野甚至比解释竞争中的正式规则还要更为基本。我们无法从中提取要点，因为它们已经成为我们自我认知、自我形象和世界观的一部分。坦率地说，将个体与他们各自的惯习分离就是将构成他们的个性抹杀（见第一章第三节）。公共利益所造成的影响可以总结如下："争夺公共利益从来不是单纯地为公共利益而斗争，而是为一个具体社群的公共利益而斗争，"[1] 具体社群是具有特定社会惯习，具有相应的实践、象征符号、价值和仪式的。

以上已经提到，正式的政治规范和不成文的解释视野构成了为公共利益而斗争的界限。用数学的比喻来说就是，它们共同构成了公共利益积分。这个积分是实践的探索，用于呈现围绕解释公共利益而进行的斗争，并将这些斗争变得具体。为了理解正规的法律层面及其实际的功能，将政治专业知识和多年经验与政治领域中的权力逻辑和力量相结合是必不可少的。反

---

[1]　Meier（2017a）：p. 158.

过来，公共利益的解释视野通过政治行为学推导而出，政治行为学分析了用语和实践的异同（见导论）。① 应用解释视野，我们可以借助三个核心问题来具体阐述行为学过程。第一，政治行为体的表述及其真实行为存在哪些不同？第二，政治仪式的再现于何处受到干扰、并被敏锐地重新诠释或赋予了另一种意义？第三，被赋予了新内容和含义的政治符号在哪里？

这样的矛盾（和平行线）必须以时间顺序进行记录和比较。可能的话，公共利益的解释视野就可以被精确地描述和分析。但是，就像围绕公共利益而展开的争夺一样，这个过程永不停止。因为不同的解释视野反映了行为体内部的权力关系，即何人于何时对某一群体利益的惯习、价值和象征符号能造成多大的影响？因此，解释视野总是存在争议且多变的。由于这个原因，政治行为学无法被最终确定。这仍旧是一个持续的任务和挑战。

让我们简要地进行总结。公共利益是社会围绕解释权力而展开的持续斗争的主题，对此，不存在一个永久的解决方案，这里所展现的一体论变形是基于这一认识所做出的。因此，谈论唯一的公共利益也是具有误导性的；相反，我们正面对的是一种公共利益，因为它是归纳得出的，是暂时的，产生于利益团体之间的竞争。这样的竞争必须在一个公平、民主的监管框

① 见 Giddens, Anthony (1984)：*The Constitution of Society*；*Outline of the Theory of Structuration*，Berkeley：University of California Press。然而，虽然两位社会学大师都影响了"政治行为学"这一术语，但他们自己却鲜少使用。例如，体现尤为明显的有 Bracher, Karl‐Dietrich (1991)：Betrachtungen zum Problem der Macht，Opladen：Westdeutscher Verlag, p. 25。

架下和具体的社会文化解释视野背景下展开。我们认为后者能够通过政治行为学得到描述和分析。

这一观点最大的优势在于其务实的政治现实主义。第一，认真对待了社会中的政治分歧，将公共利益看作本质上存在争议的术语，其意义可以且必须不停地在思想、利益和价值竞赛中被质疑。第二，认真对待了不同社会在根本上的不同，意识到人们具有不同的社会惯习，这构成了他们对公共利益的理解。对社会、正义和美好生活意义的理解不能脱离公民的具体思维、认知、评价和行动方式来进行。这些都因不同社会而异。

我们从公共利益的概念中，获得了三个需要同时满足的政治权力合法性条件和一个重要的减损：

（1）坚持民主公平和法治

只有被公平、民主的决策过程所认可时，政治权力才具有合法性，在这个决策过程中，每一个公民都有同样的参与机会。因为从来不存在一种永久解决针对公共利益解释主权进行斗争的办法，也因为在我们的社会中，围绕公共利益的主旨和组织存在稳定的、合乎道理的异议，因此，每一个人都必须拥有同样的机会将他们的利益、价值和信仰注入决策之中。这里唯一的界限是要确保所有人享有同样的基本自由和权利。[1] 任何违背这一原则的决策程序都存在着被个别利益集团所歪曲的风险，也有可能被他们垄断针对解释主权进行斗争的结果，使

---

[1] 这些包括意见自由，良心自由，宗教自由，集会自由，人身不可侵犯，享有公平、公开审判和防止被任意逮捕的权利；见 Rawls（1971）：p. 81。

之有利于他们自己。

（2）维持基本的政治共识

政治权力只有在维持了基本政治共识的情况下才具有合法性。这里的基本政治共识是，第一，总是允许就公共利益进行争论；第二，竞争的结果总是暂时的。该合法性条件来自伯肯弗尔德，指的不是像第一个条件那样的政治权力竞争中的正式法律规则，而是社会的民主文化和"内部监管力量"。与竞争中的正式法律规则不同，这些东西无法被国家权力机关强制实施。它们必须由公民社会、不同利益集团自身来创造、复制和传播。但是，它们与确保公共利益斗争是一个持续的公平竞赛密不可分。因此，如果政治权力违背了这些基本共识，那么就将是非法的。

（3）意识到不同利益集团的解释视野

政治权力只有在认识到相互竞争的利益集团各自的解释视野后才具有合法性。利益集团的解释视野、思想、认知、评价和行动模式，共同构成了其成员对社会、公共利益和自身作为社会人的理解。这些构成了不成文的条件，决定了涉及何种内容时，人们在公共利益斗争中将会进行何种程度的合作。在这样的情况下，认可不代表毫无争议地接受。相反，这意味着针对公民（不同）的价值、信仰和生活方式使用的政治权力必须被证明是正当的。[1] 这必须以合理的原因和论断为基础，且能够使屈服于权力的人所理解，即使这些原因和论断不一定被

---

[1]　参见 Habermas, Jürgen (1984)：*Theory of Communicative Action*, *Vol. 1*, translated by A. McCarthy, Boston：Beacon Press。

共享。在政治理论和哲学中，什么使论点变得合理的问题是极具争议的。① 尽管如此，有三个标准被一致接受为最低标准。首先，论断不得故意以虚假信息为依据，不得遗漏有关事实来误导接收人。其次，采用哲学家哈里·G. 法兰克福（Harry G. Frankfurt）的表述，这些论断不能是"废话"（bullshit）②。在其具有影响力的著作《论废话》（On Bullshit）中，法兰克福将撒谎和"废话"做了区分。说谎者故意说假话，而说废话者聪明地使用毫无意义的修辞短语和口号；说废话者毫不在乎自我陈述的真实价值。毕竟，这些没有意义的语句要么是用知识和原创性来愚弄听众或读者，要么是用洪水般没有逻辑的表述来留下印象。就这个意义而言，这些语句的作用就像谎言一样。最后一个合理性标准认为这些论断必须得到讲信誉、在客观合理性和逻辑一致性方面具有良好能力的人的检验，同时，这些人必须被接收人所认可。换言之，支撑政治权力使用的论证总是与当权者的尽职尽责和自我批评以及造假可能性密不可分。

因此，第三个合法性条件的核心理念是，政治权力的使用是一种相互给予和接收理由的行为，这些理由视相互竞争的利益团体所具有的解释视野而变。具体而言，这意味着我们必须为自身行为进行辩护，尤其是面对政治对手的时候，将他们的

---

① 提供了一个绝佳概述的是 Alvarez, Maria（2016）："Reasons for Action: Justification, Motivation, Explanation," in: Edward N. Zalta（ed.）, *Stanford Encyclopedia of Philosophy*, ［online］https: //plato. stanford. edu/entries/reasons - just - vs - expl/, retrieved on 21. 12. 2017。

② 参见 Frankfurt, Harry G.（2005）: *On Bullshit*, Princeton: Princeton University Press。

观点看作合法社会态度的代表。尽管如此，这样的条件有其限制：如果一个利益团体的价值和信仰与上述提到的三个合法性条件相违背，也就是说，他们是反宪法、体现种族主义、反对妇女或反民主的，那么政治对手将变成敌人。① 民主国家及其自由价值的敌人不配得到政治权力的认可。事实上，他们必然会遭受到一切法治手段的攻击。这就是防御性民主原则。

我们最好承认存在敌对现象是政治领域的一个基本事实。如果你对此予以否认，或者不接受军事干预和冲突所带来的挑战，那么你就是在拿民主国家的未来做赌注。同时，敌对原则对于社会而言具有一个核心的辩证功能。一方面，敌人猛烈地质疑我们自身的政治身份，包括我们的价值、领土和生活方式；另一方面，只有通过猛烈的质疑，这些才能成为我们的身份，才能成为民主的特点和标准。② 最终，只有在专制和暴政的挑战下，在同它们的斗争中，民主才能成为民主。只有通过这个方式，生活在民主社会中的公民才能了解他们的特殊性和他们被保护的价值，认识到即便斗争需要做出巨大牺牲，这种

---

① 我们认为，对手和敌人的区别是政治权力合法性条件的核心。对手是那些与我们有着不一样或至少部分不一样公共利益解释视野的行为体，但是我们与之相互承认（从上述讨论的角度而言），同样接受民主宪政国家。另外，敌人是那些与我们不仅没有相同的解释视野，还无视或积极抨击民主法治和民主认同的行为体。关于政治和法律理论中的敌人概念，请见 Schmitt, Carl［（1932）1991］：Der Begriff des Politischen, Berlin：Duncker & Humblot。

② 关于敌对原则的社会组成功能的详细情况，请见 Schmitt, Carl［（1963）1992］：Theorie des Partisanen. Zwischenbemerkung zum Begriff des Politischen, Berlin：Duncker & Humblot, pp. 87f。"敌人不是因某种原因而不得不被消灭的人，也不是因为缺乏其价值而要被摧毁的人。敌人存在于我的精神层面。鉴于此，我不得不与之进行斗争，以获得我自己的财富和我的存在形式。"（这是我们的重点。）

生活方式也必须得到保护。

（4）部分废除：允许对合法性条件进行限制

我们认为，三个合法性条件具有很高的规范价值。合并起来，他们使政治权力变得合法。然而，这不意味着他们放之四海皆准且没有例外。民主国家会遭遇特殊情况，因此有必要对决策参与和相关基本权利的有效性进行限制。显而易见的例子有：战争，政变，毁灭性的恐怖袭击，自然灾难和技术灾难（如核危机、传染病、洪水等），等等。这些事件都具有一个共同点，那就是，它们都对社会的存在构成严重威胁，只能通过迅速、有效的国家行为加以遏制。然而，只有围绕公共利益而正在进行的斗争被政治决策过程所暂停时，政治权力才能完全集中于避开威胁，后者才成为可能。这样的例外有着明确的限制：它只能应用于当社会及其价值体系的存在面临威胁时。并且，当威胁过去，它就必须立即终止。

我们对公共利益的概念和三个合法性条件的讨论就到此为止了。接下来，在最后一节中，我们将会探究政治权力资源，详细阐述政治领域的权力取决于什么，以及如何获得和使用这些权力。

第五节 政治权力的维度

政治权力的基础是什么？更准确地说，行为体拥有哪些能力才可以不顾他人可能的反对在政治权力领域维护其利益？自人类历史开启以来，政治实践者和理论家就已经含蓄地探讨了这个问题。但直到近代，颇有影响力且饱受争议的近代思想家马基雅维利才首次明确地将这些问题提出。[1] 这位意大利政治思想家不仅从学术范畴，重要的是，他还从在佛罗伦萨的任职经历中，获得了大量的政治权力知识，他将行为体的内部资源和外部资源做了区分：一方面是本能的政治智慧，另一方面是社交网络和声誉。正如托马斯·施勒德勒（Thomas Schlöderle）对马基雅维利论断进行复述时所写到的那样，只有智慧地将这些因素进行结合，统治者才能树立起"政治专家、权力缔造者"的形象。[2]

我们不打算复述马基雅维利的体系，但这将成为我们自己分析的指导原则。根据我们最初的观点，政治权力资源有三种形式：权力技能（power competence）、权力知识和权力工具。权力技能和权力知识构成了权力能力的内在、主观一面。行为体不能缺少这些资源，这是他/她通过教育、培训和赋权获得的。我们将权力工具称为权力能力的客观、外在一面。这包括了被行为体支配的权力工具。此三者构成的组合的特点是，没有哪一种资源类型可以被另一种资源类型所取代，也没有哪一种资源类型能够单独满足政治权力的需要。有知识而没有政治工具和实战能力的行为体是没有什么影响力的，就像那些拥有政治工具和实战能力却缺乏经验或知识来有效、高效地使用这些工具的行为体一样。只有当三种资源结合起来的时候，政治权力基础才被构建起来。为了强调这种相互依赖关系，我们称之为权力维度。用哲学逻辑的语

---

[1] 关于马基雅维利围绕权力资源观点的优秀概述请见 Schölderle, Thomas (2002): Das Prinzip der Macht, Berlin/Cambridge: Galda + Wilch, pp. 70 – 120。

[2] 同上书，p. 94。

言来说就是，全部三种资源都是必需的，合起来才能满足政治权力的需要。

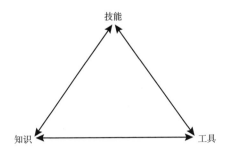

图2－5 三种权力维度的相互依赖

首先，我们将提供技能、知识和工具这三个基本类型的概念，以便将它们彼此区分。其次，根据政治权力的制度化，这些基本类型将变得更为具体，例如，波皮茨所理解的统治（见第一章第二节）。通过这层层递进的方式，不仅能够制定出一个精准的体系，还能避免概念上的误解。

"技能"和"知识"这一对术语基本上是语言精简后的产物。在超过2000年前的古希腊，古典思想家（尤其是柏拉图和亚里士多德）发明了一种更为高雅的分类："téchne"和"epistémé"。[①] 我们将"téchne"翻译为"技能"，是对一种行为、一门手艺和一项艺术的实际掌握。例如，任何擅长踢足球

① 参见 Parry, Richard（2014）："Episteme and Techne", in: Edward N. Zalta（ed.）, *Stanford Encyclopedia of Philosophy*, ［online］https://plato. stanford. edu/entries/epistemetechne/, retrieved on 21. 12. 2017; and Fantl, Jeremy（2012）: "*Knowledge How,*" in: Edward N. Zalta（ed.）, *Stanford Encyclopedia of Philosophy*, ［online］https://plato. stanford. edu/entries/knowledge－how/, retrieved on 21. 12. 2017。

的人都本能地知道如何绕过对手、从侧翼将球射进球门。对于他们来说，踢足球已经融入了他们身体和血液当中。只要他们踏上赛场，他们就会关注对手的定位，辨认攻击点，发现对手的漏洞，并依据这些行动起来。

这并不意味着，这些运动员对足球运动的成功运作都有着深厚的理论基础，相关例子不计其数。当被问及在 2015 年德国足球甲级联赛中是如何突破众多防守、艰难地取得 1－0 时，年轻的新星勒鲁瓦·萨内（Leroy Sané）给出了经典的回应："我什么也不想，只是专注地将球送进球门。"[①] 棒球本垒打也是如此。正如棒球运动员大卫·欧提兹（David Ortiz）说的那样："我没有想过本垒打，我只是想打好这个球。当你奔着本垒打而去的时候，你将会挥棒失误。所以，在赛场上不要想着本垒打。"这样的例子听起来似乎是老生常谈，但是它们都包含着重要的观点：一些能够非常娴熟地完成踢足球、画画、创作音乐等复杂行为的人，他们无法不加思索地向外行人展示正确的技巧和战略。

这更像是"epistémé"的问题。"epistémé"通常被译作"知识"，但究其本质，这个术语是更加精确的。它描述了关于人、事实、过程、战略和法律的事实性知识。以这种方式理解的知识不是实用的专门知识（即怎么做的知识），而是针对特定主题领域的认真思考和可交流的见解。例如，那些通过培训而获得知识的足球运动员对决定成败的因素有着深入的理

---

① Bild (2015)："Schalke feiert Torheld Sané", in: *Bild* from 27th September 2015, [online] http：//www.bild.de/sport/fussball/leroy－sane/schalke－feiert－torheld－sane－42697996.bild.html, retrieved on 26.01.2018.

解，例如天气、主客场比赛、身体素质、动力等，知道特定训练方式的优势和劣势，明白何时、面对哪支队伍时应该采取防守还是进攻。此时此刻，应该明确的是，掌握优秀体育知识的人不意味着也掌握了优秀的技能。卓越的比赛分析者和理论专家在赛场上是完全没有希望的。

"téchne"和"epistémé"，即技能和知识，是两种不同的资产。哲学家杰里米·范特尔（Jeremy Fantl）简单明了地概括道："知道怎么做和知道是什么是不同的；知道怎么做不是指明白怎么做的正确事实，练习怎么做也不需要先含蓄或明确地对怎么做的事实进行思考。"[1] 我们通过不同的方式获得这两种资产：一方面，我们通过实际行动来获得技能，例如，通过不断地实施一系列的行为，通过社会化和培训；另一方面是最广泛意义上的书本知识，我们通过理论或科学努力而获得。

务实的读者可能会注意到这两个资产之间是有着明的等级关系的：首要且最为重要的是实操技能。如果你有着正确的直觉或良好的训练，能够从根本上做出高难度的动作，那么你将不需要担心理论下层建筑，反正这不是成败的关键。这样的态度来自德国演员西格弗里德·洛维茨（Siegfried Lowitz）的名言："批评就像宦官：他们知道怎么做，但是他们无法达成。"换言之，关键的是你能够做到，却不是你知道怎么做。虽然洛维茨的观察是诙谐的，但是他的质疑确是恰当的。像政治这样复杂的权力领域是以混合了高度分化的行为体、程序规则、过程、利益和议题为特征的。仅仅掌握上述意义中的实操技能是

---

① Fantl（2012）: p. 1.

不够的。如果你不知道哪一位决策者在立法上有发言权，不清楚限制制度回旋空间的法律障碍有哪些，也不知道相互竞争的利益集团的解释视野是如何构成的，那么即使有着政治直觉或通过培训而对权力有着良好的感觉，你也无法走得长远。简言之，技能和知识相互补充，是无法替代的资产。

相较知识和技能这一对概念来说，作为关键概念的工具，其含义是简明的。它包括了行为体实现其目标所不可或缺的物质和非物质资源，但是这些资源却不直接属于行为体本身。例如，对于手工艺人或士兵来说，这些工具包括具体的物品，如锤子和测量棒或武器和盔甲。对于知识工作者而言，最重要的是人际网络、信息来源、联系人和与他人的社交关系。因此，工具是行为体主观资产的客观补充。它们的质量和范围决定了我们在实际中成功运用技能和知识的程度。

这样一来，权力战略基础取决于这些维度在政治领域中的具体确定和运用。我们所掌握的由技能、知识和工具三者共同构成的组合不亚于一种普遍的秩序体系，它是对政治权力内在逻辑的普遍解释。

一 权力技能和培训

以此为起点，我们将首先探讨权力能力维度。我们采用史料编撰的行为学方法（见导论）来研究权力技能典型、突出的形式存在于哪个历史时期，可以从这些模式中得出哪些教训。这样的研究方式不仅为我们的主题提供了一个生动的、可应用的理解，还强调了重要的实用资源，它们受益于前几代人的经验。

在具有生命力且有着古老传统的权威中，最令人印象深刻的当数罗马共和国了，它在公元前 4 世纪至前 1 世纪间繁荣发展。罗马共和国的独特之处在于，多个世纪以来，它的统治都掌握在 20 多个元老院家族手中，这些家族的传统、教育和自我形象都专注于一个目的：统治。贵族家族包括尤里乌斯家族（Julia）、图利乌斯家族（Tullia）、克劳狄家族（Claudia）和西耶斯塔家族（Sestia）等，他们不仅站在历代共和国社会金字塔的顶端，还通过选举使自身担任政治职务并让人民为他们的法案投票，从而对罗马民众行使权力。对这种贵族制和民主制混合体系的极端复杂和巨大竞争压力评估再高也不为过。因此，就像历史学家约翰内斯·凯勒（Johannes Keller）写的那样，政治竞争曾经是元老院贵族的"长生不老药"。[①] 与此同时，他们在法庭上担任辩护人和检察官，率领罗马军团进行侵略。一句话概括就是，元老院家族的成员们是政治权力的多面手。

至于小规模政治家族是如何成功地屹立于贵族式共和国之权力顶端而数代不倒，不仅让罗马成为古代无法撼动的领导力量，还维持了内部稳定，这个问题长期困扰着历史学者。历史学家彼得·舒尔茨（Peter Scholz）在其通俗易懂的著作《跟随长老们》（*Den Vätern Folgen*）中提供了一个答案，将我

---

① Keller, Johannes（2004）: Römische Interessengeschichte. Eine Studie zu Interessenvertretung, Interessenkonflikten und Konfliktlösung in der römischen Republik des 2. Jahrhunderts v. Chr., Inaugural - Dissertation zur Erlangung des Grades eines Doktors der Philosophie, ［online］https://edoc.ub.uni - muenchen.de/5172/1/keller_johannes.pdf, retrieved on 21.12.2017, p. 48.

们引至研究的核心：通过明确规定、功能有序的社会化，所有（男性）家族成员从早期孩童时代起就被教授了元老院式独特的思维和行为方式，涵盖了经验、技能和信仰，共同创造了他们独立的惯习。① 另外，舒尔茨稍后做了额外说明，这些家族的统治地位取决于这样一个事实，那就是经过数代人，他们默认权力是家族的传统任务，将与公共利益相关的精神和承诺传给下一代。② 简言之，共和国精英们成功的秘诀是他们不仅将政治视为对罗马公众的道德义务，也将此看作一种训练。

不过，值得注意的是，这种成长为统治者的做法发生在高级、受过教育的文化中，但并没有书本和理论指导作为支撑。罗马精英们对古希腊意义中"epistémé"的质疑是自相矛盾的，这在一位较具说服力的作家身上表现得尤为明显。西塞罗（Cicero）在其专著《论共和国》（De Re Publica）中写道："把我想象成身穿托加长袍的人，多亏父亲的关心，我接受了博雅教育，从少年时代起就热爱学习，尽管如此，我从经验和家族教导中所学到的远远多于书本。"③ 我们对这位伟大修辞学者的理解是，统治不是基于抽象的原则和信息就能够理解的东西，而是要通过生活实践。政治必须变成"第二天性"，即流淌在我们的血液中。对于西塞罗和罗马精英而言，实际技能——

① Scholz, Peter（2011）：Den Vätern folgen. Sozialisation und Erziehung der republikanischen Senatsaristokratie, Berlin：Verlag Antike. ；p. 13.

② 同上书，p. 31.

③ Cicero, Marcus Tullius（1998）：*The Republic. The Laws*, translated by Niall Rudd, Oxford/New York：Oxford University Press, p. 18，这是我们的重点。

"téchne" 对政治权力而言是首要的，也是最为重要的。①

如何获得这样的权威权力？如何将此传递下去呢？这时候，应该毫不吝啬地赞扬舒尔茨为其书取名［《跟随长老们》（*Following the Fathers*）］的才华：无论是隐喻性的还是直接意义上的，罗马贵族的后裔们通过"跟随长老们"获得他们的权力技能。首先，所有元老院贵族成员都明白他们只不过是家族长链中很小的一环，他们的祖先，即较年长者（maiores）不仅仅是受到狂热崇拜的对象，还是政治行为永远的模范。为了达到一种符合个人所在阶级的生活方式，纪念家族内重要的名人就足够了，这称为"domesticae laudis exempla"（内部模范）。个人行为的价值和规范获取自家族历史。② 通过在祖屋的肖像画廊前，仪式化地复述著名统治者的英雄事迹，形成了这种纪念文化。每一项有关元老院贵族基本美德的论述也构成了他们权力技能的核心要素：自我约束、卓越的口才、战士般的勇气、竞争优势、了解传统和公职的高贵。效仿这些要素是每一个罗马贵族高贵生活（vita honesta）的指导原则。

其次，效仿的不仅仅是已经逝去的传奇祖先们，还有现在的长老们：贵族家族中在位的"父老家族"（patres familias）。

---

① 当然，我们不应该太过分：将罗马文化中对权力知识（就"epistémé"的意义而言）的忽略当作权力的因素之一，这是荒谬的。但是，应该注意的是，元老院家族非常重视将他们的儿子培养成为政治实践者，培养成完全习惯于做决定的人；也参见 Schlinkert, Dirk（1996）：Ordo Senatoris und Nobilitas. Die Konstitution des Senatsadels in der Spätantike, Stuttgart：Franz Steiner Verlag。

② Schlinkert, Dirk（1996）：pp. 140f. 引人注意的是，这样的祖先崇拜对教授权力技能的重要性不仅仅体现在罗马共和国，古代中国也是如此；相关章节请见 Scheidel, Walter（ed.）（2015）：*State Power in Ancient China & Rome*, Oxford/New York：Oxford University Press。

从 7 岁到 16 岁，元老院的后代们事事都陪伴着其长老。当家族理事会接见其追随者，即所谓的"被保护者"（clientes），并给予他们法律咨询、政治建议或财政支持时，贵族子孙们都在场。他们陪伴长老前往剧院和广场，出席有影响力的朋友参加的舞会，去往浴场，甚至是一起参与竞选活动。这样，他们从实际建议、轶事见闻、指示命令和次要任务中获得了丰富知识，熟悉了罗马共和国的整个政治体系。通过多年的学习，长老的教育不是将抽象的价值和原则作为孤立的个人美德传递给年轻一代，而是让他们意识到未来将要扮演的是什么样的角色，从而将统治的道德和具体模式"植入"他们体内。① 在今天，这种权力技能传递方式或许被称为"在职培训"。

16 岁时，正式的政治学徒制开始了，称为"tirocinium fori"。在这个阶段，年轻的贵族被托付给一位年长者，此人有可能是具有影响力的亲属，也可能是在任的财务官、监察官，甚至是执政官。在他的指导下，年轻人开始接触日常事务，其职责包括但不限于：撰写在民众面前和元老院发表的演讲，参与演讲的排练，为法律程序找寻法律规范和先例，起草法案，准备竞选，不停地汇报公众的政治情绪，以及组织本地活动来动员追随者。② 通过这些行为，年轻人建立了友谊，培养了关系，发展了交际网络，最重要的是：在争夺政治影响力和显赫

---

① Scholz（2011）：p. 96.

② Cicero, Quintus Tullius（2009）：*Commentariolum Petitionis*，translated by Günter Laser（ed.），Darmstadt：Wissenschaftliche Buchgesellschaft 提供了一个令人印象深刻的观察，该观察是关于罗马共和国的竞选及其非常现代化的技术和战略的。

官职的劳动密集型竞争中，练习了技能、保存并积累了政治权力。与文职政治训练同步进行的是导师的军事指导，称为"tirocinium militiae"。一旦年长者走上战场，与充满敌意的国家或野蛮部落对抗，他就会将他的门徒带上，而不仅仅是让他们协助行政或完成战略任务。当然，年轻的贵族们必须证明其有与罗马敌人近身搏斗的能力，在必要的时候，还得率领部队献身共和国；胸部没有疮疤的政治家在元老院是受到质疑的。

　　支撑这种做法的是罗马社会各阶层所共有的信念，那就是权力技能需要经历政治和军事领导上的考验。任何被长老和选民认为在其中一个领导权任务上失败了的人，就会被毫不留情地从官职晋升（称为"cursus honorum"）中除名。[①] 裙带关系在罗马共和国几乎是不存在的。这样严格的训练培养出了一批高度专业化的人，他们是为单一功能而专门存在的。尽管舒尔茨有些脱离学术，但是不可否认他对于罗马贵族展现出了巨大的、具有感染力的热情，他认为"就社会学层面来说，元老院贵族们的基本工作包括［……］代表平民百姓做出应对危机的政治活动。［……］在政治行为中，他们需要不断地应对不可预见的新困难和新事件，在解决冲突时，他们很难重复采用久经考验的措施或做法，常常被迫冒险做一些新的、有风险的尝试，而这似乎已经成为他们的第二天性。"[②]

　　这里，有必要暂停一下，以便对已经论述的内容进行回顾。持批评态度的读者可能会提出，至今，我们还没有给出权

---

① 关于古罗马的职业途径分析，请见 Veyne（1992）：pp. 339f。
② Scholz（2011）：p. 24.

力技能的定义，只对其发展演变和传统的特定历史阶段进行了分析。这样的质疑是可以理解的。不过，假设可能存在抽象的定义是没有抓住问题的关键。正如我们最开始陈述的那样，技能或"téchne"不是百科全书式的事实性知识，而是对一种工艺或艺术的惯性掌握。因此，当政治权力的原则和机制成为行为体的第二天性时，像舒尔茨恰当写道的那样，当行为体无须采用"久经考验的措施或方法"就可以避免或解决影响力方面的冲突时，权力技能就出现了。正因为权力技能不仅仅是常规操作，还是在政治领域敢于成功做出"新的、有风险的尝试"的创造力和凭借经验的能力，所以在这个领域中，没有图解指南或通用定义可以提供。相反，我们只能勾画出社会文化框架，在这个框架内，获得并传递权力技能。在这里，罗马共和国不仅仅是一个典型；因为它太过于有目的、有偏重地强调权力技能，代表了政治技能在世界历史中的顶峰。

当然，技能并没有随着罗马帝国在古典时代晚期的衰落而消失不见。应该说，它度过了严冬，适应于不同的社会文化情境，以不同的形式呈现，却从未丢失其基本逻辑。① 因此，可以把西方世界后来的权力传统解释为罗马模型的情境化呈现。在她有关墨洛温王朝（Merovingians）和加洛林王朝（Carolingians）的朝代传承历史编纂中，碧姬·卡斯顿（Brigitte Kasten）提供了中世纪对元老院长老传统的呼应：

---

① 何种历史条件确保了权力技能的传递，这个突出问题尚未有解答。但是天主教会似乎为古代、中世纪和现代之间提供了决定性的、跨越时代的联系。参见 Pecknold, Chad C.（2010）：*Christianity and Politics：A Brief Guide to the History*, Eugene：Cascade Books。

"'长老基本上是靠优秀的'儿子和继承人而存续。"①

权力技能基本上是以长老为榜样进行实际模仿而获得的，除此之外，在政治责任的继承传递上也有其他并行的方式。许多欧洲统治者尽可能早地让其后代涉足统治，一方面，赐予他们领土；另一方面，让他们指挥独立的军事战役。这些发展阶段及其传统在名称上有时甚至与罗马模式相似。当然，它们与我们从罗马帝国学到的有序的、仪式化的形式是不一样的。

对罗马风俗和实践的谨慎采用主要由王室的宗教顾问所倡导，也与中世纪宫廷控制范围内"极其危险的存在"形成了鲜明对比。② 这些权力技能特征的改变产生了实实在在的影响。在罗马共和国，缺乏权力直觉或感知能力较为迟钝常常导致官职和尊严的丧失，但在中世纪，这些则可能意味着丧失生命和造成身体缺陷。带着强烈的兴奋感和戏剧性，卡斯顿将君主权力世界描述为一个渴望权力的叔叔通过其地位和匕首来阻止其侄子们成为国王的世界，在那里，新嫁入王室的女人们努力让她们的孩子成为国王，来自敌营的贵族们计划要推翻王室。相应地，权力技能虽然在华丽的辞藻或卓越的交际网络中体现得较少，但是常常体现在选择适当时机并冷血地杀死亲人方面。在中世纪，舒尔茨提出的敢于尝试"新的、有风险的"

---

① 那封皇家顾问阿尔昆（Alcuin）给查理曼大帝（Charlemagne）的著名信中写道："长老依靠儿子［……］如果他的继承者是尊贵的，且拥有贵族的智慧"，见 Kasten, Brigitte (1997)：Königssöhne und Königsherrschaft. Untersuchungen zur Teilhabe am Reich in der Merowinger – und Karolingerzeit, Hannover：Hahnsche Buchhandlung, p. 7。

② Kasten (1997)：p. 33.

创造性能力常常体现在对行动权力的有效利用之中（见第二章第一节）。

正如伟大的权力实干家马基雅维利令人印象深刻所描述的，这样的情形一直持续至现代欧洲。尽管如此，从中世纪过渡到文艺复兴时期，相较古代罗马而言，权力技能发展出了一个重大的创新：用国际象棋来有趣地传递战略思想。[①] 得益于与伊斯兰世界极深的贸易往来，发源于印度的"国王的游戏"（Game of Kings）逐渐成了欧洲宫廷文化的一部分。早在 12 世纪，年轻的贵族们就已经系统地获知了开局策略和将杀走位；具有影响力的博学家和王室私人医生佩特鲁斯·阿方西（Petrus Alphonsi）甚至将掌握国际象棋列入优秀骑士必备的七项基本技能之一。[②] 原因显而易见：与其他游戏不同，国际象棋训练了战略和战术思维、创造性解决问题的方式、对压力的承受，以及与对手产生共鸣以便辨认其优劣势和目标的能力；它最终体现了所有与政治权力竞争相关的因素（也请见第三章第一节）。学习该游戏不仅让年轻的贵族们适应危险的宫廷微观世界，还让他们准备好成为政治决策者和将军。从那时起，国际象棋不仅作为训练工具和权力传统而得到保留，同时，还跨越了社会和文化领域，在全球范围内传播。毫无疑问，这是中世纪权力技能文化最重要的遗产之一。

---

① 参见 Vale, Malcom（2001）：*The Princely Court*, Oxford/New York：Oxford University Press, pp 170 – 179；历史概述请参见 Eales, Richard（2002）：*Chess: the History of a Game*, London：Hardinge Simpole。

② 参见 Vale（2001）：p. 171。

在谈论罗马权力技能模式在现今所得到的进一步发展之前，让我们大胆地跨出西方文化的视野，详细地看看前现代时期的日本。① 这一题外话十分有助于避免掉入西方的偏见中，此外，它还表明，权力技能这个权力维度除了符合普遍逻辑外，不可避免地要经历高度专业化的文化适应过程。从 12 世纪到 19 世纪，包括本州岛、北海道、四国和九州岛在内的日本列岛，经常发生内部冲突，面临着外部威胁，经历着王朝更迭。但与此同时，不变的是：军事精英（常被称为武士）具有无可争议的政治和文化主导地位。② 最具权威的日本历史专家之一杰弗里·马斯（Jeffrey P. Mass）将这种政治秩序结构表述为"武士政府"。③ 马里乌斯·詹森（Marius Jansen）2008 年时在其与此相关的著作《武士在日本的统治》（*Warrior Rule in Japan*）中做了补充："日本近一千年来一直由武士统治。从 12 世纪到 19 世纪，它的政治历史被相互竞争的武士联盟所主导。"④

---

① 我们有意识地谈论"前现代的"日本，是因为西方的古典时期、中世纪和现代都无法有效地应用于亚洲。历史连贯性，而非一系列根本性的巨变，在日本文化中扮演了相当重要的角色。直到 1853 年，当美国海军臭名昭著的"黑船"使用武力，结束了日本的自我孤立及与西方的分隔后，这样的连贯性才宣告终结；有关这一话题的更多讨论，请见 Walworth, Arthur（1946）：*Black Ships Off Japan: The Story of Commodore Perry's Expedition*, New York: Knopf。

② 关于这一话题的介绍，推荐阅读 Schwentker, Wolfgang（2008）：Die Samurai, Munich: C. H. Beck。

③ 参见 Mass, Jeffrey P.（1975）：*Warrior Government in Early Mediaeval Japan: Study of the Kamakura Bakufu, Shugo and Jito*, New Haven/London: Yale University Press。

④ Jansen, Marius（ed.）（2008）：*Warrior Rule in Japan*, Cambridge: Cambridge University Press, p. vii。

在前现代时期的日本，武士的主导地位体现在严格的等级秩序和不流动的社会结构之中。位于顶端的是武士贵族，由幕府将军率领。接着是为社会提供生产力的农民和手工艺人。最底层的是商人，根据儒家传统，他们做的是肮脏的金钱交易。在这个等级之外，是日本天皇率领的皇室，顶多扮演着名义上的角色。武士时期的日本是第一个，也是最为重要的军事政权。

在这里，我们尽量将西方浪漫化的看法放置一旁，不要将武士仅仅看作持剑的人，或日本的"骑士"。就像社会历史学家沃尔夫冈·施鲁赫特（Wolfgang Schwentker）所表述的那样，他们远远超过这些。在幕府中，他们承担了警察、税收官、行政管理者和国教神道教典礼司仪的任务。简而言之，600多年来，武士占据了所有政治权力的节点；他们也是社会中唯一被允许拥有姓氏并佩带武器的人。通过职能和特权的结合，他们代表了较低层社会的日本国家理念。著名的17世纪哲学家和军事战略家山鹿素行（Yamaga Soko）将这种理解编入《士道》（Shido）中："武士将生意留给农民、手工艺人和商人，使自己限定在这种生活方式之中。如果任何来自这三个等级的人违反了道德，那么武士将会施以惩罚，从而维护这个国家的道德原则。"[1] 所以，武士不仅仅是战士，还是教育者和道德标杆。

能够格外长久且成功地在所有相关权力领域维持这种权力垄断的原因在于一种特别的权威形式，施鲁赫特准确地概括了

---

① 引自 Brockers, Wolfgang (2014): *Karate - Essays*, Norderstedt: BOD, p. 119。

这一原则："理想的武士需要同时做到统治和服务。"① 使罗马共和国特点鲜明的竞争元素在日本武士贵族的理解中是不存在的。在这里，惯习不是基于希望在政治领域或战场上留名而形成的，而是基于忠诚和顺从这样的核心美德。由于他们有意识地牺牲个人幸福，无条件地为君主服务，因此武士们注定要成为统治阶级。② 他们形成了一个高度合作的权力集团，能够采取协调一致的行动，既可以落实行政准则，也可以进行惩罚性的军事远征。

他们的忠诚以及与之相关的苦行主义源自禅宗（Zen Buddhism），中国政治哲学中也有类似的元素（见第一章第一节）。但值得注意的是，禅宗十分彻底地融入武士道精神，这是武士们的行为准则。如果在战场上没有获胜的希望，武士们就会跟随君主自杀，这是忠诚于君主最为激进的表达。③ 除了自杀仪式外，毫无条件地与同一阵营的权力精英们团结一致、放弃所有个人利益也成为武士权力逻辑的核心要素。然而，我们非常关注禅宗还出于另一个原因。在《禅和武士刀之路：武装武士精神》（*Zen and the Way of the Sword: Arming the Samurai Psyche*）一书中，神学家温斯顿·L. 金（Winston L. King）指出，日本人接受这一宗教哲学倾向，其突出特征是以直觉为先而非反思理性。④ 禅宗不是将人与自然和社会世界的

---

① 翻译自 Schwentker（2008）：p. 92。

② 同上书，p. 93。

③ 同上书，p. 80。

④ 参见 King, Winston L.（1993）：*Zen and the Way of the Sword: Arming the Samurai Psyche*, New York: Oxford University Press, pp. 188f。

关系问题化，也不是为这段关系积累知识，而是鼓励信徒与宇宙合一。武士们相信，摒弃自主思考和克服主观和客观之间的对立能取得这样的合一，只有这样的人才能无私、公正地统治，才能在战场上心无杂念地取得胜利。初看之下，这种对知识的反对可以被理解为"技能"（téchne）相较"知识"（epistémé）而言拥有无可撼动的主导地位。[①] 但是，更仔细地研究后，对禅会有不一样的理解：两个维度边界的溶解，跳脱严格的区分，逐渐融为一体。换言之，武士们通过冥想和苦行主义培养了直觉，通过直觉所扮演的高于一切的角色，"知识"（epistémé）与"技能"（téchne）联系在一起或反映在"技能"（téchne）之中。这也解释了为什么阅读书籍或学习理论知识对于武士贵族的生活而言是非常重要的了，尤其是在16世纪以后。"知识"（epistémé）在他们的自我观念中扮演的不是优先角色，而是关联角色。

武士的核心美德和相关的惯习性倾向（即"统治和服务"）在武士贵族内世代传递。施鲁赫特认为，学生和老师的紧密关系是显著的，这在禅宗和儒家中都是格外重要的。[②] 从3岁开始，武士贵族就开始学习战斗技能和策略，首先是在家里，长大一点后就跟随年长的武士，这些年长的武士通常只教授一个学生。在军队中见习是实用的，无论是抵御蒙古侵略还是镇压农民起义。与此同时，他们还要学习文学和治国理政、神学和哲学。这样的体系所强调

---

① 关于禅的反智主义，请见 Perez, Louis G.（1998）：*The History of Japan*，Westport/London：Greenwood Press, p. 34。

② 参见 Schwentker（2008）：p. 46。

的是"除了掌握战争才能，卓越的读写能力也是武士阶级技能的基本组成部分。"①

这样耗费资源和时间的训练依赖于一个条件：社会所拥有的生产性的阶层——农民和手工艺者——必须愿意通过纳税来共同为精英教育提供资金支持。长期而言，只有武士以实际行动证明他们正直、博学且具有军事影响力时，这样的做法才可能成功。

从童年早期就优先接触到高度专业化、以实际为导向的训练体系被证明是权力技能的主旨，我们已经在共和国时代的罗马遇到了这种体系，尽管所处的文化不同。元老院家族和武士所具有的相同之处不在于具体的价值准则，而是一种能够十分有效进行权力传递和垄断的技术，还有他们对社会的无条件认同以及作为榜样的实际生活。权力通过实践得到再生在这里可以被认为是权力技能的核心准则。毫无疑问，应该就武士的权力"技能"（téchne）写一本书，但是我们将结束针对前现代时期日本的题外话，回归我们原本的论述：罗马模式的权力技能在历史中的延续性和转型。

也许，符合罗马权力技能理想最重要的现代化形式是在17世纪至今的美国确立的。在优秀的族谱性著作《美国政治王朝》（*America's Political Dynasties*）一书中，斯蒂芬·赫斯

---

①　因此"没有比不识字更可耻的事了"，尼豪斯这样评价现代早期日本武士贵族的读写能力，见 Niehaus, Andreas（2013）："So gibt es nichts schändlicheres als illiterat zu sein" - zur Literalität der Kriegerklasse im frühmodernen Japan, in: Gesine Boesken and Uta Schaffers（eds.），Lektüren 'bilden': Lesen - Bildung - Vermittlung, Münster: Lit Verlag, pp. 199 - 216。

(Stephen Hess) 总结了一个核心的共同特征：王朝推动力。[①]
美国拥有世界上竞争最为激烈的政治体系之一，被一个选举权
贵阶层所统治，专栏作家斯图尔特·奥尔索普（Stewart
Alsop）曾将他们称为"人民公爵"。[②] 数字给出了证明："在
44 个美国家族中，每一个家族至少有 4 位同名成员当选过联
邦政府官员，在 75 个家族中，每一个家族有三位同名成员担
任过国家公职。"[③] 像肯尼迪、布什和克林顿这样的政治家族，
以及罗斯福和亚当斯这样曾经的王朝，都曾通过选民的支持，
将众议院和参议院的职位，甚至是总统职位传递给自己的后
代，这样的情况仍将继续。

我们现在对于这种独特的连续性已经很熟悉了：通过将权
力技能嵌入高度专业化和精英化的学习环境中，从小进行教
授。所有生于美国政治家族的人从童年时期就参与 7 月 4 日节
日游行，随同父母出席筹款活动，与父母一起敲开数百扇门来
动员选民。长大后，这些后代们在竞选活动中发表演讲，在久

---

① 参见 Hess, Stephen (2016)：*America's Political Dynasties：From Adams to Clinton*，
Washington：Brookings Institution Press, p. 2。当然，这不意味着成功的政治王朝
是美国独有的特点，约翰·菲瓦（John H. Fiva）和丹尼尔·史密斯（Daniel
Smith）详细指出，政治权力的王朝传统是许多国家所共有的，例如德国、爱
尔兰、加拿大和挪威。参见 Fiva, John H. and Smith, Daniel M. (2016)：
"Political Dynasties and the Incumbency Advantage in Party – Centered
Environment," CESifo Working Paper Series, 5757, pp. 1 – 46。尽管如此，美国
是现代选举贵族制度得到完善的国家，也请见 Dal Bó, Ernesto, Dal Bó, Pedro
and Snyder, Jason (2009)："Political Dynasties," *Review of Economic Studies*, 76
(1), pp. 115 – 142。

② Miller, Zeke (2013)："Political Dynasties Return," in：*Time* from 5th March
2013, ［online］http：//content. time. com/time/subscriber/article/0, 33009,
2148168 – 3, 00. html, retrieved on 21. 12. 2017.

③ Hess (2016)：p. 3.

负盛名的大学礼堂参与辩论，为其父母助选，为自己的长期发展铺路。这样的社交行为不仅确保了对政治象征主义和共同仪式的重要性形成前所未有的理解（见第二章第一节），还有助于对选民需求形成同理心，无条件地培养交际能力。最后，同样重要的是，个人能够充满信心地在各种各样的社会和文化环境中采取行动。比喻来讲，这些社交行为拓展了个人社会视野。

我们仅进行简单介绍，而不是对美国政治精英的社会化进行分析研究。在叙述克林顿王朝的权力巩固时，赫斯谈论了比尔·克林顿和希拉里·克林顿的女儿切尔西的政治教育；有必要详细地引用这位编年史学家的话："几乎从出生起在政治上就是特别的，通过创造一系列经历，将特殊变为普通。什么时候知道哪一位同学是真朋友，哪一些只是想去州长府邸玩呢？哪些礼物是适宜的，哪些是过分夸张的呢？有没有哪一种公共行为是那些普通人家的孩子不需要学习，但是像切尔西这样的孩子最好要从小学起的呢？"[1] 严格却有趣的政治沟通训练补充了这些权力战略知识，可以说，这些是克林顿的女儿在无意中学到的。希拉里·克林顿在其自传《亲历历史》（*Living History*）中回忆道："比尔和我试图让切尔西为她可能听到的关于她父亲或母亲的事情做好准备。我们坐在州长官邸的餐桌旁，与她一起进行角色扮演，假装我们在辩论，而我们中的一个人扮成一位政治对手，批评比尔不是一位好州长。"[2] 由两

---

① Hess（2016）：p. 590.

② Clinton, Hilary（2003）：*Living History*, New York：Simon & Schuster, p. 97.

位格外杰出的政治家来教授权力技能，这对于那些没有经过类似训练的竞争者而言是多么大的竞争优势，就更不用说了。简言之，通过结合才能和实践经验从而获得权力技能的人更可能将此传递给他们的家族。当然，克林顿家族不是单一案例；这是典型案例，代表了多个，甚至上百个政治家族。经济学家埃内斯托·达尔·波（Ernesto Dal Bó）率领的研究团队对民主政体中的王朝统治话题进行过深入的研究，他们的研究结果能够用一句简单的口号进行概括："因此，在政治中，权力带来权力。"①

二 权力知识和战略

我们结束对权力技能的探讨，转向第二个权力维度，权力知识。该术语引用自社会学家马克斯·舍勒（Max Scheler），他在著作《知识的形式与社会》（Die Wissensformen und die Gesellschaft）中采用了这个技术术语（terminus technicus）。②舍勒将权力知识（也被翻译为"实际知识"和"产生效果的知识"）与文化知识（或学识）和救世知识做了区分。文化知识致力于塑造和培养个人品格，救世知识旨在建立理智、条理分明的世界观（也可见第二章第三节），权力知识则是对有生命和无生命的自然以及人类同伴的实际掌握。舍勒之后，这个术语在规范上变得狭隘，已经遗憾地简化成精英以一种秘密的方式对权力信息进行垄断。然而，我们希望在接下来的讨论中

---

① Dal Bó, Dal Bó& Snyder (2009)：p. 1.

② 参见 Scheler, Max（1980）：*Problems of a Sociology of Knowledge*, translated by Manfred S. Frings, London：Routledge。

尽可能地以字面意思来看待这个术语，也就是说，将此看作包含所有知识或"epistémés"的集体名词，与使用政治权力密不可分。①

这样的知识是权力的重要来源，当然，这不是舍勒的结论。三百年前，弗朗西斯·培根（Francis Bacon）在其科学性论文《新工具》（*Novum Organum Scientiarum*）中明确将知识与权力做了重要的联系："人类知识和人类权力合二为一。"②科学家和哲学家培根专注于人类知识的（非生命）本质和如何对其进行控制。但是，他的论述却能够很好地应用于社会世界，尤其是政治统治领域：在权力普遍原则（第一章第二节）、权力形式（第二章第一节）、合法条件（第二章第四节）及机制、战略、战术和政治范畴内的话题上具备卓越的知识，就意味着在围绕解释公共利益的竞争中拥有明显的竞争优势。这样的知识就是权力知识。

以这种方式理解的权力知识可以被分为三种类型：合理性知识（justification knowledge）、领导权知识（leadership knowledge）和行政管理知识（administrative knowledge）。通过不断地证明普遍政治表述的合理性、为其辩护和帮助其进一步发展，第一种类型的知识使权力使用合法化。第二种类型是决策者的形式知识（formal knowledge），包括如何不顾与之竞争的利益集团的反对、实现政治目的，如何有效、高效地操控权

---

① 关于该方法的更多知识，请见 Hamilton, Peter（2015）：*Knowledge and Social Structure*, London/New York：Routledge。

② Bacon, Francis［（1620）1902］：*Novum Organonon*, New York：P. F. Collier, p. 11.

力手段（波皮茨提到的统治的地位结构）。第三种类型是官僚主义专家知识，指的是具体程序和政策。

三种形式的知识相互依赖。合理性知识为在这个独特且具体的政治体系内实现公共利益以及公民应该为这样的秩序所努力的原因提供了一个合理性结构——但是如果想要永远成功，就必须要由领导权知识和行政管理知识进行补充。反过来，在规范层面符合可信赖的论述，在落实层面遵循对话题和程序的正确理解，也就是说，只有当行政机构认识到决策者往往具有卓越的领导才能时，领导权知识才能转变为政治权力。不过，决策者还必须学会从官僚机构获取和利用知识。只有在决策者能够对其进行专业选择和战略运用的情况下，行政管理知识才能发挥政治影响力。否则，毫不客气地说，它会在中途卡壳。

除了相互依赖，三种形式的权力知识也是统一的，具有相同的基本特征：它们必须得到积极呈现，也就是说，行为体必须尽可能随时随地对其进行取用。背后的原因是显而易见的：权力是在时间和物质都匮乏的情况下运作的。延迟、协调问题、查询和研究不仅耗费金钱，还消耗权力。

在介绍了这三种知识形式（合理性、领导权、行政管理）及其相互关系和相似性之后，我们希望分别对其进行探讨。首先是合理性概念。它的不可缺少性源于一个事实，那就是无论明里还是暗里，权力总是不断地有合法性需求，需要不断地得到验证，即在规范上合理。这一原则适用于所有形式的政府。背后的原因归结于普遍的权力原则，我们在第一章第二节中已经谈论过了：权力的产生是有目的性的。由于权力关系在法理上不是必需的，换言之，权力关系不是由自然法则而是由人类决定的，所以它们时刻发生改变。概括来说，合理性知识回答了为什么本应相同的权力关系却是不同的问题。那些具备合理性知识的人能够为以下问题提供标准答案：为什么是我而不是其他人进行统治？为什么政治体系采用这种而不是那种宪法？为什么我使用这项而不是那项政策？为什么公民选择我而不是其他参选者？等等。在一个权力体系中，如果决策者无法回答这些问题，或无法为这些问题提供令人满意的答案，那么长久而言，这个权力体系是不稳定的。只有合理性知识才具备动力，能够将社会成员长期约束在已建立的秩序中（见我们在第一章第三节中对规范合法性和探寻意义的讨论）。

然而，合理性知识不是政治哲学的专业学术知识，这一点是非常重要的。根据抽象的、合乎道德和逻辑的原则，严格、理性地对现有政治秩序的合法地位进行演绎是不重要的。合理性知识是关于如何发展和诠释包罗万象的政治表述的知识。①当然，这样的表述不是随意的虚构，不是暂时的说辞，也不是具有政治基础的传说，而是一种对社会世界的理解和对社会在世界中的定位，它基于共同的历史、共享价值和象征符号——"理解这个世界的共同方式［……］并建立在假设、判断、竞

---

① 参见 Mayer, Frederick W. (2014)：*Narrative Politics：Stories and Collective Action*，Oxford：Oxford University Press。权力合法地位表述的重要性不仅是在政治理论中反复出现的主题，还是竞选领导人和选战战略家们的口头禅。例如美国民主党政策领袖斯坦·格林伯格（Stan Greenberg）就跟随这样的口号："表述是所有的关键"；类似的，詹姆斯·卡维尔（James Carville）也说道："我们可以为好莱坞的人投票，只要他们能够告诉人们这个国家是怎么样的以及他们从哪个角度观察它"，引用自 Polletta, Francesca（2011）："Storytelling in Politics,"*Contexts*，7（4），pp. 26 – 31。

争、倾向和能力之上。"① 哲学家阿拉斯代尔·麦金泰尔
（Alasdair MacIntyre）在《爱国主义是美德吗？》（*Is Patriotism
a Virtue?*）一文中贴切地表达了这个原则。② 麦金泰尔认为，
成功的政治表述将社会描述为具有内在价值、多代同堂的项
目，其身份取决于"特点、优点和成就，这些反过来在独特
的政治、文化和宗教规范和实践中得到显现。"③

在这样的背景下，需要强调三个元素。第一，这样的表述
渗透进所有层次的政治行动中，（直接或间接地）影响社会中
的所有成员。透过包罗万象的历史和国家概念，统一了各种各
样的政治机构和活动，这是同步且经受得住时间考验的。从渗
透率和促进统一而言，此类表述的典型例子之一就是关于法兰
西"伟大民族"（grande nation）的表述，其是自由、平等和
友爱等共和国价值的守护者。这个理念可以追溯至大革命时
期，自 1789 年起，它已经成了法国历史中永恒不变的准则，
所有事件和政治决定都围绕它而进行。因此，这个理念不仅让
拿破仑的军事扩张被形容为现代自由主义的胜利前进，还让后
大革命时期法国的世俗化主义成为启蒙运动的基础；也使得将
维希联合政府仅仅看作不屈不挠、热爱自由的人们的"失误"
成为可能。与此同时，这样的国家理念使第五共和国具有合法
性，并成为宪法指导原则。自由、平等和友爱同时存在于法国
每一个市政厅、每一面国旗、每一枚硬币和印章上。因此，它

---

① Dryzek（2000）：p. 18.

② 参见 MacIntyre, Alasdair（1984）：*Is Patriotism a Virtue?*，Kansas：University of Kansas Press。

③ MacIntyre（1984）：p. 85.

所体现的口号和表述是法国政治精英的规范基础，他们可以且必须以此为基础来发展其议程，即在保留该表述的基础上进行发展。因此，右翼的国民联盟（Front National）、法国社会主义者和 2017 年 5 月当选的总统埃马纽埃尔·马克龙（Emanuel Macron）发起的"共和国前进"（En Marche）运动均使用这个口号，是合乎逻辑的。权力行为体之间的争论不在于伟大民族的三个基本价值是不是表述法国人的指导原则，而在于这三个价值对于公民的日常政治意味着什么，通过何种政策可以得到最好的落实以及哪些行为体能够为这个庞大的国家表述提供最站得住脚的诠释。① 所以，任何懂得如何利用这个表述（或其他国家的类似表述）的人都能够在规范框架内对政治事件有更好的理解并做出更适当的指示，从而在政治统治中展现全方位的合理性。

第二，麦金泰尔所描述的社会项目特征在政治表述中日渐完善，在成员中创造了归属感，包括对前几代人乃至逝去已久的祖先的认同。② 共享的表述不仅讲述了社会起源、目的和发展，它还是一个互动故事，呼吁每一个成员参与其中。以这样

---

① 例如，美国表述的指导原则也存在这样的情形："美国梦"和"昭昭天命"非常相似。在一个以具有历史使命感和开拓精神为特征的社会中，这些原则被理解为对个人自由发展和进步的假设。再次，权力行为体之间的竞争专门针对的是这些原则在政治上是如何得到诠释的，以及它们对于政策制定的实际意义是什么。尽管民主自由人士将社会再分配看作自我实现的条件，但信奉自由意志主义的共和党人将此视为国家对个人自治的不当干预；见 Hochschild, Jennifer L. (1996)：*Facing up to the American Dream. Race, Class, and the Soul of the Nation*, Princeton：Princeton University Press。

② 这里应该想起罗马贵族对祖先的崇敬（见第二章第五节第一部分）：求助于年长者，将祖先作为共和国权力实践的不变传统，这建立起了一个参照标准，后代将从中获得合法地位。

的方式，人类成为更大整体一部分的需要得到了考虑，而更大整体的意义超越了个体的存在。这就解释了伟大政治表述所具有的强大动员能力以及合理性对维护政治稳定性的重要意义。显然，具体的参与和承诺取决于表述的本质及其演出方式和设计。范围从普通公民对法律和权威的服从到爱国者无条件为国家做出的牺牲。

德国人的政治表述与欧洲其他国家存在明显的不同。由于历史存在中断，还被纳粹反人类罪行的不祥阴影所笼罩，批判性地审视过去主导着当代德国的表述（见我们在第二章第一节中对权力、象征主义和如何对待过去的讨论）。根据后国家社会主义的表述，"从此不再！"（Never again!）口号是公民投入一个体系的动力所在。这意味着德国政治秩序将合法性首先且主要归结于对防止打着种族主义和民族主义的旗号犯下反人类罪行的承诺。但是，应该提出质疑的是，这样仅仅依靠有意识地与犯罪过往做出切割是否足以创造一种积极的存在感，对团结和公民参与而言是否足够。尚且不必引用德意志民族文化传统作为补充，也不必引用康德和莱布尼茨（Leibniz）等伟大启蒙运动思想家和歌德（Goethe）、席勒（Schiller）等文学天才，这样的表述既无法展现其他民族表述的动员能力，也无法兑现自身的团结统一职能。其结果是，至少一定程度上，如今德意志联邦内日益凸显的右翼民粹趋势可归结于缺乏积极内容的德意志民族表述，这尚未得到解决。

最后，第三点是表述必须不断地得到捍卫、培养和进一步发展，并且一直得到所有参与者的象征性使用（甚至是宗教意义上的）。统治者的对手和敌人不停地对此进行挑战，讲述他们自己的表述或诠释，对对方的合理性提出质疑。脑海中浮现的不久前的例子是冷战中的宣传冲突，在这当中，不仅仅是经济体制、情报机构和军队，更重要的是，伟大的政治表述者和意义制造者都在竞争全球主导地位。这些冲突都带有明显的摩尼教特质，通过表述背后的议题，建立一个简单的好坏机制——是资本主义还是计划经济？是民主还是共产主义？是竞争还是社会主义表现原则？如今，常常提及的东、西方冲突以及基督教和伊斯兰教冲突提供了一张类似的、简单化的宏观表述的对抗图像，这被双方的极端分子用于质疑温和、非对抗性权力的合法地位。

反对者对权力合法地位的不断质疑体现在，在政治影响范畴内，政治表述的具体化是最重要的领导权任务之一。因此，让我们来看看政治表述的来源。这样一来，能够明确四种基础，它们互有不同。第一个来源由不超过三代人的政治经历构成。这些世代群体所共享的经历和记忆是由关键事件或环境所决定的，要么是亲身经历的，要么是由目击者口头传播而重现的。我们有意宽泛地定义"政治经验"一词：这不仅指的是正式的政治程序，还包括具有相关象征意义的事件。以如今的德国为例，这不仅包括20世纪50年代和60年代的"经济奇迹"，1989年11月的柏林墙倒塌和2015年的难民危机，还包括1954年的足球"伯尔尼奇迹"和1978年（东德）宇航员西格蒙德·亚恩（Sigmund Jähn）飞入太空。只要这些事件不断地呈现在社会成员面前，并发挥其突出的论述作用，那么它们就是政治表述的重要资源。如果权力行为体想要将他们的表述扎根于日常政治话语和公民的实际现实中，他们可以且必须引用这些事件。若仅仅使用来自遥远过去的主题，那么该表述是冒着过时的风险的；它们会丧失约束功能，因为他们没有显示出与我们今天所处世界的关系。

另外，无法铭记历史的政治表述是不能保证延续性和论述连贯性的，而这是伟大表述的核心。这将我们带向第二个资源，整个政治社会的集体记忆和文化记忆。即使与之前提到的世代群体的亲身经历有所重叠，但是集体记忆的重点在于社会的过去，这是现如今活着的成员们没有直接经历的。大多数政治社会的历史是通过文学、艺术和建筑向其成员展示的，少数社会是通过照片、录音和电影。尽管如此，这些事件的"记忆"指的不是内心对个人主观经历的回忆，而是对过往证据的解释（见第二章第一节），是具有决定性意义的。用麦金泰尔的话来说就是，这使得社会能够被看作统一了世代、跨越了世纪的项目，当今这个时代或者单纯所有活着的成员之和都不会耗尽其精华和价值。通过不断地对过往证据进行诠释从而使集体记忆保持鲜活，正是如此，才使得对文化传统、祖先的道德责任、历史愧疚感和历史成就的谈论变得可能。然而，正如文化学家阿莱达·阿斯曼（Aleida Assmann）所注意到的那样，得到诠释的过去既不是仅仅为预测当下（权力）利益提供背景，也不是脱离现在的自治领域："过去是一面镜子，我们透过它认识超出这一刻的自己，不断地形成我们所谓的自己的形象。这面镜子能够成倍地英雄化或反映一个人的形象，但也能突出负面且可耻的特征。尽管过去不具有独立的本体论地位，而是依赖于我们对它的忠诚，但这不仅仅是我们需求和倾向的因变量。它超出了个人和集体；既不能被垄断，也无法得到最终的评估。"①

　　过去无法被垄断，需要不断地被重新评估并受到质疑，这一事实并没有损害集体记忆所具有的巨大潜在权力。历史记忆的爆发力是明确的，从在科索沃平原上进行的科索沃战役就可看出，这是塞尔维亚人的国家历史神话。在 1389 年 6 月 28 日，奥斯曼帝国苏丹穆拉德一世（Sultan Murat I）的军队在巴尔干地区行进至普里什蒂纳（Pristina）附近时，遇到了东正教的捍卫者塞尔维亚大公拉扎尔（Lazar）。在长期的会战中，两位首领都献出了生命，军队则互相毁灭。这样的军事僵持并未能改变奥斯曼帝国在接下来的几年中征服了巴尔干地区的事实。这些都是毫无根据的事件，但传说从 14 世纪时就诞生了。失败的塞尔维亚战士们在战役后变成了黑鸟，以证明他们为捍卫基督教而做出的牺牲。塞尔维亚政治表述就此诞生，整个社会挺身而出，捍卫西方、反对东方，是敢于与强大敌人进行斗争的卫士。这一表述一直以来存在于科索沃，这里是塞尔维亚人民所谓的"腹地"。该表述在 600 多年后被南斯拉夫塞尔维亚共和国总统斯洛博丹·米洛舍维奇（Slobodan Milošević）占用，一方面，用于塑造被约瑟普·布罗兹·铁托的国家联盟所压迫的塞尔维亚独立民族的特殊地位；另一方面，为了掌握科索沃。米洛舍维奇的战略在中期内被证明是相当成功的。民族主义表述及其实际政治意义得到了同胞们的热烈响应。这是南斯拉夫解体的开端，也是塞尔维亚在欧洲东南部取得主导权的

---

① Assmann, Aleida（2007）: Geschichte im Gedächtnis. Von der individuellen Erfahrung zur öffentlichen Inszenierung, Munich: C. H. Beck, p. 10.（我们的翻译）

开端。其导致的长期影响众所周知：共和国之间的军事升级最后因北约迫使塞尔维亚投降、科索沃独立而结束。将科索沃神话作为造成南斯拉夫战争一系列原因的开端是错误的；该理解对于这样一个多原因导致的冲突情形是不合适的。但是，这一插曲清楚地说明了如果被聪明地用于政治，那么集体记忆将是一种有效的破坏性催化剂。

除了亲身经历和通过集体记忆进行传递的政治经历以外，第三种来源是证明表述合理的学术和科学证据。一方面，这包括像特奥多尔·蒙森（Theodor Mommsen）、奥斯瓦尔德·斯宾格勒（Oswald Spengler）和厄内斯特·盖尔纳（Ernest Gellner）这样的作者提出的伟大历史性观察，他们通过历史来追溯社会起源和发展；另一方面，还包括反映在宪法、法律体系和价值体系中的杰出国家理论著作。为了避免在讨论合理性知识和政治表述时过于强调历史，我们将专注于政治表述。任何认为国家理论和政治哲学只是单纯的学术行为而对真实政治和伟大的国家表述历史没有影响的人，都应该去巴黎先贤祠（Pantheon）逛一逛。在墓室群中，栖息在伏尔泰（Voltaire）、维克多·雨果（Victor Hugo）等文学大师旁边的是卢梭，如果你靠近观察，在艺术效果的衬托下，你会发现一只握着熊熊燃烧的火炬的手，似乎正缓慢推开墓室门。这一景象的象征意义是显而易见的：在法国的记忆中，虽然这位生于瑞士的哲学家在世时总是患病，但仍旧精神饱满地时刻准备着为下一代铺路或点燃革命的燎原烈火。如果没有卢梭的《社会契约论》，那么将法国大革命作为伟大民族表述的开端将是不可想象的，就像如果没有亚历山大·汉密尔顿（Alexander Hamilton）、约翰·杰伊（John Jay）和詹姆斯·麦迪逊（James Madison）的《联邦党人文集》（*Federalist Papers*），美国表述将不复存在一样。[1] 两者都可以被认为是从内部和外部认识美国和法国民族的知识性基础文件。卢梭为共和国统一、共同意志和绝对的人民统治振臂疾呼，而美国建国之父们则是为了联邦主义、代议制民主和三权分立高声呐喊。这些论述方向塑造、甚至主导的不仅仅是各自社会的思想争论，还有各自社会的制度性组织。它们是国家理论标准，直到现在，政治精英们还在与之打交道。

虽然该表述存在分歧和争议，但是任何想要找寻到一个可与之媲美的知识基础的人，都很有可能在黑格尔的法律哲学中找到。[2] 无论对于黑格尔所具有的历史重要性存在多大的争议，但毫无疑问，这位来自斯图加特的思想家被认为是出类拔萃的普鲁士政治哲学家。他的政治著作都围绕着有必要用政治秩序来调节自由意志以及两者不可避免会相互交织这一主题。作为德国人民终极历史目标的实现过程，这些在君主制的行政治理和整体的国家中逐渐累积。值得注意的是，黑格尔的反革命倾向不是为了理想的长期目标而改变现有关系，而是呼吁接受已有秩序。在黑格尔看来，人类对完美的追求无论如何都无

---

① 见 Rousseau［（1762）2012］and Madison, James, Hamilton, Alexander, and Jay, John（2002）: *The Federalist Papers*, Richard Beeman（ed.）, New York: Penguin。当然，这些政治思想家的影响力绝不仅限于法国或美国。正如西尔万·福特（Sylvain Fort）注意到的那样，早在18世纪，德国启蒙运动专家们就对卢梭的全部著作进行了热烈讨论和争论；见 Fort, Sylvain（2002）: *Les Lumières francaises en Allemagne. Le cas Schiller*, Paris: Presses Universitaires de France。

② 参见 Hegel［（1821）2003］。

法在政治领域中实现：需要做出的妥协太巨大，利益集团的竞争太激烈，而外部的世界历史是不可预测的。相反，完美更可能在艺术、宗教，以及哲学这些内部范畴中得到实现。在黑格尔之后，这种惊人的实用主义思维方式受到了成千上万的律师、行政官员、政治家和学者的欢迎，当然，也在德国引发了争论。后续的德国国家理论者们对此提出了激烈的反驳，尤其是马克思主义者和法兰克福学派。然而，这种情况往往巩固了在后代持续使用的德国政治表述中，黑格尔著作所具有的核心知识文献的地位。

我们希望结束对科学和学术来源的讨论，转向第四个也是最后一个来源：宗教神圣元素。宗教在所有或几乎所有社会的政治表述基础中扮演了重要的角色，这是有目共睹的。正如伯肯弗尔德在他关于政治理论和政治神学的文章中所提到的那样，上千年来，二者一直在人类社会中发挥着无法比拟的作用。[1] 主要原因有三。第一，从历史角度而言，宪法思维诞生于宗教，[2] 因为现代（以及前现代）时期中最显著的概念实际是世俗化的神学概念。[3] 换言之，鉴于对合法地位的沉思在历史上总是与宗教，尤其是神学思维交织在一起，即使不需要总是对此进行考虑，但是对神圣的理解是合理性知识绝对不可忽视的一部分。这不意味着所有关于政治权力合理性的表述都无

---

[1] 关于这段相互关系，见 Böckenförde, Wolfgang (1983)：Politische Theorie und politische Theologie. Bemerkungen zu ihrem wechselseitigen Verhältnis, in: Jacob Taubes (ed.), Der Fürst dieser Welt. Carl Schmitt und die Folgen, Religionstheorie und politische Theorie Vol. 1, Munich: Wilhelm Fink Verlag, pp. 16 – 25；p. 16。

[2] 同上书，p. 18。

[3] Schmitt (1934)：p. 49.

意或有意地与神圣假设有关，但的确强调了神圣元素尤其是逻辑往往拥有宗教血统。

第二，正如我们在讨论宗教权力领域时提到的那样（见第二章第三节），宗教为统治者及被统治的人提供了一个条理分明的世界观、个人形象和伦理取向。[①] 如果相信存在一种超凡脱俗、神圣的秩序，那么对世俗秩序而言，没有比"神的旨意"（Deus vult）这句简单的口号更好的辩护了。纵观历史，在政治体系中，神的旨意反复被用于在逻辑上支持统治体制的构建：从亚述祭司众王到中国称为"天子"的皇帝，再到欧洲得到上帝庇佑的专制君主，最后到恐怖主义组织伊斯兰国自封的哈里发阿布·贝克尔·巴格达迪（Abu Bakr al-Baghdadi）。当然，不是每一个基于宗教的政治表述都来自神权统治。当致力于赋予其权力合法地位并创建含义表述框架时，即使是民主选举诞生的统治者也要使用宗教元素，像时任美国总统乔治·W. 布什（George W. Bush）领导的新保守主义政府那样，引用上帝赐予他们国家的例外主义及传教士般的意识，或者像前法国总统尼古拉·萨科齐（Nicolas Sarkozy）那样，号称共同的基督价值连接着欧洲各国。因此，共同的信仰为人们创造了强大的凝聚力和归属感，就像拥有共同的历史一样，于是，这些与超越历史的规范和含义一道，掩护了政治表述的历史来源。

---

① 伯肯弗尔德（1983：p. 19）在谈及基督教信仰时恰当地意识到了这一点。他认为基督教不仅仅是对上帝的崇敬，其教义还延展到了几乎所有生活领域，诠释了人类生活的现实。这不可避免地引入了涉及政治共存秩序及其地位、任务、技能领域和合法地位的表述或学说。

第三，就像政治表述一样，我们不应该忘记宗教是由伟大且连续的故事组成的这一特征。通常来说，它们不是静态的，而是末世论的，叙述了一部救赎史，一部有着清晰界定的起点（创世纪）和终点（最后的审判）的世界史。[①] 穆斯林乌玛（umma）和忠于先知穆罕默德的政治团体都被即将到来的世界审判所保护，通过这个审判，虔诚的人将会得到嘉奖，而有罪的人将会受到处罚。相应的主旨和政治预言早在公元前20世纪的古埃及就有所显现。用历史时间轴对社会进行分析，从神学和战略两方面对其进行诠释，能够将与他国的战争和内部动乱等所有政治事件和经济、科学和文化成就一同放在宗教领域进行解释。这样一来，国家危机被认为是需要经历的神圣考验，军事冲突是命中注定的、对抗异教徒和叛教者的防御战，而王朝统治或政治精英的连续性可以解释为伟大神圣计划的实现。

持批判意见的读者可能会提出，不是所有主流政治表述都具备这个神圣、末世论元素，实际上，我们已经多次提到"伟大民族"这个与神无关的世俗化表述。[②] 但是，这个元素

---

① 值得注意的是，末世论元素不仅仅存在于犹太教、基督教、伊斯兰教等摩西式的一神教中，也存在于其他宗教中，如佛教、印度教、琐罗亚斯德教（Zoroastrianism）和古斯拉夫宗教（Old Slavic religion）；概述请见 Walls, Jerry L.（ed.）（2008），*The Oxford Handbook of Eschatology*，Oxford/New York：Oxford University Press。

② 不过，法国革命分子们并不希望完全摈弃宗教：在强制去基督教化的同时，罗伯斯庇尔（Robespierre）建立了"至上崇拜"（Culte de l'Êtresuprême），强调对理性寓言的崇拜。然而，这个创建一种混合了启蒙运动的感染力和类似圣礼的礼仪形式的企图，因未能吸引民众而宣告失败，并在雅各宾统治时期结束后迅速消亡；见 Culoma, Michael（2010）：*La religion civile de Rousseau à Robespierre*，Paris：L'Harmattan。

或者至少是其逻辑和主旨，确实比初看之下要得到更为广泛的应用。在 20 世纪的社会主义－共产主义国家的政治表述中就会发现：马克思－列宁主义是该表述的意识形态核心，它预测（或预言）了当工人和资本家之间的历史斗争结束后，将会产生一个没有阶级的社会，这些都具备所有救赎特征。这并不令人惊讶，因为马克思受黑格尔的启发，将历史看作一个目的论过程，必须经历一系列历史时期。他再次坚守其对于基督教的立场。

所有的政治表述来源都得到了指认，同时也确定了合理性知识最重要的基础。当然，最突出的问题尚未得到解答，即个别行为体如何具体使用这些来源，将他们在特定社会中的权力地位变得合法。不过，由于这是非常具有环境针对性的，只能根据不同社会的叙述资源情况进行回答，因此，这里无法给出一个普遍适用的答案。此外，正如我们已经反复强调的那样，这一点也涉及政治领导权和战略问题，无法单独讨论；这将我们带向第二种主要的权力知识类型：领导权。

第一个与领导权核心概念相关的关键领域是政治战略，这也是最为突出的。[①] 战略的概念毫无疑问是"永远存在的"。就像政治权力和公共利益一样，专家们对它的定义存在诸多争论。尽管如此，我们可以通过界定与之相关的战术概念来入手战略概念。战术和战略都是在心中构建的，被参与者充分利

[①] 参见 Raschke, Joachim and Tils, Ralf（2008）: Politische Strategie, Forschungsjournal NSB, 21（1）, pp. 11－24; Raschke, Joachim and Tils, Ralf（2011）: Politik braucht Strategie － Taktik hat sie genug, Frankfurt am Main/New York: Campus。

用，从而在国际象棋、战场、市场营销和政治领域等竞争环境中实现其目标。区别在于，战术总是面对某一情况或当下的问题。它们决定了行为体在面对具体情形时的行为和反应，具体情形包括敌后战争、有重要辩论伙伴参与的激烈政治辩论等。战略通常是跨情境的，它不在特定行动环境下指导参与者的行为，但是，它可以决定行为体创建的情境是什么样的，他们将与什么样的对手产生争执，与什么样的对手和平相处，将与哪些人结成同盟，以便有效、高效地实现目标，等等。发生与行为体利益产生冲突的不可预见事件标志着战略的失败，却不代表战术上的失误。我们可以用军事上的例子来进一步明确二者的不同。在第一次世界大战中，同盟国在1917年10月进行的第十二次伊松佐河战役中对协约国（Entente）的反击是否正确，这是一个战术问题。① 决定建立伊松佐防线，从而冒险对意大利发动一场阵地战，这对他们而言是不是一个权宜之计，这是一个战略问题。② 第一个问题是关于个别、特定情境下目标的实现：赢得战役。第二个问题则是全局性的、跨情境下目标的实现：赢得第一次世界大战。③

---

① 答案是，对的。奥地利和德国军队的反击导致了意大利防御的溃败。但是，这丝毫没有改变战争的走向或者紧随而来的同盟国失败。

② 答案是，不对。在今天斯洛文尼亚领土上发生的共12次伊松佐河战役极大地说明了顶层军队指挥者的战略失败。他们动用了相当多的军事分遣队，不仅没有获得任何重大领土收益，还导致了无数的伤亡，厌战情绪高涨。

③ 当然，判断具体行为是战术还是战略从来都不是一件容易的事情。但是，这与我们概念的模糊性没有关系，与不同的理解和使用情境有关。更具体来说，这与我们是将决策框架视作单一情境还是一系列跨情境事件并依此行动有关。从本质而言，这不是一个理论问题，而是一个实际问题，因为最终的标准总是成功或者失败。深度讨论，请见 Strachen, Hew（2005）："The Lost Meaning of Strategy," *Survival*, 47（3），pp. 33－54。

根据这个区分以及约谢姆·拉什克（Joachim Raschke）和拉尔夫·蒂尔斯（Ralf Tils）的著作，战略可以被概括为"基于跨情境、目标－手段－环境计算的以成功为导向的建构"。[①]无论是针对体育、经济、战事还是政治，这个定义普遍适用。尽管如此，是什么构成了一个成功的政治战略及其组成部分为何是另一个问题。拉什克和蒂尔斯已经为这个话题打下了重要的基础[②]，我们以此为起点，用实践和理论的洞察予以充实，将其发展成为一个独立的体系。我们的核心观点是，一个成功的政治战略由四部分构成：战略基础（strategy foundations）、战略能力（strategy capability）、战略制定（strategy development）和战略指导（strategic steering）。

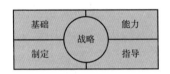

图 2-6　成功政治战略的组成部分

政治战略的基础在于对社会世界有专门的看法，福柯恰当地将此称之为"治理术"（governmentality），一个结合了"治理"（govern）和"心理"（mentality）的新术语。[③] 一方面，无论是通过政治经历、理论反思，还是理想化地两者兼具，那

---

① Raschke & Tils (2008): p. 12.

② 同上，以及 Raschke, Joachim and Tils, Ralf (2007): Politische Strategie. Eine Grundlegung, Wiesbaden: VS Verlag。

③ 参见 Lemke, Thomas (2001): "The Birth of Bio - politics: Michael Foucault's Lectures at the College de France on neo - Liberal Governmentality," *Economy and Society*, 30 (2), pp. 190 - 207。

些掌握了治理术的人系统性地吸收了权力现象的各种原则、形式、领域和合法性条件（见第一章第二节至第二章第四节）。另一方面，他们已经制定了强有力的政治方针。拉什克和蒂尔斯将后者视为"基于经验的模型，该模型以战略参与者的目标参数为起点，已经得到了进一步的发展和系统化。"[1] 正如"模型"表述所显示的那样，这个方针不是政治现实的确切说明，而是一个抽象概念。它将政治的核心参数汇聚起来：政治决策的时间跨度和程序、政策、主题、组织、任务、象征符号和公众。[2]

通过将权力渗透和定向计划相结合，战略行为体们能够光栅化社会现实，将重要的内容与不重要的内容进行分离，并且获知决策环境的概况。在这里，我们希望避免造成可能的误解：治理术不是认知上的职业习惯，因为这会导致行为体只在成功的目的－手段关系背景下理解他们所处的环境，其他的人、制度和议题。相反，这是一种特定心态，通过培养政治技能和积累知识，每一个人都能塑造并有目的地利用这种心态——福柯称之为"自我技艺"（techniques of the self）。[3] 通过以下比较，可以很好地说明治理术的战略系统性和目标。如果一个对植物一窍不通的人与一位具有博士学位的森林科学家

---

① 参见 Lemke, Thomas（2001）："The Birth of Bio‑politics：Michael Foucault's Lectures at the College de France on neo‑Liberal Governmentality," *Economy and Society*, 30（2）, p. 15.

② Raschke & Tils（2007）：p. 162.

③ 参见 Foucault, Michel［（1984）1990］：*The Use of Pleasure*, *The History of Sexuality*, *Vol. 2*, translated by Robert Hurley（ed.）, New York：Random House, p. 11。

一起在森林中漫步,前者主要看到的是很多树;而后者看到的不仅仅是云杉、松树和白蜡树,还有生态问题、管理潜力和景观发展。两个人的感官数据是一样的,但是由这些数据得出的结论却千差万别。同样地,政治战略的外行人认为政治权力领域主要是令人困惑的政治家、党派和脱口秀的交织。但是,那些能够任意使用复杂治理术的人看到的是一个分化的多级体系,由决策者、利益相关者、机构制度和议题之间正式和非正式的关系构成,其功能关乎权力的合法性、分配和使用。内行人能够判断出竞争对手和盟友的力量,识别机遇和风险。确实,正是这样的观点让成功的战略制定和实施成为可能。

第二个构成成分是战略能力,指的是在真实政治竞赛条件下,其他人在推进相互冲突的政治战略时,权力行为体有效、高效地实施战略决定的能力。这取决于七个因素或战略力量(strategic powers),我们将在下文进行讨论。一般来说,我们认为行为体拥有的战略力量越大,他/她的战略能力越强,越有可能成功地开展战略。

第一个决定因素是组织能力(organizational capability),即确定清晰战略目标和做出相应决定的能力。一方面,这是建立决策等级制度的前提,在这个等级制度中,内部权力、管理任务、责任和管控职能得到界定,并与具体角色或官职挂钩。另一方面,通过议题、立场和象征符号,需要初步阐述政治方向,或者像拉什克和蒂尔斯精辟总结的那样,建立定义利益形成内容的通道。[1] 这就形成了对政治和内部一致性的共同理

---

① Raschke & Tils (2008): p. 18.

解。这些领域的相关性显而易见：如果没有政治领导权，战略行为体就无法行动；如果没有清晰的政治方向，他就是漫无目的的。

组织能力代表的是行为体固有的战略能力，第二个因素——动员能力（mobilization capability）代表的是行为体与其所在的战略环境的关系。政治动员是一种沟通和行动方式，使得政党、联合会、公司、非政府组织、工会和教会等政治权力领域内的组织能够让各色各样的一群人活跃起来，包括选民、会员、顾客、追随者、病人，等等，从而维护他们各自的战略利益。因此，它的功能相当于社会催化剂，被动员起来的人被这些组织所利用，为了组织目标而积极行动。① 政治动员的核心工具是运动（campaign）。行为体们依据各自不同的政策目标而发起运动并在广告和政治传播中使用这一工具，因此，有必要非常准确地对运动的功能进行说明。运动包括总统或总理的（再次）竞选、针对产品或公司的罢工、采用或废除法律法规、支持或拒绝基础设施计划，等等。乌尔丽克·罗特格尔（Ulrike Röttger）给出了一个经典的定义，提供了很好的借鉴。运动是"采用了戏剧性设计、主题限定、时间限定的沟通战略，用于吸引公众注意力［……］，它们利用了一系列不同的传播工具和技术，包括宣传手段、用于市场营销的工具和经典的公共关系举措。吸引注意力是各种运动的最低目标。其目的还在于对组织信誉产生信心，对个人意图

---

① Speth, Rudolf (2013): Verbände und Grassroots – Campaigning, in: Rudolf Speth (ed.), Grassroots – Campaigning, Wiesbaden: VS Verlag, p. 43.

或后续行动表达肯定。"① 这一紧凑的描述清楚地表达了，具有说服力的运动或有能力进行动员不仅需要具备站得住脚且有魅力的政治话语，囊括起点、高潮、终点和持续的紧张局势，还要有一套来自媒体和新闻业的方式方法。这些工具得到了我们在第二章第三节中描述并讨论的数据权力的补充。今天，不了解特定目标群体及其利益的话，成功的运动是不可想象的，于是，政治动员的成功与否与数据爬虫和数据匹配等工具能否得到有效使用尤为相关。基于算法的数据分析不仅精确地判断了目标群体的偏好，还形成了具有针对性的举措和动员方式：一方面，在平台、社交网络和邮件中进行具有针对性的对话沟通；另一方面，采用私人信件和拜访等传统模拟工具。因此，动员能力的战略潜力建立在对戏剧式的智慧、沟通技巧、技术诀窍和严密的运动管理的结合之上。毫不夸张地说，严密的运动管理对于成功是非常重要的。这在美国尤为明显。在那里，竞选运动管理几乎采用了军队式的组织结构。美国竞选者们创作出的伟大艺术是组织严密、由上至下的一整套竞选活动，尽管民众将此看作一个激励草根的运动。

战略潜能的第三个因素是网络能力（network capability），也针对的是权力玩家与环境之间的关系。不过，这强调的是与其他组织和利益集团建立同盟的能力，用于扩大行为体个人的关注范围，或者获取更多信誉。这样的政治网络只有在政治盟

---

① Röttger, Ulrike (2009): "Campaigns (f) or A Better World?" in: Ulrike Röttger (ed.), *PRKampagnen*. Über die Inszenierung von Öffentlichkeit, 4th revised and expanded edition, Wiesbaden: VS Verlag, p. 9.

友之间存在足够的交叉时才能形成。例如，在美国国家野生动物联合会（NWF）、公益自然（NatureServe）和世界自然基金会（WWF）等环境组织间组建联盟，比在汽车产业和自行车和步行联盟（Alliance for Biking and Walking）之间组建联盟要容易得多。

对于形成有效、长久的联盟而言，具有决定性意义的不仅仅是拥有共同的主题和目标，还包括共同的惯习和实践，以及对公共利益的共同解释视野（见第二章第四节）。[①] 其中一个例子是 19 世纪晚期到 21 世纪，天主教会和工会两者关系的发展。被称为"工人阶级的教皇"的利奥十三世（Leo XII）在 1891 年以《新事通谕》（Rerum Novarum）为题撰写了近代史中最具影响力的政治通谕，在他掌权期间，天主教会与有组织的工人阶级出乎意料地在核心政治问题上达成一致。[②] 利奥在同工同酬和雇员保障等问题上持有的观点得到了劳工领袖的极大支持；他们转而也毫不犹豫地支持教皇的神学和伦理政策。但是，当工会转向无神论的社会主义、天主教会退出"世俗事务"时，这个联盟迅速消亡。天主教的社会教学核心议题有与社会弱势群体团结一致、帮扶赞助等原则，当考虑到这些议题与工会话语高度相容时，这种情况就显得更加引人注目了。但是，如果不同权力行为体之间无法就（至少）基本价值达成

---

① 也可参见 Beamish, Thomas D. and Luebbers, Amy J. （2009）: "Alliance - Building Across Social Movements: Bridging Difference in a Peace and Justice Coalition," *Social Problems*, 56 (4), pp. 647 - 676。

② 参见 Leo XIII. （1891）: *Circular Issued by our Most Holy Father Leo XIII, by Divine Providence Pope, on the Labor Question.* Rerum Novarum, Munich: Herder。

共识，那么主题趋同就不足以形成联盟，这是毫无疑问的。

政党、公司、非政府组织、教会或其他组织间的政治联盟是非常有效的政治战略工具。尽管如此，它们的构成在实际上必须面向或符合战略目标。就此而言，需要从两个维度进行评估：质量和数量。当需要与一小群专业的决策者和利益相关者完成一个高度集中的目标，而这个目标很少受到公众的关注时，例如，修订药品条令，那么就应该与少数能力强大的伙伴建立同盟关系。在这里，信息交换、共享专业知识及其声誉是首要的。对于像欧盟和美国签署《跨大西洋贸易与投资伙伴关系协定》（TTIP）这样广泛的战略目标而言，情况是不同的，这不仅涉及诸多权力领域和利益群体，还有巨大的公众动员潜能。该协定未能成行，主要是因为支持者没能建立起整合不同组织和社会各阶层的广泛联盟，没有在其中强调公众利益。反而在欧洲社会中，对疏远且排外的政治决策精英集团产生了一种印象，认为他们的统治是违背民意的。反对 TTIP 的人在欧洲范围内建立起了联盟，成员包括全球化反对者、环保主义者和动物权利保护者，也有右翼和左翼民粹主义者，他们以 "TTIP kills"（TTIP 杀戮）或 "Tango vs. TTIP"（探戈还是TTIP）等简单的标语开启了大规模的抗议浪潮。[①] 大规模的声浪和该议题所产生的情绪感染使得与之相关的专业知识和专家名气变得毫无用处；信誉陷阱无可避免。

以上案例清晰地说明了两件事。第一，尽管存在不同，但

---

① 良好的概述，请见 Bauer, Matthias (2016): "The Political Power of Evoking Fear: The Shining Example of Germany's Anti – TTIP Campaign Movement," *European View*, 15 (2), pp. 193 – 212。

是动员能力和网络能力在实际中常常紧密交织；第二，同盟构建中的公共因素总是具有战略风险或机遇的，需要思考和评估。可以肯定的是，从某种角度而言，修订单一条令和签署自由贸易协定，这些都是政治和战略目标的极端例子。实际上，在大多数情况下，构建以目标为导向的网络不能只看重数量或者质量，而是要注重两者的平衡。因此，我们认为，网络能力所产生的潜力不仅仅是以在主题、惯习和实践中创造节点或交叉的能力为基础，而且要基于判断，这使得所设想的联盟在数量和质量上达到平衡。

但是，如果联盟成员无法相互信赖地就重要信息进行沟通，对接收人形成持久的影响，那么即便是最好的同盟在战略上也是不起作用的。这个挑战将我们引入第四个战略能力：传递能力。这是将与实现战略目标相关的考量、利益和意见传递给其他个人或机构的能力。我们最好从"传递"（mediating）一词的字面意思进行理解：这不仅仅是使信息易于理解，即翻译成接收人的语言，还要使该信息具有说服力。例如，任何在对话中成功地传递了请求、使理性与感性兼具的人，他或她就被认为是值得倾听、可信赖的沟通伙伴。初看上去，似乎有两个关键要素是相互冲突的：真诚（truthfulness）和修辞技巧（rhetorical finesse）。

真诚不意味着我们的观点总是真理，不会受到任何质疑。从知识论的角度而言，这样的要求过于复杂，因为这假设存在无限的元知识（meta‐knowledge），给传递信息者的自我反省强加了不切实际的高标准。当然，真诚意味着表述和实际行动相符，也就是说话和行为保持一致。言行无法一致的权力行为体要么被认为是反复无常的，要么是固执己见的。他们是无法信赖的。即便他们的论述具有说服力，但是他们在大多数情况下还是会遭到反对。[①]

英国前首相戴维·卡梅伦（David Cameron）为确保英国继续留在欧盟而发起的留欧运动以失败告终。从这场运动中可以看出，在实现战略目标时，言行之间的分歧可能会造成的破坏有多么严重。[②] 卡梅伦在政治上的晋升不仅仅因为激烈反对欧盟和来自欧洲邻国的移民劳工，还因为他宣布英国将投票决定是否离开欧盟。然而，当公投如期举行时，卡梅伦仍然主张英国留在欧盟，其结果众所周知。关键在于，一个竭尽全力在选民中掀起反对欧盟情绪的政客是无法令人信服地推动留欧的。这样的传递是不真实的，因此也无法取得成功。类似的例子还有美国总统候选人希拉里·克林顿的竞选活动。这位民主党政治家多年来与美国金融业关系紧密，在 2015 年时，她从对冲基金、银行和保险公司募集到了超过 2000 万美金，[③] 但是

---

① 此时，传递的战略潜力和第一种权力知识类型——合理性知识之间存在一种紧密联系：接下来我们会展示，真实是政治体系中的权力合理化结构的必要条件。

② 关于该主题富有魅力且内容丰富的讨论，请见 McTague, Tom, Spence, Alex, and Dovere, Edward - Isaac（2016）："How Cameron Blew It", in: *Politico* from 25th June 2016, [online] http://www.politico.eu/article/how - david - cameron - lostbrexit - eu - referendum - prime - minister - campaign - remain - boris - craig - oliver - jim - messina - obama/, retrieved on 21.12.2017。

③ 参见 Rubin, Jennifer（2016）："Hillary Clinton, Blind to Her Own Greed, Makes Another Blunder," in: *Washington Post* from 4th February 2016, [online] https://www.washingtonpost.com/blogs/right - turn/wp/2016/02/04/hillary - clinton - blind - to - her - own - greedmakes - another - blunder/? utm _ term = .2605df8f25ad, retrieved on 22.01.2018。

她却试图以攻击其党内竞争对手伯尼·桑德斯（Bernie Sanders）的资本主义论述为基础。她引发了华尔街风暴。言行极其不一的结果就是，希拉里既未能获得左倾年轻选民的支持，也失去了亲商选票，最终丢掉了大选。

对政治吹毛求疵的人可能会指出，如果权力行为体无法恰当地掩盖言行之间的差异，那么真诚就仅是传递能力的关键要素而已。应该认真对待这样的质疑，这里需要说明两点。第一，当然，隐瞒和保密是所有政治策略的一部分。这一事实在知识和权力之间最初的内在联系中已经很明显了。在权力知识上享有的优势为权力带来了明确的优势，这反过来极大地增加了战略成功的可能。因此，对竞争对手、批评人士和潜在对手隐瞒信息，使他们无法了解自己的能力和目标，这是战略所要求的。第二，无论权力行为体如何完善，隐瞒能力都有其实际限制：言行之间的分歧越大，越容易被发现，也越难掩盖。此外，谨慎还出于另一个原因：当今的全球数字网络通信空间比世界历史上任何时候都具有更大的调查潜力。目前关于假新闻的争论并没有改变这一点。简而言之，由于被认为是反复无常或固执己见的人的风险成倍增加，所以至少从长期来看，这样的隐瞒策略很可能不会成功。

传递的第二个要素是修辞，似乎与真实原则相冲突。但是，认为两者矛盾的印象是由于概念的收缩——一边是传递概念，另一边是修辞概念。包括柏拉图、歌德和俾斯麦（Bismarck）等在内的思想史上的著名批评家，都将修辞描述为一种娴熟的说服技巧，本身是不能令人信服的，他们谴责它是一种煽动和空谈的工具。启蒙运动标志性人物康德甚至将此称为"骗术"（deceitful art）①。不过，我们认为，这样强烈的批判扭曲了政治修辞这个伟大传统，当被负责任地使用并得到很好的理解时，它围绕三个主要指导原则：理性诉求（logos）、情感诉求（pathos）和品格诉求（ethos）。② 真正的修辞学表达的是接收人的情感以及他们的理性和判断，反映了演讲者的诚实和正直。在上述三者的背后，是一个同样简单且可信赖的人类学假设：作为政治动物，人类绝不仅仅是理性或感性的，也不完全是出于自私或利他的原因。相反，人类似乎是被各种各样的冲动和动机所驱使的动物。如果要获得成功，政治传递就必须对全部这些进行强调。

这样的观点也驳斥了被夸大的政治传递所具有的知识分子和精英形象，该形象来自法兰克福学派，尤其是哈贝马斯的对话伦理学（Habermasian discourse ethics）。③ 简单来说，这一思想的拥护者认为，政治内容的传递必须是严格理性且不带感情色彩的，因为其他所有程序都是操纵真理且对其产生伤害的。如今，政治是否应该被类比成大学研讨会或司法程序，且主要目的是发现真理（更多讨论请见第二章第四节），这仍旧处于讨论之中。存在诸多质疑似乎是合理的。但是，所有这些最终都是不相关的。哈贝马斯（Habermas）对话伦理学的政治传递模型不适用于实践，因此最多只是有趣的思想理论方面的练

---

① Kant, Immanuel ［（1790）2002］: *Critique of the Power of Judgment*, London: Cambridge University Press, p. 205.

② 参见 Aristotle (1959) Ars Rhetorica, W. D. Ross（ed.）, *Oxford*: Oxford University Press.; Cicero, Marcus Tullius (1986): *De Oratore*, David Mankin（ed.）, New York: Cambridge University Press。

③ 参见 Habermas (1984)。

习。让我们记住，传递能力所具有的潜力是复杂政治战略的一部分，在战略行为体争夺权力时发挥作用。在这样的情境中，摈弃修辞学，转而采用严格理性且不带感情色彩的论证方式，这将是一种前所未有的竞争劣势。简言之，因为修辞学是一门说服和鼓舞听众的艺术，还因为所有不使用这件工具的权力行为体都将丧失政治影响力，所以从权力战略角度而言，对话伦理学模式是不合理的。[①] 于是，我们提出的融合了真诚和修辞的方法，不仅以亚里士多德和西塞罗（Cicero）等已经被历史所验证的传统思想领袖为基础，同时，这个方法还基于实用主义。

　　与传递能力互补的另一种能力也与公众联系紧密：名声（fame）。名人享有一种特殊形式的公众关注，使他们区别于其他行为体，其声誉让他们能够在战略上影响政治权力领域。他们的话语具有分量，他们的行动感染着众人，他们的名字口口相传。现在，名声尤其是政治荣耀（political glory）并不等同于独特的关注。[②] 社交媒体名人、"油管人"（YouTubers）和流行明星可能在数字平台上拥有上百万的追随者，并且通过

① 值得注意的是，最近的民主协商理论对该发现也有所体现，该理论与政治修辞学的关系更为开放和具有建设性，例如，见 Dryzek（2000）and Mansbridge, Jane et al.（2012）: "A Systemic Approach to Deliberative Democracy," in: John Parkinson and Jane Mansbridge（eds.），*Deliberative Systems*, Cambridge: Cambridge University Press, pp. 1 - 26。

② 也可见于 Franck, Georg（1998）: Ökonomie der Aufmerksamkeit: Ein Entwurf, München: Hanser. 弗兰克（Franck）将名声视为与威望、卓越和声望一样的独立关注形式。关于简练的英语概述，请见 Franck, Georg（undated）: "The Economy Of Attention," ［online］http://www.t0.or.at/franck/gfeconom.htm, retrieved on 21.12.2017。

产品推荐等方式享受着巨大的经济影响力。就市场营销而言，他们是非常有效的影响者。然而，这样的影响力无法转化成政治战略能力。原因在于，即使是他们的追随者，通常也不会将这些人与政治技能联系起来，而是与艺术才华、对时尚和潮流的杰出品位等联系起来。我们认为，这存在具体差异：名声包括获得公众关注以及拥有权力技能、权力知识和权力本身。提到"名声"（fame）这个词，人们首先会想到亚历山大大帝（Alexander the Great）、恺撒（Caesar）、拿破仑（Napoleon）或温斯顿·丘吉尔（Winston Churchill），这不无道理。作为杰出的权力战略家，他们都在世界历史中获得了显赫的地位。①与此同时，这份名单也清楚地说明了名声不一定与良好声誉或相互尊重有关。弗拉基米尔·普京这样的统治者可能更令人畏惧而不是尊重，西方世界尤其如此。不过，这丝毫没有损害他们的名声。即使最猛烈批判克里姆林宫的人也会毫不迟疑地认为俄罗斯总统是一位特殊的政治人物，其言行吸引着全世界的目光。

现在，将名声定义为战略能力是一回事，而确定名声的基础和如何获得名声又是另一回事。对于名声而言，不存在通用指南，在不同的政治社会中，名声在历史、社会和文化上具有非常显著的差异，人格和精神等决定性因素无法改变。因此，只能列举一系列有利条件，而不是充分条件：出身、金钱、成

---

① 法国前总统弗朗索瓦·奥朗德（Francois Hollande）就是一个生动的例子，他是一位决策者，受到了极大的政治关注，但缺乏政治才能。由于他私生活的越轨行为、笨拙的政治策略和失败的改革，奥朗德在其任期内作为"不光彩的"政治家一直占据着头条。这种情况也反映了奥朗德较弱的权力战略能力。

就和对象征符号的敏感度。

与身处内罗毕（Nairobi）或加尔各答（Calcutta）贫民窟之中的人相比，那些在富裕国家的中产阶级以上家庭长大的人，他们的权力技能和权力知识更可能受到瞩目。历史上绝大多数光辉的权力行为体总是出现在资源丰富的国家和阶级，这是发人深省却非常重要的事实。良好出身这样的财政资源不是拥有名声的保证，但是对于争夺社会关注度至关重要。传媒学家乔治·法兰克（Georg Franck）和约格·贝尔纳迪（Jörg Bernardy）强调，尤其是在现代传媒集团，关注度是一种极受追捧却极其稀缺的商品，越来越多的参与者为此投入日益巨大的资本支出。① 消费者在无穷无尽的出版物、新闻报道、网站、信息、时事通讯等之间不断摇摆。那些想要在这场战斗中永远维护自身立场的人，必须在其公共形象和媒体形象上进行投资；否则，他们会立刻失去关注。这方面的表现是决定性的：它提供了关于名声的表述。无论是通过赢得战争、对国家进行改革、重振国家经济，还是调节民族矛盾，只有当权力行为体真正在政治上颇有建树时，他们的自我呈现才具有政治实质。缺乏实质的光环是易碎的。在上述提到的现如今的数字网络传播空间中，总是存在被认为是骗子的风险。为了让关注度转变成为名声，必须借助象征主义。可以通过姿态、比喻和手势来控制公众对一个人的看法。大家可能会想起维利·勃兰特

---

① 参见 Franck（1998）：S. 49f. and Bernardy, Jörg（2011）："Attention as Bounded Resource and Medium in Cultural Memory: A Phenomenological or Economic Approach?," *Empedocles: European Journal for the Philosophy of Communication*, 2 (2), pp. 241 – 254。

（Willy Brandt）1970 年在华沙犹太区死者纪念碑前自发地下跪，或者弗朗索瓦·密特朗（Francois Mitterrand）和赫尔穆特·科尔（Helmut Kohl）1984 年在凡尔登的握手。但是，毫无疑问，拿破仑·波拿巴（Napoleon Bonaparte）是历史上展现象征意义最卓越的大师之一。为了扩大他在法兰西共和国中的权力地位，这位来自科西嘉的战略家于 1798 年发动了对埃及的侵略。[①] 从纯粹军事角度而言，这场远征是失败的，但是丝毫没有影响公众的判断：拿破仑在众多编年史专家的陪同下，不仅建立了开罗埃及学院（Cairo Institute d'Égypt），为古代研究奠定了基础，还改革了埃及政府，绘制了整个国家的地图，根除了黑死病，引进了印刷书籍。总而言之，拿破仑利用军事远征，向当地百姓和世界证明他是艺术和科学的拥护者、改革家，是一位国家建设者。当他返回巴黎时，受到了庞大人群的热烈欢迎。五年以后，他成为皇帝。

我们希望讨论的第六个战略能力要素是资金能力（financial potency）。这个要素已经在讨论其他能力时提及。因此，我们将简化我们的讨论。显然，权力行为体最终能否有效、高效地落实战略决策取决于他们的资金能力。组织能力、动员能力、网络能力、传递能力甚至是名声，所有这些要素都默认要具备资金能力。需要支付薪水给优秀、可靠的人员，运动需要资金支持，当然，对于科技和传播工具以及必要的基础设施而言，也是如此。

---

① 参见 Cole, Juan R.（2008）：*Napoleon's Egypt：Invading the Middle East*, New York：Palgrave Macmillan.；and Burleigh, Nina（2007）：*Mirage：Napoleon's Scientists and the Unveiling of Egypt*, New York：Harper Collins。

　　资金能力是战略能力所必需的。但是，在实现战略目标的过程中，这不意味着相关资源是充足的，或者每一位权力玩家需要的资源是相等的。第一点是显而易见的。如果一个行为体的声誉持续受到损害，那么这种战略劣势是无法通过最昂贵的运动进行弥补的。2016～2017年德国汽车产业的全球废气丑闻就是一个明显的例子，汽车企业使用非法装置，隐瞒其柴油车的排放值。这一过程的揭露导致了一场柴油产业危机，时至今日仍有影响，甚至是价值数十亿美金的全球公司都无法控制的。①

　　第二点需要较多解释：在政治权力领域中，如果行为体的战略目标被广大民意认为是极其无私的，例如环保主义者、人权活动人士和开发人员的战略目标，那么用布迪厄的话来说，他们就拥有称为道德资本的战略资源（见第二章第三节）。这些人的目标符合广泛社会阶层的道德信念。相对于那些目标没有被认为是同样无私的行为体而言，道德资本为这些人提供了战略竞争优势，更重要的是，一定程度上补充了财政资本。例如，吸引人们从事一项已经与其道德信念多少相符的事情，比需要先从道德上说服他们才能做到的事情要来得容易且成本更低。坦白地说，人权比核力量更受欢迎。此外，对拥有与道德表述密不可分的战略目标的行为体而言，在个别情况下，大量的财政资源甚至被认为是负担，因为这将造成具有优越感或贪赃枉法的印象。无论如何，鉴于以上原因，缺乏资金能力的权

---

　　① 参见 Bowens, Luc（2016）："The Ethics of Dieselgate," *Midwest Studies in Philosophy*, 40（1），pp. 262 – 283。

力行为体无法利用其他战略力量。所以，这并非一个是与否的问题，而是关乎数量。资金能力仍旧是战略能力的必要条件。

第七个也是最后一个战略能力是牺牲的意愿。乍看上去，该词语似乎是军事的，仅仅指的是权力行为体及其支持者为了实现战略目标而接受损失、承担风险（关系到他们个人的福祉）的意愿。政治战略的发展、落实和管理从来都不是没有风险或不费力的。战略消耗时间、金钱、精神以及以上所有力量。权力领域的未知性不可避免地将带来挫折。在挑战现有秩序的战略实施中，例如改革或反对独裁统治、有组织的公民抗命，除了挫折，还有金钱、威望、友谊，甚至是生命的丧失。相较于愿意做出牺牲的行为体来说，那些没有充分动机去承担这些风险的行为体显然是处于劣势地位的。为了强调这一点，我们无需提及印度政治家莫罕达斯·甘地（Mahatma Ghandi）等杰出历史人物，他随时准备为其和平反对大英帝国的战略而献出完整的生命。[①] 光是政治领导人漫长而极其耗费体力的日常工作，尤其是在选举活动期间，就足够表现出，对于政治战略而言愿意做出牺牲意味着什么了。

在此，我们将结束对战略能力的讨论，转向政治战略的第三个组成部分：战略制定。成功的战略制定基于正确的计算，

[①] 顺便说一句，我们意在讨论甘地的和平主义战略而不是哲学态度。印度革命者故意以非暴力抵抗作为对殖民军队的战略手段，是为了向世界清楚地展示占领者的"野蛮"。在之后与巴基斯坦的冲突中，甘地显然倾向于军事选项；见 Tønnesson, Øyvind (1999): "Mahatma Gandhi, the Missing Laureate,"［online］https：//www. nobelprize. org/nobel ＿ prizes/themes/peace/gandhi/index. html, retrieved on 21. 12. 2017; and Freedman, Lawrence (2013): *Strategy：A History*, Oxford/New York：Oxford University Press, p. 247。

这是拉什克和蒂尔斯采用的有趣的数学类比。[1] 在最广泛的意义上，这样的计算是效益评估。因此，行为体们根据其可用资源或权力资产来定义其跨情境的目标，并制定行动方案。简言之，行为体能够通过多条途径达成目标，选择成功概率和付出努力之间最优的那条。理想的结果是辨认出一条效果最好、效率最高的路径，即拥有最大的成功可能，用到最少的资源。然而，拉什克和蒂尔斯的数学类比遇到了限制，与基于普遍公理的算术运算不同，战略计算不是逻辑推论，而是基于经验知识的概率运算。[2] 它们有以下通用形式：通过基于经验的假设，我能够动员资源 r，若政治环境按照路径 d 进行发展，并且政治对手做出行动 a，那么我将有 x% 的可能实现目标。因为预测的是未来的行动和事件，所以这样的计算以不可预测的风险为特征。这随着战略时间跨度的拉长以及变量和常量数量的增加而增加。

换言之，任何进行战略计算的人都试图（a）平衡其战略目标和可用权力手段；（b）预测政治对手和盟友未来的行动以及政策相关事件和政治发展；（c）回忆他们在政治权力领域的过往经历、其行为体、程序和限制，以便于（d）确定通向目标的理想因果途径。这一高度概括清楚说明了战略构建是非常复杂的过程。

尽管影响战略形成的因素是非常多且难以用案例进行分析的，但它们仍旧是可以被系统化的，因此可以通过一些类别对

---

[1]　参见 Rasche, Joachim & Tils, Ralf (2011)：p. 113。

[2]　准确来说，数学计算是先验的；它们不是基于经验知识的，用康德的话来说，是纯粹理性的。战略计算是后验的，它们的基础和合理性都在于我们对这个世界的认识。

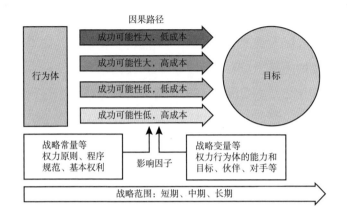

图 2-7 战略计算

其进行管理。首先,我们可以将所有因素分为两个基本类型:战略常量和战略变量。

常量,我们指的是那些极其难以改变的因素,是稳定、跨文化的原则或者个别社会根深蒂固的行为方式。[1] 这包含了基本经济规律,例如,高需求、低供应造成价格上涨,还包括了权力普遍准则和人类学常量,例如人类脆弱性等。

另外,常量还涵盖了社会的宪法和程序规范,战略在其中实施。这包括政治和公民权利,选举体系,横向和纵向权力分立形式,欧盟或英联邦等跨国家机构的参与。这些规范描述了政治权力竞赛的正式规则,为战略权力资源的合法使用划定了

---

[1] 我们的战略常量概念受到编年史核心概念"长时段"(longue durée)的启发,这个概念由费尔南·布罗代尔(Fernand Braudel)提出,他是年鉴学派(Annales School)最为重要的代表人物之一。参见 Lee, Richard E. (2013):*The Longue Duree and World - Systems Analysis*, New York:State University of New York Press。

界线。需要提醒的是，这些规则不是普遍适用的，它们依历史而变，可以由人类改变或废除。不过，重要的是，它们不仅受到极其苛刻的程序障碍的保护，例如美国众、参两院以及德国议会的三分之二多数原则，还受到各自政治实践中根深蒂固的元素的保护。因此，战略鲜少针对或宪法和程序性规范（或它们的修改），而是在这些规范所划定的范围内运作。

以下观点是可以推广的：战略构成的常量因其长久性和几乎不存在的可变性而成为影响因子，在战略中要认真对待，但通常而言，它们不是战略目标。这个观点所带来的实际影响，首先是权力行为体必须了解哪些常量与他们的战略目标有关，而哪些是无关的。其次，他们必须清楚哪些常量对理想的因果路径造成影响，它们之间存在什么样的相互关系。最后，实际上没有必要在战略实施和控制期间对常量进行观察和评估，因为在预估中，它们将是稳定的。一旦你已经确定了战略中的所有常量，并且在目标－手段－环境计算中考虑了它们，你就可以在剩下的时间里专注于战略变量了。

战略变量包括所有明显将会发生改变的因素，无论这种改变是蓄意造成或自然事件导致的，还是未经协调的集体行为所造成的非故意后果。[1]

第一，战略变量直接与战略制定者本人的战略能力和战略目标相关。显然，行为体在战略制定时必须对他们本身的能力进行考量，切实地对其进行评估，如有需要，进行补充。如果

---

[1] 能够被自然事件改变的变量范例是农作物或旅游目的地的游客数量，这里的自然事件包括降雨、洪水、干旱、火山喷发，等等。可能受未经协调的集体行为影响的变量有交通流量或投机品价格等。

你拥有强大的网络和传递技能，但是缺乏名声，也没有强大的资金能力，那么你最好要么寻找一个合适的盟友，要么增强本人在这些方面的能力。将战略目标视为变量，这意味着就其能力和资源而言，战略制定必须反映行为者的目标是否切合实际，或者这些目标是否需要调整甚至放弃。传统的问题有：在不放弃我的调节能力，也就是保持自身真诚的情况下，我究竟能否实现目标？我是否有足够的组织技能以便在长时间跨度内实现复杂的目标？还是我需要专注于一个较为简单的短期目标？我的目标的实现对于维持现有同盟而言是利还是弊？我的目标 x 是否与目标 y 相互冲突？如果是的话，应该优先哪个？这只是简短的举例，这样的问题还有很多。

第二，我们能够概括出所有影响政治联盟的因素。它们是：伙伴的数量、战略技能和目标。显然，制定战略的行为体只能间接影响这些变量，但是这些变量却与本身的目标发展和相应的手段选择直接相关。正如我们已经在讨论网络能力时提到的那样，政治联盟的数量和质量之间的关系对于战略计算而言是必不可少的。但是，伙伴的目标和偏好也是具有决定意义的。其中一个例子就是德国近代史上最具争议的建设项目之一：建设穿越德累斯顿易北河谷（Dresden Elbe Valley）的大桥，该地区受到联合国教科文组织的保护。不顾由激进环保主义者和温和公民倡议组成的联盟的反对，萨克森州政府强烈支持并推动该建设。组成反对联盟的两个伙伴都反对建设这座桥。但是，当两个环保组织的当地代表坚决反对以任何形式穿越易北河的时候，"公民倡议"却同意以易北河隧道作为替代。这一内部分歧极大削弱了反对建桥的阵营，使州政府得以实施该计划，并获得了大多数德累斯顿人民的支持。

第三类战略变量包括政治对手的数量、战略能力和目标。所有这些都对战略计算造成极大的影响，无论就目标定义还是战略和联盟伙伴的选择而言。如果你的竞争对手拥有与你正好相反的战略目标，并且他们比你拥有更强大的战略能力，那么在这种情况下，毫无疑问，你最好调整你的目标，并且将一些对手转变为盟友。

该计算方式的传奇例子之一来自法国政治家、主教夏尔－莫里斯·塔列朗－佩里戈尔（Charles－Maurice de Talleyrand－Périgord），他在 1780～1838 年间的法国政治中扮演了重要角色，在此期间，法国经历了五次政权更替。① 他是法兰西皇室的教会代理人和三级会议代表（三级指的是教士、贵族和第三等级）。不过，在 1789 年的动荡中，塔列朗与具有君主主义倾向的教士决裂，在旧政权没落的背景下，这些教士是没有机会成功的。相反，塔列朗与奥诺雷·米拉波（Mirabeau）等温和改革派结为联盟，追随时代精神，提倡将教会财产国有化。但是，他始终忠于自由主义教士的核心利益，支持在法国公民宪法框架下保留教会。塔列朗组建战略联盟并将权力变化融入其计算的能力足以让乔治－雅克·丹东（Georges－Jacques Danton）等雅各宾派领袖成为他的支持者。这一能力也让这位政治家在雅各宾恐怖专政之后还能服务于五人执政的督政府，然后是拿破仑帝国，最后是后拿破仑时代的法兰西。塔列朗的灵活性为他赢得了同时代人中的歪脖啄木鸟（wryneck）的名

----

① Schell, Eric (2010): *Le bréviaire de Talleyrand*, Paris: Horay.

声，拿破仑自己将他称为"穿着丝袜的渣滓"（shit in silk stockings）。[1] 然而，此评论并没有改变这样一个事实，那就是他的成就实际上是最有效且高效构建战略的典范，他以政治对手的权力能力为导向，充分理解了战略目标的灵活本质。

第四种，同时也是最后一种变量包括所有那些构成战略制定和实施的环境的所有可变因素，因此无法归入前三类。接下来，我们将讨论环境变量。[2] 本节覆盖的领域有公众舆论、国家和国际宏观经济发展（战争、改革、和平协定），自然现象和技术灾难（洪水、干旱、核灾难），上述提到的未经协调的集体行为所造成的影响（房地产市场崩溃、经济衰退、大萧条、大规模恐慌）和技术创新（印刷机、火药、因特网）。所有这些因素既能对战略成功造成积极影响，也能造成消极影响，但是除了公众舆论有些许例外，普遍而言，它们几乎都是不可预测的，也是很难影响的。例如，在2011年，日本福岛反应堆的损毁被证明是反核运动成功的战略转折点。受到这一严重事件的影响，在几周时间内，德国本已占比很小的核能支持者比例从34%降至26%，而反核力量比例从64%增加至72%。[3] 这样一来，政治环境发生了改变，将弃用核能和能源

---

① 参见 Scurr, Ruth（2006）："He Quipped while Napoleon Quaked," in: *Telegraph* from 17th December 2006, [online] https://www.telegraph.co.uk/culture/books/3657043/Hequipped – while – Napoleon – quaked.html, retrieved on 21.12.2017。

② 这些变量被预后研究者称为百搭牌（wild card）。参见 Steinmüller, Angela and Steinmüller, Karlheinz（2004）：Wild Cards. Wenn das Unwahrscheinliche eintritt, expanded and updated edition of 'Ungezähmte Zukunft', Hamburg：Murmann。

③ WIN – Gallup International（2011）："Impact of Japan Earthquake on Views about Nuclear Energy," [online] http://www.gallup.com.pk/JapanSurvey2011/PressReleaseJapan.pdf, retrieved on 21.12.2017.

转型作为战略目标来实施将很有可能得到公众支持。

考虑到环境变量的可预测性较低且很难影响它们，加上它们能产生较大的影响力，可以得出两个用于计算的战略原则：利用（exploit）和武装（arm）。一方面，成功的计算必须足够灵活，以便确定无法预见的环境变量，并将其作为战略机遇进行利用，例如之前提到的福岛核电站损毁。另一方面，成功的计算必须具有可预测性，足够稳健，以便规避或至少降低环境变量所带来的风险。

总之，我们可以这么说，权力行为体必须充分考虑权力原则、经济规律、程序规范等政治常量和四种类型的变量，这四种类型的变量包括行为体自身的目标和能力、盟友和对手的目标和能力、环境变量，等等。鉴于存在这样的复杂性，拉什克和蒂尔斯将战略构建称为"巨大的认知和创造性挑战"就不足为奇了。[1] 我们尽量清晰地区分该挑战的两个方面，即认知性和创造性。一方面，制定以目标为导向和高效的战略需要在信息上付出巨大的努力，这包括需要将收集到的信息系统化，至于变量，要保持更新。另一方面，我们要意识到，以目标 - 手段 - 环境这一计算方式来使用这些信息的过程不仅是归纳和反思，还与直觉有关。在制定战略时，那些总是以过去取得成功的行动计划作为导航并严格参照该计划行事的人，将会在中途遭遇灾难，就像那些在政治权力领域持有过分唯智主义观点的人一样。成功的计算总是一个关乎直觉感官、权力能力和政治"技能"（téchne）的问题（见第二章第五节第一部分）。

———

① Raschke & Tils（2008）：p. 19.

如果没有备受吹捧的敢于尝试"新的、有风险事物"的能力，这种能力由与政治权力的亲密关系加强，那么政治战略将仍是可预测的，毫无创造性的，是不会成功的。因此，作为政治战略核心要素的"知识"（épistéme）和"技能"（téchne）是相互重叠的。一方面，行为体有意识地暂时停止具体的行动，以便以其权力知识为基础，对目标、手段和成功的条件进行反思。另一方面，战略选择的最终决定必须以权力技能为基础，将其作为创造性动力，为战略思维注入活力。

现在让我们进入政治战略第四个也是最后一个部分的讨论：战略指导（strategic steering）。作为一个指导原则，我们认为战略不能保证成功；只有通过有针对性的实际落实才能获得成功，而实际落实需要适应多变的具体行动环境。[①] 虽然战略是跨情境的概念，但它们需要通过一系列的行动来实现，这些行动要么是既定的，要么是受不可预见事件或政治领域中其他参与者的行动所影响的，这里的其他参与者包括盟友、对手和中立参与者。

该情况具有两种含义，第一，战略指导总是具有战术成分，因为它需要一个"以使用为导向的方法来处理特殊情况，这是战略方向的下层元素。"[②] 简言之，由于战略实施永远不可能计划到每一个细节，行为体不仅需要掌握对该领域的战

---

① 拉什克和蒂尔斯［Raschke & Tils（2011：p.190）］将战略指导描述为"动态航行"（dynamic navigation）。这一航海比喻很贴切：一方面，这为行动计划或战略地图提供了参考。另一方面，它清楚地说明了，航海者必须适应不断发生变化且反复无常的地形条件，在需要的时候，修整既定路线。

② 同上书，p.191。

略理解，还要养成对个别情况的具体要求的战术意识，培养在短时间内对这些要求进行考虑的能力。这种战术意识最终也是治理术的一部分，对此，我们在战略讨论开始时就已经提及。从对战略的理解进行类推，这种战术意识来自对政治权力领域及其原则的理解，来自对其实践、惯习和解释视野的反思。

第二，战略指导需要对战略计划和实际情形之间的关系进行不断的回顾。那些盲目实施战略的人不仅是可预测的，他们也无法恰当地回应新的战略挑战，例如环境变量的巨大改变、失去原本十分忠诚的盟友，或者自身突然减少的权力资源。

回应是否恰当取决于战略挑战的严重性。例如，拉什克和蒂尔斯认为，如果真实世界的发展明显地与设想的计划概念不同，并且设想的计划概念又与真实政治环境存在显著差异，那么应该适当地做出战略改变；出人意料的干预和发生变化的组合可以要求战略行为体修改战略而不是制定"新的"。[①] 在战略实施过程中，如果战略变量出现变化，既定目标无法再通过有效且高效的方式实现，那么仅仅对战略做出修改是不够的。就此而言，拉什克和蒂尔斯认为有必要对战略做出更正，即"纠正战略概念的核心成分"，[②] 包括重新调整目标和手段，在权力领域中重新定位。令人惊讶的是，这漏掉了第三个选项，而这恰恰是值得讨论的，那就是放弃该战略。在实际落实过程中，要么因为其概念没有考虑到政治对手的权力资源或目

---

① Raschke & Tils（2011: p.194）我们的重点。

② 同上。

标，要么因为实施环境发生了未预料到的变化，如果一个战略从根本上被证明是错误的，那么放弃该战略计划将是一个合理的选项。原因显而易见：一场失败的战斗不仅会不必要地耗尽权力行为体的资金能力，还会损害名声、传递能力和网络能力等其他资产。应当承认的是，意识到战略失败需要权力行为体对其自身的错误进行反思，这需要极大的勇气。[①]不过，这就为从根本上提升自己的战略技能和培养治理术创造了机会。

然而，就算在不需要做出适应性修改或根本性改变的情况下，战略得到了成功实施，仍需要考虑最后一个战略指导要素：对已完成的战略进行回顾性评价——取得了什么？付出了哪些努力？哪些起作用而哪些没有起作用？等等。但最重要的，是应该强化战略基础，提升战略能力，为更正可能的不足和发挥优势提供机会，最后要完善未来的战略。所以，回顾性评价推动了一系列的战略改进，覆盖了成功政治战略的方方面面，各成分之间也开始相互优化。至今，应该明确的是，我们确定的四个组成成分——战略基础、战略能力、战略制定和战略指导，不是严格区分的，而是组成一个完整综合体的动态部分。于是，将政治

---

① 萨缪尔·贝克特（Samuel Beckett）的小说《向着更糟去呀》（*Worstward Ho*）（1984，New York：Grove Press）中被常常引用的句子："一次次尝试，一次次失败。屡试屡败，但即使失败，败得更精彩。"在有关企业和政治领导权辩论的新趋势中，这句话已经成为口头禅，强调了失败的积极影响，它是创新、增长和战略改变的催化剂。卓越的介绍请见 Danner, John and Coopersmith, Mark（2015）：*The Other 'F' Word, How Smart Leaders, Teams, and Entrepreneurs Put Failure to Work*, Hoboken：Wiley。

战略视为权力知识的核心部分也意味着不断地同时考虑所有成分及其相互依赖性。

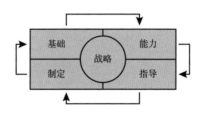

图 2 - 8　政治战略组成部分的相互依赖性

政治战略非常重要，毫无疑问，值得我们对这一领域进行不间断的讨论。但在此，我们希望对该讨论画上一个句号。领导权本身不损耗自己的战略知识。如果决策者希望成功制定并实施政策，他们就必须依赖于其权力结构内积极性高、忠实且具有竞争力的员工或下属。判断积极性、忠诚度和能力并依此分配岗位是非常困难的，但是通过经验和常识是能够处理的。初看上去，真正的关键在于扎实的专业知识。我们将此称为"专业矛盾"（paradox of experts）。[①] 该矛盾由两方面构成。第一，政治领导人依赖于卫生、金融、军事、基础建设、教育等领域专家的建议来形成具体意见和决策，因为他们本身缺乏足够的专业知识，或者获取这些知识是非常耗费时间的。第二，鉴于领导层缺乏所需专业知识，所以他们不足以区分真正的专家和狐假虎威或半桶水的人。简言之，缺少扎实的专业知识就需要求助于真正的专家，但是求助者本人要有鉴

---

① 参见 Hardwig, John（1985），"Epistemic Dependence," *Journal of Philosophy*, 88, pp. 693 - 708。

别专家的能力。① 如果这个矛盾成立，那么对于领导权知识而言将是一场"灾难"。所以问题在于，是否存在元专长（meta-expertise）？如果存在，这由什么构成？这样一来，除了战略知识外，这将是领导权知识的第二根支柱。

在其充满智慧且具有实际经验的《专家：哪些是你应该信任的？》（*Experts：Which Ones Should You Trust?*）一文中，知识学家阿尔文·戈德曼（Alvin Goldman）对这个"专业矛盾"提出了反对意见。② 他的结论与我们的讨论直接相关。戈德曼认为，即使是外行人也能够在试探中及考虑了认知标准的情况下，依据信息，在所谓的专家中做出选择。第一个标准是在所谓的专家中，判断可能的利益冲突或偏见，例如歧视和怨恨、他们自己的主张、特定决策所带来的利益，等等；这尤其适用于一些声称具有专业知识却对某一情形做出相反评价的人。戈德曼干练地总结了这个原则："如果两个人提供了相反的报告，那么其中一个人明显是在撒谎，这个人的相对可信度受到严重损害。"③ 第二个标准与所谓专家的历史记录有关。这是一种归纳推理法：公认的专家先前所给出的结论越有用——无论是成功为之前的政策制定提供了咨询、撰写了准确且普遍被

---

① 当然，这个矛盾已经被韦伯［（1921）1978］强调过了。韦伯坚称，现代行政国家首先受益于高度专业化的公务员所带来的知识优势；但是，他也承认，这些公务员的选拔是一个要求极度苛刻且容易出错的过程。

② 参见 Goldman, Alvin（2001）："Experts：Which Ones Should You Trust?," *Philosophy and Phenomenological Research*, 63, pp. 85 – 111。关于将戈德曼的结论应用于政治理论，请见 Blum, Christian and Zuber, Christina I.（2016）："Liquid Democracy：Potentials, Problems, and Perspectives," *Journal of Political Philosophy*, 24（2）, pp. 162 – 182。

③ Goldman（2001）：p. 104.

认可的报告，还是做出了准确的预测——那么此人继续提供正确的意见和指导的可能性就越大。第三个标准也许是最明显的，那就是从你所信任的其他专家那里获得有用建议，这些人要么是你曾经成功与之合作过的人，要么是他们符合前两个标准。

没有任何试探能够确保成功，但是符合这些标准确保了决策者在不需要变成专家的情况下获得元专长。这里，另一个因素也同样至关重要，该因素很难精确描述，但是可以通过洞察人类本质的核心概念来叙述。富有经验的决策者精通政治权力游戏，他们常常能够可靠地辨认出法兰克福认为的废话（见第二章第四节），因为他们在其漫长职业生涯中遇到的足够多。可以肯定的是，这一能力不是知识性的，而是依赖直觉和惯性的。因此，这主要涉及第一个权力维度，即权力技能。

在关于元专长的讨论中，我们已经多次提及（官僚）专业知识。不过，现在我们希望直接讨论这个权力知识的核心类型。这里，最为重要的作者是马克斯·韦伯，我们的读者已经对他很熟悉了。为了强调专业知识作为权力元素的重要性，有必要在这里详细引述韦伯的经典著作《经济与社会》（*Economy and Society*）："官僚行政意味着通过知识，从根本上掌握主导地位。这就是使其特别合理的特征。一方面，这由技术知识构成，技术知识本身就足以确保它具有非凡的力量。但除此之外，官僚机构，或者拥有并使用权力的人倾向于通过在服务中累积知识，从而进一步增强自己的权力。这是因为他们通过担任公职，获得了有关事实的特殊资料，并拥有大量属于他们自己的文件材料。虽然'官方机密'概念不是官僚机构所特有的，但无疑是官僚机构的典型特征［……］这是权力斗争的产物。"①

如果我们想要拆解这个提炼过的描述，应该从领导权知识和专业知识中的隐藏区别入手。在我们的详细讨论中，领导权知识是一种关于怎么做的知识，例如，如何能最好地实现战略目标？如何最优地为战略相关任务选择人员？官僚专业知识是一种关于是什么的知识，用韦伯的话来说就是"技术知识"。任何掌握这门知识的权力机构行政部门成员，都会详细了解烟草条例修订法例的内容有哪些，铁路海底隧道采用哪些具体规定，给予低收入群体5％的税收减免对财政的影响有哪些，等等。对于特定政治细分领域而言，这毫无疑问是扎实的知识。就像韦伯指出的那样，这些知识所具有的权力潜能首先且主要来自其"完全不可缺少"。② 只有通过政治分工和专业化将其制度化（见第一章第二节），政府治理才能长久（再次引用波皮茨）。③ 这意味着，国家权力的建立导致诞生了一种政治专家，他们在一个狭窄的专业知识领域内几乎成了无可匹敌的专家。因为他们的专业知识对于使用政治权力而言是至关重要的，又因为只有他们拥有这些知识，因此他们是不可或缺的。换言之，掌握领导权知识的政治通才，用韦伯有些古老的术语来说就是政治"大师"，他们需要政治专才；不仅是为了制定和实施战略，还是为了确保权力机构持续运转。

---

① Weber［（1921）1978］：p. 225.

② 同上书，p. 223。

③ 关于行政科学（administrative‐scientific）观点，请见 Derlien, Hans‐Ulrich, Böhme, Doris, and Heindl, Markus（2011）：Bürokratietheorie. Einführung in eine Theorie der Verwaltung, Wiesbaden：VS Verlag, p. 88。

关键在于，政治专才需要政治通才吗？从政治或宏观角度而言，显然，领导能力和专业知识相辅相成，为公共利益而塑造政治规则。但是，如果认为政治领导人和官僚专家是围绕权力和利益进行竞争的团体，他们有各自的惯习、实践和解释视野，那么情况是不一样的。在这种情况下，官僚专家被证明是一种工具权力资源（见第二章第一节），可以被官僚们用来有针对性地对付政治领导人。我们要记住：工具权力指的是通过可靠的威胁或承诺来控制他人行为的能力，在这种情况下，指的是对不可或缺的专业知识的掌握。韦伯对官僚机构的效率和高效性的热情可以从他的每一句话中看出，尽管如此，他仍然是该观点最尖锐的批评者之一。他在著作中对此进行了独立论述。简单概括就是，专业公务员的权力基础在于专业知识，政治家的权力基础在于其领导权知识，鉴于两者在权力基础上存在根本性的不同，他们渐行渐远，以至于公开对抗并进行权力斗争。[①]

这种情况将变得更加严重，如果独立的行政或官僚机构（引用以上韦伯的话）有能力将"专业服务知识"从基本知识中分出来，并在必要时使其保密的话，即采用"官方机密"概念。在汉斯－乌里齐·德林（Hans－Ulrich Derlien）、多里斯·波墨（Doris Böhme）和马库斯·海因德尔（Markus Heindl）关于官僚理论的经典著作中，他们提出了这个分析，将这种专业服务知识形容为让官僚机构摆脱政治控制并增强自

---

① 参见 Derlien, Böhme & Heindl（2011）：pp. 86 - 89。

主性的另一可能。① 通过保密来确保这些知识具有独立性，这是垄断官僚专业知识和确保它成为一种权力资源的方式，即神秘语言（arcane language）的建立。在权力和象征主义一节中（见第二章第一节），通过中世纪天主教会对文字的垄断和禁止某种书面语言来压迫少数民族等例子，我们讨论了可能控制象征符号形式和传播方式的内在力量。官僚术语是这种权力技巧的另一种形式，因为它将获取决策相关的信息与掌握高技术含量的词汇和特殊的语法联系起来，例如法律体系。只要看一下税务机关的备忘录或省部级法案，就会发现这种术语所产生的排他性效果。像以《大陆架外缘跨界碳氢化合物授权协定》（Outer Continental Shelf Transboundary Hydrocarbon Agreements Authorization Act）为名的法案对于该领域专家而言是可以理解的，但是外行人却难以理解其内容，这种情况下，外行人不仅仅指的是普通公民，还包括那些在职的领导。

当然，韦伯讨论了可以采取什么措施来对抗官僚主义的自治和领导权与行政权之间的破坏性对抗，他列举了五种具体方法。② 第一种方法是采用合议原则（collegial principle），即由合议小组而不是单一行政机构来做出决策。通过将权力分配给由相互平等的成员组成的整体，从而建立起一套相互制约的体系，在这个体系中，理想情况下，行为体相互监督。第二种选项是由非专才组成政府，根据定义，非专才指的是较管理精英

---

① 参见 Derlien, Böhme & Heindl（2011）：p. 92.

② 参见 Derlien, Böhme & Heindl（2011）：pp. 93f; and Stachura, Mateusz（2010）：Politische Führung：Max Weber heute, Politik und Zeitgeschichte, 2－3, pp. 22－27。

而言，在知识上没有优势，因此也没有相应权力手段的人。作为第三种控制手段，韦伯对管理人员的选派做出了限制，具体而言，设置较短的任期、制造被永久解聘的可能性或通过抽签进行任命。① 但是，这三种措施与目标形成冲突，它们在限制权力的同时，却因行政机构冻结或愈加不熟练等原因，增加了大幅度降低效率的风险。第四种显而易见的控制手段是建立严格的分权制度和独立的司法制度，尤其是要建立一个行政法院，能够对行政部分的决定进行审查和推翻。

然而，对于韦伯来说，第五个决定性因素是主权和负责人的政治领导权本身。他认为，成功不仅包括个人魅力和天赐的灵感，还有个人责任的信念，以及真诚描述那些被认为是正确的，却可能不受欢迎的职位。那些将韦伯提出的著名的三种人格特质——"激情、责任、判断力"集于一身的领导人物，不仅在官僚权力机构中收获忠诚，还赢得了潜在对手的尊重和社会支持。显然，这不再是一个关乎权力知识的问题，而是一个权力技能问题了。② 因此，在这一点上，权力维度的相互依赖性再次得到了呈现。

简言之，可以这么说，专业知识既是决定性的权力资源，又是权力知识的重要形式。一方面，权力强化了社会地位，在这样高度专业化的结构中，专业知识是稳定权力不可或缺的基

---

① 相当有趣的是，在围绕政治理论的现有讨论中，全凭运气的事情再次引发了大家的兴趣，参见 Alexander Guerrero's (2014) influential post, Alexander (2014)："The Lottocracy,"［online］https：//aeon. co/essays/forget－voting－it－s－time－to－start－choosing－our－leaders－by－lottery, retrieved on 21. 12. 2017。

② 根据 Stachura (2010)：p. 26 进行引用。

础；另一方面，它在政治领导权和行政机构之间的激烈竞争中发挥了作用，这样的竞争必须通过管控机制和领导权素质进行遏制和引导。

三　权力工具和组织

现在进入第三个也是最后一个维度的讨论，即权力工具。正如我们在第二章第五节开端时提到的那样，权力工具构成了政治权力客观、外在的一面，而权力技能和权力知识构成了主观、内在的一面。因此，权力工具是用来使用、扩张和巩固权力的工具，行为体可以随意取用，但是这些工具与行为体并无内在联系。然而，这些工具的质量和覆盖范围却能够决定行为体能否成功地利用其专业技术和知识。基于这个定义，可以将工具分成两种类型：人工制品和社会组织。①

自古以来，用于加强权力的最基本的人工制品是武器。从青铜时代的长矛和战车，到现代的突击步枪、核弹头和恶意软件，武器总是结合了行动权力和工具权力（见第二章第一节）。通过成倍地提高人类破坏或摧毁生物——无论他们是其他人类还是牲畜——和基础设施的能力，它们也对内部和外部的敌人构成威胁。主权国家在没有武器的情况下，是不可能垄

---

① 政治权力的工具性基础与我们的方法存在重叠，关于此重叠的概述，见 Warren, T. Camber（2014）："Not by the Sword Alone: Soft Power, Mass Media, and the Production of State Sovereignty," *International Organization*, 68（1）, pp. 111 – 141; pp. 113 – 117。另一个通俗易懂的概述请见 Worley, D. Robert（2015）: *Orchestrating the Instruments of Power: A Critical Examination of the U. S. National Security System*, Lincoln: University of Nebraska Press, pp. 227 – 241。

断暴力的。[1] 和平主义的乌托邦是不切实际的，其原因一方面在于意识到不是所有社会成员都发自内心地遵守法律规范，另一方面就像汉斯·摩根索（Hans Morgenthau）总结的那样："恰如所有政治一样，国际政治是权力斗争。无论国际政治的最终目标是什么，权力永远是当下的追求。"[2] 只要不是所有公民都能成为圣人，相互竞争的多极世界没有发展成为一个世界共和国，那么武器仍将是权力的基石。[3]

这一原则的实际影响是，无论民选政府、君主制还是寡头政治，统治者必须真正掌握社会的武器（警察和军队）使用。[4] 否则，他们对内部武力的垄断和他们的外部权威都将是

---

① 这一观点在著名的毛泽东语录中得到表达："每一名共产主义者都必须铭记这个真理：枪杆子里面出政权"，Mao Tse - Tung（1983）：*Selected Works of Mao Tse - tung*：*Vol. II*，［online］https：//www. marxists. org/reference/archive/mao/selected - works/volume - 2/，retrieved from Marxist Internet Archive on 16th April 2018。

② Morgenthau，Hans ［（1948）1978］：*Politics Among Nations*：*The Struggle for Power and Peace*，New York：Knopf，p. 29.

③ 在《道德圣人》（*Moral Saints*）一文中，哲学家苏珊·沃尔夫（Susan Wolf）也提出了一个具有挑衅意味、但非常通俗易懂的观点，那就是道德圣人组成的社会不仅是不切实际的，而且是不需要的，因为这与我们成功的人生这个核心概念产生冲突；见 Wolf，Susan（1982）："Moral Saints，"*The Journal of Philosophy*，79（8），pp. 419 –439. 关于世界共和国概念，请见 Kant，Immanuel ［（1795）2003］：*To Perpetual Peace*：*A Philosophical Sketch*，translated by Ted Humphrey，Indianapolis：Hackett Publishing。

④ 我们的讨论仅限于对警察和军事武器的掌控，因为像美国、瑞士、加拿大和德国等国家采取的立场显然是，允许私人拥有武器，但是仍保持对武力的垄断。关键在于限制强大武器和武器系统，强大武器指的是全自动武器、火箭和榴弹发射器等，武器系统包括坦克、战斗机和直升机等。例如，在德国，这受到《战争武器控制法令》（Kriegswaffenkontrollgesetz KrWaffKontrG）的约束，美国则是《武器出口管制法》（美国法典编号 22 的第 39 章第 2751 款）［Arms Export Control Act（AECA）］。

无效的。这在土耳其近代史中的体现尤为明显：宣誓效忠国父凯末尔·阿塔图尔克（Kemal Attatürk）的军队分别于1960年、1971年、1980年和1997年共4次对土耳其共和国民选政府的权力进行了削弱。每一次，军队将领们都宣称是为了保护阿塔图尔克的世俗化意识形态，而且每一次，政治上拥有伊斯兰倾向的政府在被军事干预后都变得绵软无力。该情形在2016年7月发生了改变，高级别将领再次试图推翻政府，而此时的政府是由来自正义与发展党（AKP）的总统埃尔多安执掌。政治领导人成功地镇压了政变，并且在接下来的几个月中，他们极大地削弱了军队。从历史的角度而言，2016年的这些事件远未结束，但是从超过50年的土耳其政变历史中可以总结两个教训。第一，如果认为埃尔多安之前的土耳其曾拥有民主政府，那就大错特错了。当权力被理解为对国家武器的控制时，那么使用权力的就一直是军队。第二，正义与发展党取得了历史性成就，从军方手中夺走了权力工具，即对武器的实际控制，从而为代议制人民统治的建立提供了必要条件，即便还存在明显不足。[1] 总之，正义与发展党执掌的政府不仅意识到了该权力工具不可或缺的重要性，还成功地抓住了利用该工具的机会。

---

[1] 我们认为这是代议制人民统治的必要条件，而非充足条件，是因为还需要其他条件来补充公民和政治对武器的控制，例如，公平的政治竞争和新闻自由。如今，土耳其其还未能满足这两个条件；见 Freedom House（2016）："Turkey,"［online］https://freedomhouse.org/report/freedom - press/2016/turkey, retr. on 21.12.2017；and Göl, Ayla（2017）："The Paradoxes of 'New' Turkey: Islam, Illiberal Democracy and Republicanism," *International Affairs*, 93（4）, pp. 957 - 966。

当然，如今，在经验法则"如果你要统治，那么就掌控武器"之外，另一个问题出现了，那就是，就这一类权力制品而言，是否存在另一个实践原则。以上文提到的摩根索为代表的政治现实主义者们提出了一个简单的原则：越多越好。统治者总是被建议要明智地武装其服务，要不断地创新所有武器类型，以便更好地应对全球权力斗争以及与其国家内部敌人展开斗争。从提出伊始到20世纪中期，这一准则获得了极大的关注，但是在接下来的几年中遭到批判，并且没有人为其辩护。① 从内部和外部对国家进行武装不一定会提高权力地位，也不意味着更安全，却会引发相互之间的不信任，最终导致出现暴力计算的风险。鉴于此批判，"越多越好"这一普遍军备准则失去了其说服力。但是，这个问题必须视情境而定，即考虑到来自内部和外部的威胁以及行为体其他的权力能力（例如，权威能力和技术能力，见第二章第一节）。

第二种权力制品是传播手段。在权力和象征意义一节中，我们已经详细讨论了这种权力工具的重要性（见第二章第二节）。因此，我们只简要地概述之前的内容。大体而言，长时间、远距离地与其他人合作采取复杂的政治行动，需要拥有适于传递远程命令和信息的通信工具。否则，权力的使用将受制于时间和空间。另外，需要不断地围绕权力的专业化结构及其在政治专才和通才之间的复杂职责等级划分进行沟通交流，才

---

① 也可见 March, James G. and Olsen, Johan P. (1989): *Rediscovering Institutions: The Organizational Basis of Politics*, London/New York: The Free Press。

能使其完全发挥作用。因此，从苏美尔人时代开始，长距离沟通手段成了政治权力的必要基础之一。

　　这样的沟通手段必须符合三项重要但部分冲突的质量标准：速度（speed）、内容差异（differentiation of content）和安全（security）。对速度的需求很快获得解释。为了连贯且灵活地在大面积领土上使用权力，用于偏远地区的广播者和接收者之间的通信手段必须尽力保证其交流的流畅性。为了传递在阿提卡战胜波斯人的消息，斐里庇得斯（Pheidippides）加速从马拉松跑到了雅典，在这场传奇性奔跑和毫秒可达的电子邮件或即时信息之间是长达 2500 年的科技创新，以及通信工具作为权力工具成倍增加的重要性。第二个标准是内容差异，这仅仅意味着通信手段要尽可能正确地传递预期的信息内容。例如，在发明电报之前，烟火信号在速度和远距离连接方面享有巨大的优势，这充分体现了建于公元前 5 世纪的长城的作用，① 不过显然，这极大地限制了可能的信息内容。虽然在数字化通信时代，速度和内容差异之间的冲突已经被极大地化解了，但是，创新的推动力却让第三个标准——安全变得极其重要，同时也更具有挑战性。正如我们在数据权力一节中提到的那样（见第二章第三节），在互联网时代，大量数据能够以前所未有的速度进行传输。但是，敌人获取数据的技术机会和能力也比以往任何时候都要大。由此给通信手段施加的安全压力产生了一个实际悖论：通过

---

　　① 参见 Turnbull, Stephen（2007）：*The Great Wall of China. 221 BC - AD 1644*, London：Osprey Publishing, p. 14。

区块链、密闭的内部网络或防窃听的"加密电话"等手段对关键信息进行有效保护通常会对速度造成极大的影响。① 由数字化创新所带来的通信速度的提升直接受到这些风险的挑战。同样，关于速度和安全之间的平衡，没有一个普遍适用的准则。具体决策仍旧是一个政治判断问题，因此属于权力技能和权力知识范畴。

根据以上讨论，监视技术是第三种权力制品，这是不令人意外的，我们将其理解为采用明、暗两种手段和方式对与权力相关的个人和组织信息进行收集、分类和评估。② 当涉及外部力量时，例如具有竞争关系的国家、国家同盟、国际企业或国际恐怖组织等，这些工具会被用于获取其在战略目标、权力技能和具有技术敏感性（关键词是产业间谍）方面的信息，服务于风险预测和国际冲突场景模拟。正如我们在第二章第三节中讨论的那样，外国间谍情报机构越来越依赖于大数据带来的可能性。这种所谓的"数据监控"的基础是全球普遍存在的电子化数据存储以及基于这些电子化数据的算法分析，电子化数据有 IP 地址、电子邮件、搜索引擎、信用卡卡债、通信软

---

① "区块链"一词指的是在一个分散的全对等网络中对数据进行存储和备份，该网络有无数的用户。分散的备份机制的目的是确保数据不受黑客攻击、不受窜改或未经授权地拷贝；见 Kiyaias, Aggelos and Panagiotakos, Giorgos（2016）："Speed – Security Tradeoffs in Blockchain Protocols," Working Paper, ［online］ https：//eprint. iacr. org/2015/1019. pdf, retrieved on 21. 12. 2017。

② 留意方式和技术工具是非常重要的，方式指的是组织特定的社交技巧和模式。相关章节请见 Mohanan, Torin（ed.）（2006）：*Surveillance and Security. Technological Politics and Power in Everyday Life*, New York：Routledge; Dandeker, Christopher（1990）：*Surveillance, Power and Modernity*, Cambridge：Polity Press; and Rule, James B.（1973）：*Private Lives and Public Surveillance*, London：Allen Lane。

件推文，等等。鉴于已经对该话题进行了细致的讨论，我们不再就外部监视的技术层面进行深入。

在国内政策领域，用社会学家詹姆斯·鲁尔（James B. Rule）的话来说，监视技术是一种"知道规则在何时得到遵守、何时被破坏，以及最重要的是谁将为此负责的手段[……]监视的第二个要素也是不可或缺的，那就是能够找到并查明对某种罪行负有责任的人。"[①] 然而，监视技术不仅仅是一种为了稳定权力结构及其规范而对违规行为进行核实和制裁的手段，例如，借助高速公路的超速摄像头或地铁里的安全摄像头。就像米歇尔·福柯在其经典著作《规训与惩罚》（*Discipline and Punish*）中指出的那样，监视技术还是一种有效的规训手段。[②] 在福柯有些抽象的表述中，规训是"权力的特殊技巧，同时把人类视为操练权力的对象和工具。"[③] 具体来说，这意味着规训既教导社会成员自愿遵守社会政治秩序，同时又鼓励他们实施对他人的控制。但是，"规训的实施必须有一种借助监视而实行强制的机制。在这种机制中，监视的技术能够诱发出权力的效应，反之，强制手段能使被强制的对象清晰可见。[……]望远镜、透镜和射线是新的物理学和宇宙学的一部分。与这些重大技术一同得到发展的是不那么重要的复合交叉的观察技术，由于使用了征服技术和剥削方法，这些技术既可以观察而又能不被发现。"[④] 这样一来，规训和监视

---

① Rule, James（1973）：p. 21f.

② 参见 Foucault（1995）。

③ 同上书，p. 170。

④ Foucault（1995）p. 171，我们的重点。

技术之间的关系就显而易见了：无论是借助机器还是人类同伴，通过不断对监视产生的预感，一方面，个人需要证明其毫无隐瞒；另一方面，为了积极展现自身的服从，需要举报违反规则的人。福柯通过现代监狱的例子来研究这些机制。但是，他强调这一原则体现"在城市发展中，体现在工人阶级居住区、医院、收容所、监狱和学校的建设中"①，总而言之，存在于现代社会的各个角落。然而，在法语版《规训与惩罚》出版的第一年，即1975年，即便是这位伟大的权力理论家也无法想象到"复合交叉的监视技术"会传播到什么程度。四十多年后，大规模监控成为权力工具的标准配置之一，即便是在自由民主体制中，也是如此。英国身处技术前沿，在2013年，英国安防行业管理局（British Security Industry Authority）估计监视摄像头的数量多达590万；这几乎相当于每11个人配一个摄像头。② 自2016年底开始实施《调查权力法案》（Investigatory Power Bill）以来，全面的数字化监视也加入其中，这包括将英国公民访问的每一个网站都储存在一个中央数据库中。③ 尽管这严重侵犯了隐私权，但是这部法律至今并未遭到强烈反对；相反，专家们认为这是其他自由民主国家采取类似发展的前兆。④

① Foucault（1995）p. 171，我们的重点。

② 参见 Vincent, James（2016）："The UK Now Wields Unprecedented Surveillance Powers – Here's What it Means," in: *The Verge* from 29th November 2016, [online] https://www.theverge.com/2016/11/23/13718768/uk – surveillance – laws – explained – investigatory – powers – bill, retrieved on 21. 12. 2017。

③ 同上。

④ 参见 Bernal, Paul（2016）："Data Gathering, Surveillance and Human Rights: Recasting the Debate," *Journal of Cyber Policy*, 1（2），pp. 243 – 264。

　　我们想要讨论的第四种，同时也是最后一种制品是大众传媒。[①] 无论是报纸、电台、电视频道还是社交媒体，大众传媒都是自由宪政国家和独裁国家的核心权力工具。正如波皮茨提到的那样，背后的原因在于大众传媒与权力基本形式——权威权力的结合，这已经在第二章第一节中涉及。需要提醒的是，与行动权力或工具权力等权力的不同之处在于，权威权力不是通过暴力或者在受众偏好的范围内设置积极和消极刺激而获得使用，而是通过影响人们的内在态度和信仰来展示权威。因此，由于"深思熟虑且心甘情愿的跟随意愿"，受权威约束的人会顺从他人的欲望，并将这些人"确立为"自己的榜样。于是，权威权力不是来自强制或物质的优越性，而是来自传递能力和名声所具有的战略潜能（见第二章第五节第二部分）。而这正是大众传媒在政治传播中扮演重要角色的地方，正如 T·康贝·瓦朗（T. Camber Warren）在《不仅仅靠剑》（*Not By the Sword Alone*）一文中写道的那样："对效忠国家的呼吁，其合法性必须通过语言进行表达，以图像、叙述和其他象征符号为基础，并且至少有一部分人愿意将这些作为对其现实生活的有效解释。通过这样的'炼金术'，政治传播创造、维持和改变了政权和政治社会的主流观点。"[②] 瓦朗的结

---

① 请特别参阅 Warren（2014）；Street，John（2011）：*Mass Media，Politics and Democracy*，2nd edition，Basingstoke：Palgrave Macmillan；Sarcinelli，Ulrich（2010）：Politische Kommunikation in Deutschl and：Medien und Politikvermittlung im demokratischen System，Wiesbaden：VS Verlag；and Herman，Edward S. and Chomsky，Noam（2002）：*Manufacturing Consent. The Political Economy of the Mass Media*，New York：Pantheon Books。

② Warren（2014）：p. 116f

论可以用一个推论进行概括：因为权威权力是维系主导地位的核心，又因为它只能通过与社会中尽可能多的成员进行沟通来产生，所以，大众传媒是不可或缺的权力工具。

自从印刷术发明以来，大众传媒的政治意义通过一种消极的对比变得一目了然："最基本的政治影响仅与政治信息和象征符号的再现有关。如果缺乏大众传媒基础设施，那么政治领导者和将成为领导者的人就必须亲自前往多个小规模场所散布他们的政治信息。反之，通过千万个在腹地中闪烁的屏幕、散遍城市角落的报纸，每一个国家机构所做出的决定都能即时且毫不费力地在成千上万的公民面前再现。"[1] 在缺乏媒体效应的情况下，选举、游行或演讲所呈现的仪式性和象征性仍然是地方性的，但是大众传媒的时代让其可能面向全球观众。我们已经强调的象征性权力资源在媒体催化剂的催化下成倍加强。

虽然权威权力与大众传媒融合所展现出来的权力逻辑是普遍存在的，但是自由宪政国家与极权和专制政权在对这些沟通催化剂的控制和具体使用上存在巨大差异，而自由宪政国家是我们接下来讨论的重点。从具体使用来说，大众传媒首先且主要作为集中管理的喉舌，服务于领导精英的宣传；[2] 至于对这

---

① Warren（2014）：p. 119。

② 值得注意的是，约瑟夫·戈培尔（Joseph Goebbels）是宣传极权主义和影响大众的大师，但是他不赞成持续的宣传。在 1933 年媒体合作中，他因广播 "过于积极的政治化" 而向纳粹官员抱怨，以不要太过无聊枯燥也不要过于明显地展现基本信念为原则，呼吁 "对广播节目进行松绑"（引用自 Frei, Norbert and Schmitz, Johannes（1988）：*Journalismus im Dritten Reich*, Munich：C. H. Beck, p. 86）。这一方式背后的观点是，极权主义统治必须始终把教化因素与娱乐因素结合起来。

些沟通催化剂的控制，它们是公众舆论相互竞争的战场。[1] 彼得·柯博（Peter Köppl）在文章《重塑公共事务》（*Re-shaping Public Affairs*）中讨论了所谓的"情绪民主"（mood democracy）中的利益调停（mediation of interests），他总结道："在每天为吸引媒体关注而进行的激烈竞争中，越来越多的行为体正采用前所未有的煞费苦心的方式进行作战。"[2] 用战争来比喻说明了对关注度和利益这样的稀缺商品的不断争夺（见第二章第五节第二部分），这在代议制民主体制中是（暂时）获得权力的核心资源。随着数字革命的到来，新的且不断更新的媒体不断涌现，包括在线新闻网站、推文、社交网络，等等，这些不仅加剧了斗争，还使之变得更加复杂。因此，对获取关注度和有效释放信息的要求变得更高，但同时也更受尊敬。在这样的背景之下，弗兰克·马尔钦科夫斯基（Frank Marcinkowski）的论断是相当具有说服力的："因为公众关注度已经变为一种主要的社会价值和普遍适用的资源，因此，诉求和立场在媒体上的出现以及新闻对此给予的共鸣被视为极其具有合法性的有效指标。"[3] 尽管如此，将媒体的存在等同于政治合法性是一种谬论：正如我们在权力知识一节中注意到的那样，构成合法影响和政治名声的不是获取特殊的关注

---

[1]　参见 Peters, Hans P. (1994): "Mass Media as An Information Channel and Public Arena," *RISK: Health, Safety & Environment*, 5 (3), p. 245。

[2]　Köppl, Peter (2017): *Advanced Power Lobbying. Erfolgreiche Public Affairs in Zeiten der Digitalisierung*, Wien: Linde Verlag, p. 247.

[3]　Marcinkowksi, Frank (2015): 'Die Medialisierung' der Politik. Veränderte Bedingungen politischer Interessenvermittlung, in: Rudolf Speth and Anette Zimmer (eds.), *Lobby Work. Interessenvertretung als Politikgestaltung*, Wiesbaden: VS Verlag, p. 89.

本身，而是要获取与权力技能和权力知识认可相关的关注。媒体关注可能造成灾难性后果。例如，在德国，人们会回想起时任德国国防部长鲁道夫·沙尔平（Rudolf Scharping）臭名昭著的泳池照片。就在德国2001年于马其顿进行军事部署前，他的这张照片出现在八卦小报《万花筒》（Bunte）上。美国的例子包括2016年在希拉里·克林顿竞选期间，通过推特，糟糕地向罗莎·帕克斯（Rosa Parks）和宽扎节（Kwanzaa）献礼，或者在米特·罗姆尼（Mitt Romney）2012年为竞选活动举办的新闻发布会上，试图采访这位共和党总统候选人的记者们都未能成功。此外，特朗普时代也能为此提供数不尽的例子。

确实，就像大众传媒这个权力工具一样，关注度是一把双刃剑，面对它时要在象征意义上保持灵敏、拥有权力直觉，当然还要具备媒体能力。

将大众传媒视为吸引媒体主义的竞技场，这可能会导致产生一种我们希望坚决排除的误解。这种表述可能会造成一个解释斗争的中立场所的印象，当然，这远非事实。新闻出版者、社交媒体网站和电视台都有他们自己的政治和经济目标。因此，他们通过报道和观察，通过在为特定信息、人和机构提供重要平台的同时拒绝他人使用，来影响政治领域。德国传播科学界前辈乌尔利希·萨尔奇奈利（Ulrich Sarcinelli）恰当地描述了这种相互关系，指出政治和媒体是相互需要的。大众传媒本身不是一种像行政、立法和司法那样的宪法权力，相反，它们与政治机构之间是一种共生关系。政治需要宣传——它在很大程度上缺乏自己的传播手段，因此将大众传媒作为一个平台。对于媒体而言，各种媒体都寻求接近政治，因为它们对独家且持续流动的信息感兴趣。[①] 塑造这种共生关系以服务于自己的利益，仍然是所有战略领导任务中最艰巨的任务之一。得出这样的结论后，我们希望结束对权力制品的讨论，转而探讨社会组织。

很明显，就像人造制品一样，社会组织是权力和主导性的核心工具。组织汇聚了知识、技能和资源，创造协同效应，最重要的是，借助大型武力或权威机构，协调了为成千上万人实现政治目标的行动。类似于权力制品，在娴熟的权力行为体手中，社会组织能够成为实现利益的高效工具。关于将社会组织作为权力工具的许多论述已经反映在我们对权力制品的探讨中了。接下来，我们只关注个别重点。[②] 这里需要进行一个重要的分类：区分正式组织和非正式组织。前者的特点是有一个正式且成文的规则结构、明确的责任分类并具备相应的角色和任务分工，而后者则是由有关人员之间所达成的非正式协议和隐含规范构成。[③] 两者都是同等重要的权力工具；我们从讨论正式组织形式入手。

与武器这种权力制品的上述讨论相呼应，首先专注于使用武力的两种极端类型：军队和警察。[④] 尽管两者都以使用经过

---

① Sarcinelli（2010）：p. 302.

② Sarcinelli（2010）：p. 302.（可能是原英文稿出现错误，与上一脚注重复，与本文段内容无关。）——译者注

③ 因此，我们将专注于此类对于所有形式的统治都至关重要的权力的社会工具，，而不是那些与具体政治体系相关的社会工具。

④ 参见 Geser, Hans（1996）：Internationale Polizeiaktionen：Ein neues evolutionäres Entwicklungsstadium militärischer Organisationen, in：Georg – Maria Meyer（ed.）, Friedensengel im Kampfanzug? Zur Theorie und Praktik militärischer UN – Einsätze, Opladen：Westdeutscher Verlag, p. 45。

武装的行动权力为基本特征，但它们在功能上的区别在于内部安全和外部安全之间的不同。历史上比军事组织年轻得多①的警察机构负责法律执行、内部安全和广义上的犯罪预防。军队负责抵御敌人侵略和遏制战事。根据这样的任务分工，两个组织在潜在行为和装备上是不同的：如果所有其他形式的权力行动都不合适，那么使用致命性行动权力是警察的最后手段；另外，对于军队而言，这却是唯一手段。当然，权力行为体们已经在历史中模糊或者搁置了警察和军队、内部和外部的明确区分。其原因在于内部和外部安全利益之间普遍存在的（所谓的）混合，以及两者在责任方面的重叠。由此产生的警察和军队的混合形式称为"准军事部队"（paramilitary），它是一个高度武装的组织，被训练用于战争和打击犯罪。

显而易见，警察和军队（以及准军事部队）是重要的权力工具：它们通过体现且实现国家对权力使用的垄断，从内部和外部巩固了政治权力。正如已经提到的那样，有组织的行动权力存在着极大被滥用的可能，从任意执法到军事上有组织的大屠杀。不过，因为我们的重点在于分析（见导论），我们不深入讨论这个真正意义上的道德问题；和平与冲突的研究成果以及军队和警察的应用伦理为此提供了全面的指导。②

---

① 正如我们在谈论权力技能时解释的那样（见第二章第五节第一部分），无论是在罗马帝国，还是在中世纪的政治秩序内，都没有专门的警察力量。我们所知道的警察机构在 18 世纪和 19 世纪才出现；见 Spencer, Elaine G. （1985）："Police – Military Relations in Prussia, 1848 – 1914," *Journal of Social History*, 19 (2), pp. 305 – 317。

② 参阅卓越的著作：McMahan, Jeff （2011）：*Killing in War*, Oxford：Oxford University Press。

从实际角度出发，警察和军队组织化的权力行为可能导致行为体陷入一个困境：一方面，这是权力巩固所必不可少的，因此，全面且尽可能地强化这些组织是有利的。另一方面，历史告诉我们，强化这些武装组织的人力和物力常常促进了他们的政治独立，并发展成为"国家中的国家"。[①] 于是，对于政治领导权而言，在不断地对组织化的行动权力做出严格限制的同时，还要使雄心勃勃的个人远离领导位置——例如不断提及的拿破仑，这样做似乎是合理的。无论如何抉择，都会造成负面影响：要么是军队和警察部队变得越来越危险，要么是这些组织的影响力逐渐褪去。[②] 当然，这种目标冲突不一定会发展到所描述的程度。毫无疑问，卓越的权力技能和权力知识有利于培养国家军队持久的忠诚，道德准则也是如此。不过，上述困境仍旧是一种结构性政治风险，因此也是一个永远的战略挑战。

我们希望探讨的第二种组织形式是国内外情报，这与监视技术和传播渠道等权力制品相对应。国内外情报的历史根源就像军队一样古老。诸如埃及、巴比伦、亚述以及最显著的波斯

---

① 参见 Singh, Naunihal (2014)：*Seizing Power*：*The Strategic Logic of Military Coups*，Baltimore：Johns Hopkins University Press。

② 例如，自 1937 年开始，出于对苏联红军无可撼动的权力的担忧，斯大林发动了一场针对军队统治精英的清洗浪潮。首批受害者就包括有天赋的战略家米哈伊尔·尼古拉耶维奇·图哈切夫斯基（Mikhail Nikolayevich Tukhachevsky），他素有"红色拿破仑"之称。斯大林的清洗被证明是一把双刃剑：一方面，他得以遏制军队，另一方面，却极大地削弱了红军在与德国作战时的能力。参见 Bullock, Alan (1992)：*Hitler and Stalin*：*Parallel Lives*，1st American edition，New York：Knopf；and Reese, Roger R. (2000)：*The Soviet Military Experience*：*A History of the Soviet Army 1917 - 1991*，*Warfare and History*，London/New York：Routledge。

这种中东及其附近的早期帝国，它们的政治权力基于情报机构（intelligence services）；尤其是战地间谍、秘密通讯员和部署在被侵略省份的集中控制的间谍网络。① 在其关于秘密行动历史的著作中，历史学者沃尔夫冈·克里格（Wolfgang Krieger）表示，他们的工作自古以来基本保持不变：② 获取关于对手（也包括伙伴和盟友）的信息；秘密地影响外国力量及其人民（关键词是虚假新闻，见第二章第三节）；保护自己的权力机构不受秘密情报人员的袭击；以及渗透进敌人的情报机构，即从事反间谍活动。

就像政治科学家亨利·H. 兰塞姆（Harry H. Ransom）指出的那样，这些任务及其功能与权力战略的相关性是显而易见的："掌控秘密信息为政治权力提供了杠杆。"③ 任何控制着强大情报机构的人都享有独家权限，能够接触到关于国内外敌人的强有力的（政治、经济、军事，甚至个人）信息，所以，相对于那些不了解情况的人而言，他们享有战略优势。与此同时，由于秘密行动的隐蔽性，他们拥有了一种"比警察和军

---

① 迈克尔·安德雷格（Michael Andregg）暗示这是第二古老的职业。参见 Andregg, Michael (2007): "Intelligence Ethics: Laying a Foundation for the Second Oldest Profession," in: Loch K. Johnson (ed.), *Handbook of Intelligence Studies*, New York: Routledge, pp. 52 – 66。

② 参见 Krieger, Wolfgang (2009): Geschichte der Geheimdienste: von den Pharaonen zur CIA, Munich: C. H. Beck, pp. 13f. 类似的有：Johnson, Loch K. (1998): *Secret Agencies: US Intelligence in a Hostile World*, New Haven: Yale University Press, pp. 3f; Ransom, Harry H. (1980): "Being Intelligent about Secret Intelligence," *American Political Science Review*, 74 (1), pp. 141 – 148；以及 Crowdy, Terry (2011): *The Enemy Within – A History of Spies, Spymasters and Espionage*, Oxford: Osprey Publishing。

③ Ransom (1980): p. 147.

队还隐秘"的权力手段。[1] 但是，就像组织化行动权力一样，情报机构的使用也造成了类似的困境："情报机构既是民族国家的资源，同时也是其职责。他们为社会及其公民的安全提供了基本服务，但总是会变成庞大、难以改变的秘密国家官僚机构。"[2] 由于"保密性"，降低透明度和抵御外部影响是情报机构的日常事务，因此如何控制并监视这些机构成为一个特殊的问题。[3]

许多民主宪政国家为此成立了特别监督和制裁机制。这包括情报监察员，他们将民事立法及司法机构与情报机构连接起来，负责监测政府决策是否得到充分执行；还包括拥有特殊权力的国会机构，例如德国联邦议会监督委员会（PKGr）或美国众议院情报常设委员会（HPSCI）。

极权主义和专制主义体制往往选择不同的路径，用情报制衡制度来描述最为贴切。这涉及建立相互竞争、制约的平行结构。例如，在萨达姆·侯赛因（Saddam Hussein）执政时期，伊拉克有多个情报机构和秘密警察部队，他们争夺统治者的偏爱，试图诋毁对方；这与在今天的叙利亚或巴勒斯坦自治领土内发生的情形类似。

---

[1] Krieger（2009）：p. 9.

[2] Joffe, Alexander H.（1999）："Dismantling Intelligence Agencies，" *Crime，Law & Social Change*，32，p. 325；我们关注的重点。

[3] 这在自由民主体制中尤为明显，伊恩·利（Ian Leigh）（2007：p. 67）准确地写道："基本问题是很容易表述的：如何对政府职能及其机构进行民主管控，这对于国家生存和繁荣发展至关重要，但是在一定程度上，又必须在合理保密的情况下运作。"参见 Leigh, Ian（2007）："The Accountability of Security and Intelligence Agencies." in：Loch K. Johnson（ed.），*Handbook of Intelligence Studies*，New York：Routledge，p. 67。

当然，两种管控方式都有其代价。建立平行结构以及由此产生的相互监视且互不信任的氛围是没有效率的；这削弱了机构本身。建立民事政治执行机构、（至少选择性地）增加透明度则有可能导致安全漏洞，增加"泄露"的风险。就权力工具而言，最主要的担忧在于要小心这些冲突目标不断带来的挑战。考虑到许多可能与权衡过程相关的战略变量，似乎不存在一个通用的解决方案。

另一个挑战引用自兰塞姆，他在其充满趣味且"充满智慧"的《了解秘密情报》（*Being Intelligent about Secret Intelligence*）一文中谈论了冷战后期："情报系统倾向于汇报他们认为领导人希望听到的东西。"[①] 除了数十年作为美国安全专家所积累的经验外，作者没有为这一具有挑衅意味的论断提供任何实际证据。但是，西方情报机构显然没能预测到 20 世纪 80 年代的东欧集团解体，这至少可以作为一个轶事证据。无论如何，该风险强调了一种特殊的领导权知识的重要性，我们在第二章第五节第二部分中已经讨论过了，那就是元专长。有效使用情报权力工具要求拥有选拔和指挥人员的能力，这些人员不仅要忠诚、真诚，还要敢于对已有政治表述提出批判性质疑和挑战，例如，在冷战中，两个稳定的意识形态阵营之间的不断斗争。

与权力有关的第三种组织形式是官僚机构，这里指的是国家行政机构的统称。我们已经在探讨官僚专家知识一词时详细讨论过这个主题（见第二章第五节第二部分）。但是，需要强调的是，就权力工具而言，权力和行政之间的联系已经隐含在

---

① Ransom（1980）：p. 147.

"官僚主义"（bureaucracy）一词的词源中，这是一种特殊的复合词，由来自法语、象征着行政活动的"bureau"（最初带有贬义）和代表着"统治"或"权力"的希腊动词"kratein"组成。官僚机构意味着通过行政措施来使用权力。

这是显而易见的，因为公共行政机构的核心任务包括规划和落实统治结构及其分工，细化且实施获得政治领导权授权的方针和目标，例如法律条例、预算决定、贸易协定，等等。在逻辑上，社会学家雷纳特·梅恩茨（Renate Mayntz）认为"在所有形式的统治中，行政机构为保护政治统治服务，为落实它们的目标提供保证。"① 梅恩茨提到官僚机构作为权力工具存在普遍性，这是对的。再次引用波皮茨的话，没有财政和税务机关、贸易监察机构、道路建设办公室和人口普查机构等，全面发展领土的集中统治是不可想象的。这一原则任何时候都适用，无论是在罗马共和国，还是在奥斯曼帝国或者现代民族国家。

8 世纪和 9 世纪阿拔斯王朝（Abbasid）的早期伊斯兰哈里发提供了一个令人印象深刻的例子，展现了行政机构维持和扩大权力的重要性及其本质上的争议。② 在先知穆罕默德及其继任者的领导下，这个伊斯兰帝国经历了爆发性的军事扩张，从北非扩展到今天的阿富汗。但是，与阿拉伯征服者们在战场上无可争议的卓越能力形成鲜明对比的是，他们无法在政治上

---

① Mayntz, Renate (1985): Soziologie der öffentlichen Verwaltung, 3rd revised edition, Heidelberg: C. F. Müller, p. 42.

② Spuler, Bertold (1959): Die Chalifenzeit. Entstehung und Zerfall des islamischen Weltreichs, Leiden: Brill.

对新建立的帝国进行控制和管理。不过，这些务实的哈里发们知道怎么做：他们将所有的行政任务都委派给了波斯官僚精英，这些人此前被军事征服并皈依了伊斯兰教，其领导人作为"维齐尔"（vizier）被载入史册。[1] 在军队、财政和税收方面、针对邮政系统和各个行省，这些维齐尔实施了一套经过深思熟虑的波斯式管理制度，设立了独立委员会（议事厅）；国家财政收入受到严格的管理与核算。[2] 另外，他们还在阿拔斯帝国内建立了一套通信体系。此外，还有信鸽哨所和一套由负责监视和发射信号的塔楼组成的体系，正如东方学者贝托尔德·施普勒（Bertold Spuler）注意到的那样，这也服务于中央政府的情报和监视机构。[3] 阿拉伯政治领导人对波斯行政专家们的依赖如此之大，以至于传奇的哈里发哈伦·拉希德（Harun ar-Rashid）绝望地评论道："波斯人统治了一千年，一天也不需要我们［阿拉伯人］，而我们只统治了几个世纪，却无法离开他们一个小时。"[4] 实际上，求助于波斯官僚被证明是一把双刃剑。一方面，阿拔斯帝国在经济、科学和文化上享受着前所

---

[1] 参见 Farazmand, Ali (2001)："Learning from Ancient Persia: Administration of the Persian Achaemenid Empire," in: Ali Farazmand (ed.), *Handbook of Comparative and Development Public Administration*, New York/Basel: Marcel Dekker, pp. 33–60。

[2] Spuler (1959): p. 55.

[3] 同上。

[4] 翻译来自施普勒（1959: p. 55）。就现在而言，这番论述是丝毫没有夸大的，阿里·法拉茨曼德（Ali Farazmand）这样写道："波斯帝国在公元 651 年被伊斯兰阿拉伯打败，这没有导致波斯卓越的行政管理消失［……］波斯官僚机构与其语言和文化一道，延续了悠久的传统［……］。这在阿拔斯哈里发时期尤为明显，那时，整个王朝完全被波斯化，处于波斯人的控制之下。" Farazmand (2001): p. 55.

未有的繁荣，被专家们认为是伊斯兰的黄金时代。① 另一方面，行政管理者们利用其在政治上的不可或缺性，不断加强他们在巴格达宫廷中的地位——直到实际接管帝国，哈里发最后仅仅扮演着帝国象征性领袖的角色。

阿拔斯王朝的衰败对于我们已经讨论过的社会学家马克斯·韦伯的独立论述而言是一个历史教训。简而言之，他认为行政专家们能够将其专业知识和相应的组织结构作为权力资源，将行政机构与政治领导权的管控分离开来。正如哈里发的例子所证明的那样，这样的分离不一定会导致公开的篡夺。这也可能（仅仅）造成权力结构内设定目标的政治权力集团和负责落实的行政权力集团之间的紧张局势——最终导致政治体系的瘫痪。第二章第五节第二部分已经概述了针对这些趋势的制度性保护机制，这里无须重复。对于韦伯和其他官僚主义专家而言，决定性因素仍旧是主权和负责任的政治领导权。

这里，党派是我们希望强调的最后一个，同时也是最突出的正式社会组织权力工具。从一开始，政治历史也是一个组织历史，这些组织公开展现了对权力的渴望——不仅仅是对权力的支持，就像军队、警察、情报机构和行政机构那样，同时，还宣称拥有合法性和专业知识，与其他组织进行竞争。

这一类组织可以在罗马共和国的贵族家族中初见端倪，我们已经在第二章第五节第一部分中讨论过。他们的组织结构是阶级化的，以家族长老为中心，在这样的组织结构中，他们严

---

① 例如，可参见 Lombard, Maurice（1975）：*The Golden Age of Islam*，New York：American Elsevier。

苛的培训体系是以获得权力、培养他们的政治品格以及做出致力于"共同的善"（bonum commune）的承诺为目标，这个权力工具的决定性特质已经给这些朝代打上了烙印。它们的产生和成功都是由政治领域的基本逻辑决定的：对合法统治的公开诉求只能通过由志同道合、忠诚且专业的专家所组成的网络才能实现——今天我们称之为职业政治家。孤独战士或者无组织的群众都不可能实现其目标。我们也讨论了该类型后来的发展：例如，欧洲中世纪的贵族家庭以及日本的武士阶级。他们的共同之处在于拥有一个结构严密、高度专业化的精英阶层，这些人的唯一目标是直接决定政府活动，使之与自身政治目标保持一致。

因此，在我们看来，政治党派只是一种历史悠久的组织形式的现代（民主）化身。但它仍旧是我们接下来分析的重点，因为作为一种权力工具，它塑造了政治结构和现代社会的文化。在历史上，党派的概念直到 18 世纪才在英格兰出现，在执行君主立宪制和拥有一个独立议会的欧洲国家中作为特殊事例出现。① 因此，英国哲学家埃德蒙·伯克（Edmund Burke）给出了最早的定义："党派是一个联合团体，根据成员们都同意的某些特定原则，共同努力实现国家利益。"② 社会学家雅斯明·西里（Jasmin Siri）准确地指出了这个仍旧有用的概念

---

① 参见 Siri, Jasmin（2012）：Parteien. Zur Soziologie einer politischen Form, Wiesbaden：Springer VS，p. 33。

② Burke, Edmund［（1770）2002］："Thoughts on the Cause of the Present Discontents," in：Susan E. Scarrow（ed.）, *Perspectives on Political Parties*, Basingstoke：Palgrave Macmillan, p. 39；融入了我们的重点。

所固有的内部冲突，认为党派是一个"一方面用于实现特定利益的工具［……］另一方面则对公共利益负责"。^① 这准确地描述了该组织形式的核心挑战。要争取代议制民主的临时统治，即获得议会多数，就必须要获得选票，这就必须同时考虑自身利益集团和民众的特殊关切。从"党派"（party）一词的词根来说，它必须作为"整体中的一部分"（pars pro toto）来发挥作用。为了应对该挑战，政治党派们在过去300年的时间里逐渐发展成为高度专业的权力机构。这些组织发挥了一些对获得权力所不可或缺的核心作用：招募（recruiting）、教导（indoctrinating）、专攻（specializing）、挑选－统治（selecting－ruling）。具体来说就是，这意味着党派不断地通过青年组织等方式进行招募，通过培训和教授知识，从思想上强化新成员，以便选出那些有能力、有知识、有意愿并且愿意做出牺牲、适合成为政治领导者的人。党派必须忍受忠诚和竞争之间持续的紧张关系。一方面，只有当其成员一致同意遵守一套特定的价值、利益和公共利益的解释视野，并且为了实现他们的目标，在政治上连贯一致、没有冲突时，他们才能成为强有力的民主合法统治的候选人。另一方面，他们只有拥有最好的领导权人选，才能在关于政治理念的竞争中存活下来；这只有通过施加内部竞争压力和任人唯贤才能实现。

当然，政治党派是一种权力工具，这既不是民主体制才有的专属特征，也不是非得与自由选举或议会制度等决策机制联系在一起。例如，党派组织也在法西斯和社会主义专政中扮演

① Siri（2012）：p. 33.

过重要角色。

除了党派、警察、军队和行政机构等正式组织外，非正式网络构成了社会权力工具的第二个主要支柱。"非正式社会网络"一词覆盖了非常广泛的人际关系。[1] 从偶会提及的相识关系，到坚固且紧密的友谊；它既包含了最小的组织，也包括大型、非正式的联合会。尽管存在这样的差异，但这些团体都具有两个与权力工具相关的特点，正因为这样，它们被布迪厄（见第二章第三节）称为社会资本。

首先，他们创造并再现了所谓的"一般互惠规范"（norms of generalized reciprocity）。[2] 这意味着团体成员相互提供服务时，不期望立即得到回报，而是默认他们可以在未来从其他网络成员那里获得同等好处。这样的合作不是一次就结束的简单交换关系，这些灵活条件对于政治权力运用、巩固和扩张是必不可少的，无论是收集信息、实施非官僚主义政治战略、为关键投票争取建立政治大多数，还是构建联盟或实际附属关系，等等。换言之，一般互惠规范的重要性在于，如果所有行为体之间的互动是参照严格的"按章工作"原则，或它们之间的合作意愿只取决于眼前的利益，那么有效地运用政治权力将是不可能的。

非正式网络的第二个相关特点是，这些网络依赖于密集的人际往来构建社会信任。[3] 于是，成员们不需要（或很少）监视或验证其他成员的合作意愿。这样一来，协调行动被极大地

---

① 参见 Blum（2015）：pp. 76f。

② Putnam（1993）.

③ 参见 Levi, Margaret（1996）："Social and Unsocial Capital: a Review Essay of Robert Putnam's Making Democracy Work," *Politics & Society*, 24（1），pp. 45 – 55。

简化了，用经济术语来说，就是成本降低了。当然，社会信任不意味着网络内的各位成员可以盲目地依赖彼此。这只说明针对他人的利益和动机是否存在一定程度的保证，以及合作伙伴是否会信守诺言。

因此，非正式网络是黏合权力组织的"水泥"。当成员之间缺乏社会信任、一般普惠规范失效时，即使是具备充足领导权知识、专业知识与合理性、得到有效建设的权力机构也会衰弱。这两者的培养不是一个"知识"（épisteme）或合理战略部署的问题，而是一个关于"技能"（téchne）、权威直觉和政治直觉的问题。正如我们之前提到的那样，任何一个希望将社会网络作为权力工具进行使用并扩大其使用范围的人，都必须培养对政治出于本能的倾向，这必须融入他们的血液当中，成为其个人惯习的组成部分。

四　掌握权力维度：咨询人（homo consultandus）和顾问（homo consultans）

现在，在讨论完最后一个组成部分后，权力维度就完整地呈现在我们面前了。纵览之下，两个主要观点得到呈现。第一，三种资源，即权力技能、权力知识和权力工具，实际上互为补充，只有共同出现时才足以构成政治权力的基础。政治知识（épisteme）和政治技能（téchne）在无数个领域内相辅相成，从抽象的战略制定到对情报机构或行政机构等具体的权力工具的控制。在以制造品和组织为具体形式的权力架构中，将政治的本能把握与领导权知识、专业知识和合理性知识相结合，只有这样，才能在面对他人反抗的情况下做到有目的地实现利益。这三个主要资源之间多重的相互依赖性得到了广泛讨论，这也证实了我们将它们定义为权力维度的最初假设。

第二，必须要明确的是，掌握权力维度是一项要求极度苛刻且复杂的挑战，这指的是有针对性地开发和部署政治权力基本资源和政治权力本身。习惯性的政治技能必须通过耗费时间的实践学习过程获得——理想情况是在睿智的全能型领导者的指导下，从小开始。作为年轻罗马元老院精英的政策实践，在第二章第五节第一部分中得到详细描述的"政治学徒制"（tirocinium fori）可能自古以来就是独一无二的，至今仍旧代表着获得权力技能的优质标准。反之，即使我们强调的是当前的战略领导权知识，权力知识需要的也不仅仅是大量与目标相关的政治常量和变量的信息，还包括将它们创造性地整合成为行动模式的能力。就像军队、警察和他们相应的技术之间的关系一样，权力社会工具的成功使用最终要求在组织影响和政治控制中制造强烈的平衡感。因此，结合这些维度似乎是一项非常艰巨的任务。

当然，这三重挑战并不完全是新的。正如哲学家彼得·斯洛特戴克所指出的那样，早在古代，人们就已经暗中注意到了。[1] 在伯里克利时代，雅典政治的范围是非常小但竞争异常激烈的，权力行为体们对其所承受着的巨大"政绩压力"

---

① 参见 Sloterdijk, Peter（2017）：Konsultanten sind die Künstler der Enthemmung, in: Neue Zürcher Zeitung from 18th February 2017, ［online］https：//www.nzz.ch/feuilleton/sloterdijk – konsultanten – sind – die – kuenstler – der – enthemmung – ld. 146325, retrievedon 21. 12. 2017。

（performance pressure）有着清晰的认识，他们意识到自己"需要弥补"。① 斯洛特戴克写道，这个古老城市的文化意识到，没有任何一个城市里的佼佼者能够在不存在建议的情况下单独在自己的领域里运作。"一旦具有不同文化背景的人走出人群，从事一项关键工作，那么他们就不可避免地需要身边的支持者们以咨询、协调和激励的方式支持他们的行动。"② 用浅显易懂的话来说就是：掌握权力维度是复杂且耗时的，城邦意识到，这依赖于专业服务提供者提供的咨询。这在日益以劳动分工为特征的政治结构中是显而易见的。除了独自承担政治权力挑战外，阿提卡的政治家们还从本身没有权力野心的人——顾问——那里寻求建议和知识。

这标志着两个历史原型的诞生，他们的相互关系贯穿着整个历史，他们是接受建议的咨询人（homo consultandus）和提供建议的顾问（homo consultans）。③ 在意识到使用政治权力是一项挑战，同时，为了缩小知识上的差距或弥补技能上的不足——也就是说意识到需要建议时，政治行为体变成了咨询人。这在政治生态中创造了一个市场，这个市场由能够提供相应告知"如何做"的服务的行为体占据，这些行为体就是顾问。这一功能最初由古希腊城邦的一个专业团体提

---

① 参见 Sloterdijk, Peter (2017)：Konsultanten sind die Künstler der Enthemmung, in：Neue Zürcher Zeitung from 18th February 2017，［online］ https：//www.nzz.ch/feuilleton/sloterdijk－konsultanten－sind－die－kuenstler－der－enthemmung－ld.146325，retrievedon 21.12.2017。

② 同上。

③ 斯洛特戴克（2017）将这样的互换称为"政绩角色的两极性"（bipolarism of performance roles），突出了两种原型的相互依赖关系：咨询人需要顾问的专业权力维度；顾问需要咨询人成为其雇主。

出，由于柏拉图的对话《智者篇》（*Sophists*），这一团体声名狼藉。[①] 哲学家（喜爱智慧之人）是诡辩家的竞争者，他们将对理性与实践探索的追求作为一项学术事业，根据斯洛特戴克的观点，诡辩家则是狡黠地利用有效且实用的理性。具体而言，这意味着他们将其在修辞、说教和逻辑上的能力用于为"好战的城邦客户服务"，为他们在城邦中争取权力和影响力的斗争服务。在诡辩家之后，顾问在历史上还有其他例子，例如查理曼大帝宫廷中的阿尔昆等伟大的中世纪皇家顾问，或者现代的枢密院顾问官（Privy Councilor）。但是，斯洛特戴克认为，最优秀的顾问代表是著名的马基雅维利，他关于政治权力基础的观点已经在第二章第五节开端进行了讨论，这同时也是我们权力维度体系的基础。斯洛特戴克指出，在马基雅维利的观点中，值得注意的是他对理论反思和实用性政治建议的融合。他认为马基雅维利对伟大的佛罗伦萨的表述提供了一个专业化理性咨询的研究范例。

　　从马基雅维利时代开始，权力的专业化咨询一直在不断发展。我们现代社会以充斥着各式服务提供者为特征，围绕如何就政治权力进行零和博弈这一主题，这些人为政治领域内的政府、企业、联合会、非政府组织、政治党派、教会和工会等行为体提供意见。尽管如此，我们认为，咨询的基本原则是通用

---

① 为了了解诡辩家在西方受到了怎样的诋毁，必须提到的是海因里希·浮士德（Heinrich Faust）攻击魔鬼梅菲斯特（Mephisto）的话："撒谎！诡辩！你本性难移！"当然，机智灵敏的魔鬼这样回应："对啊，如果我们稍有先见，瞻望明天，将看到什么呢。"Goethe, Johann W. [（1808）1992]: *Faust, A Tragedy, Part I.*, translated by Martin Greenberg, New Haven: Yale University Press, p. 97.

的，并且自古以来保持不变。这是因为他们始于主要的权力维度，而这些维度是通用且全世界统一的。这些原则包括，第一，通过培训和实践，获得权力技能；第二，通过获取有关信息并将其系统化和整合来深化权力知识；第三，通过各式各样的权力工具来塑造政治领域。但是，这一逻辑范畴的具体化必须考虑具体的社会文化环境和法律。有针对性的咨询总是遵循政治权力的通用指导原则，同时，又对使用权力的具体情况保持敏感。我们将在第三章，也是最后一章中具体阐述这些指导原则，将我们的权力实操理论转变为以应用为导向的指南。

第三章　权力的实践

在上一章中，我们讨论了权力的表现形式、涉及领域、合法条件以及资源，特别关注了政治领域，即通过共同规范来影响所有其他权力领域。在这里面，权力的资源由三个相互独立的条件构成。因此，我们也论及政治权力的维度，那就是权力技能、权力知识和权力工具。为了在政治领域内的权力零和游戏中具有竞争力，获得并使用这些资源是不可或缺的。这是适用于任何时候和所有人的真理，顶层政治家、公司高管、贸易联盟和联合会主席、教会领袖和公民社会领导人都是如此。当然，如何获得政治权力维度也是一项挑战。这是极其复杂且耗费身心的。无论个人还是单一组织，几乎都是不可能独立应对这项挑战的。

在分析权力的逻辑时，政治领域有两个原型：咨询人和顾问，角逐权力的人需要权力专家成为其顾问。在不需要直接参与的情况下，顾问为权力的获取和使用提供支持。他/她可以是政治顾问、活动家、沟通专家、宣传官员、首席组织者和知己密友。本章，也就是最后一章将对此进行阐述。基于前文对权力普遍法则的概括，考虑到每一个社会所具有的根深蒂固的社会文化和政治特点，我们将讨论并描述政策建议是如何落实的。优秀的顾问既遵循普世性，又考虑到特殊性，对研究对象结构性的整体统一有着深刻解读，又对其具体利益和所处政治环境保持敏感。

因此，本章比前述章节更加具体且务实。由于我们注重的是日常政治权力斗争中的咨询，所以我们不仅仅考虑日常政治的具体议题，还专注包括金融、国内政治、基础设施政策等在内的许多政治细分领域，以及他们之间特别的内在逻辑和不同的相关行为体，如党派、媒体、贸易联盟、联合会、企业和非政府组织等。与此同时，我们将更为聚焦以便更加具体：我们仅仅聚焦21世纪的代议制民主。在单一时代关注一种体系主要有两大原因。首先，一种政治咨询方式经过发展，当然能够既应用于一党专政的国家，也能用于现代神权国家。但是这些体制不仅与我们的文化环境和社会文化的起点相距甚远，在政治思想和投身民主的公共利益（见第二章第四节）方面也是截然不同的。简言之，我们既不是为这些体制而生的权力专家，也不能共享这些体制的政治伦理准则。其次，经过长时间的发展，诸如诡辩派的色拉叙马霍斯（Thrasymachus）、古代的孔子，中世纪皇家顾问阿尔昆（Alcuin）和罗耀拉（Ignatius of Loyola），最后是尼可罗·马基雅维利和托马斯·莫尔（Thomas More）等文艺复兴时期伟大的政治家这样的政治实践者，已经为政治权力的获得、运用、合法化和存续设定了指南。[1] 在政治和意识形态方面深入研究这些方式是有价值的。不过，在第三章中，我们既不是要

---

[1] 重塑顾问们在世界历史上各个时期的发展和转型无疑是一项极具吸引力和重要的任务，但这不是本书所侧重的。据我们所知，至今没有作者涉足这个题目。斯洛特戴克（Sloterdijk, 2017）曾经就这个话题撰写过一篇具有启发性的文章，请参见第二章第五节第四部分。柏拉图在其著作《理想国》（Politeia）中谈及的色拉叙马霍斯是西方历史中首个专业政策顾问，请参阅 Abramson, Jeffrey B.（2009）：The Owl of Minerva, Cambridge/London：Harvard University Press, pp. 28f。

为顾问实践提供历史论据，也不是要探究这些顾问的发展和转变，而是要专注于讨论政治是如何塑造了如今这个时代。因此，我们依然会参考政治思想史中的见解，但只是就其对我们现在的意义而言。

我们对于顾问实践的探究始于一个存在主义的假设，称为人类学的政治现实主义（anthropological – political realism）。毫无疑问，人类既是政治动物（zoon politikon），也是技术员，也就是说，人类是社会性和创造性并存的生物，他们通过创新和合作，自主地塑造他们突然间闯入的政治和自然环境（见第一章第三节和第二章第一节）。但是，如政治科学家约瑟夫·熊彼特所坚称的那样，通常而言，人类既没有受过高度的政治教育，也没有天生赋予的权力或指向公共利益的罗盘。回顾在第二章第四节中引用的熊彼特的名言："所以一旦进入政治领域，普通公民的智力表现会下降到较低的水平……他再次变成了原始人。他们变得感情用事、思想易受影响。"[1] 熊彼特、哲学家杰森·布伦南（Jason Brennan）等人没有谴责这样的人类行径。[2] 同样地，我们不对此进行评判或劝告，我们注重的是对政治现实的描绘。社会所有成员必须每分每秒致力于培养公民竞争性且熟知所有政治发展，这个论述极大地高估了政治对于充实而繁华的生活的重要性。不仅如此，这样的表述还低估了其他生活计划和任务的价值，给人们的生活制造了不成比例的负担。政治是极度复杂的权力领域，就像其他

---

[1] Schumpeter［（1942）2003］：p. 416.

[2] 参见 Brennan, Jason（2016）：*Against Democracy*, Princeton：Princeton University Press，pp. 3–6。

领域一样，也受到劳动分工和专业化原则的制约。

顾问在政治领域中扮演着高质量的协调者和传递员的角色，他们能够简化问题、梳理相互关系、提供实用的工具，让政治内容变得浅显易懂，对外行人尤为如此。正如我们在细节中所发现的那样，顾问最核心的作用就是在政治和其他权力领域之间进行翻译。只有当人类现实主义的基本论断在顾问的自我形象中得到呈现，他/她才能充分扮演好顾问的角色，那就是以客户的要求和前提条件为导向的服务提供者。

因此，本章的叙述顺序和内容是清晰的。接下来，我们将概括出 21 世纪代议制民主中顾问的体系。经过二十年的政治咨询经验，通过对权力的基本要素、战略和技术的不断反省，外加对经典和当代政治科学著作的阅读，这个体系才得以诞生。这将为顾问新手们提供操作指南，也将为经验丰富、身经百战的权力专家们提供建议。我们将这个体系称为权力领导权（power leadership）。它涵盖了所有民主决策领域的权力咨询普世准则，从政府到州属机构，从政党到公民社会拥护者。当然，建议的重点不同，视顾问是否支持政治官员、命令发布者或说客而决定。因此，权力领导权包括两方面：政治领导权（political leadership）和游说领导权（lobbying leadership）。在接下来的讨论中，我们经常会引用这个分类，但是我们不会纠结于此；我们希望用这个体系为政治权力咨询在所有领域的运用打下基础。在这样的背景下，我们提出的关键问题是：如今，是什么创造了权力顾问在政治领域的成功？他们的知识基础、任务、工具、责任和教育路径是什么？

我们应该认真对待权力领导权体系目前面临的挑战。如联合国和世贸组织协定、投资伙伴关系、全球数字新闻和信息系统等的国际网络，以及包括欧盟法令、欧洲法院裁决等的超国家立法和管辖权，这些都是全球化世界的特点，在此情境下，权力角逐者不再把目光局限于单一社会。在监管日益复杂的全球组织框架中，为了成功施加影响力，越来越需要权力角逐者具有战略定位。因此，顾问必须同时了解不同社会的政治体系、文化以及它们的相互关系。一方面，顾问们需要掌握国家之间因竞争权力而导致的紧张关系；另一方面，他们也要熟悉例如欧洲委员会或国际货币基金组织等超国家或国际组织的权力竞争。一个理想的顾问应该既是一个熟悉普世权力逻辑和全球影响力的通才，也是一个通晓特定的政体、政治细分领域和行为体组织内在逻辑的专家。

第一节　权力博弈模型

我们想通过生活中的例子来进行阐述。在第一章中，我们将（政治）权力争夺形容为零和游戏，意思是竞争游戏的总和是恒定的，一方的胜利总会导致另一方的失利。我们进一步用一个模型来使这个游戏的比喻更为具体。从本质而言，政治竞赛就是权力的国际象棋比赛，而顾问的工作就是带领其客户，即咨询人，巧妙地赢得比赛。就像政治一样，国际象棋就是一场冲突，其核心就是通过将具有不同影响力和技能的棋子（例如兵、车、马等）排兵布阵、预测对方走位，来赢得主导权。与其他游戏不同，国际象棋需要结合战略和战术要素。对敌我走位的计算深度以及对不可预见的失误的利用决定了胜败。政治和国际象棋是如此相似，以至于中世纪的贵族们通过玩"国王的游戏"来磨炼他们的统治能力（参阅第二章第五节第一部分）。从那时起，国际象棋成为各地的传统权力训练工具。[1] 基于这些相似性，就核心先决条件和挑战而言，一盘成功的国际象棋比赛与政治是类似的[2]，这将在下文进行详述。

（1）熟悉棋盘

熟悉棋盘意味着：

第一，消化游戏正式的规则和机制：目标、首发阵容、走子和标准操纵（如捉双、牵制、王车易位等）。简而言之，熟悉棋盘的人了解一切可能和不可能的行为范畴；他们了解地形和队列。因此，参加比赛的必要先决条件才得以满足。

对于国际象棋权力模型而言，了解规则和机制首先包括掌握政治竞技场的制度结构以及制度之间能力和责任的分配概

---

[1] 时至今日，经济学家、军事人员、心理学家和教育家们都推崇国际象棋作为强化规划能力、领导力、奉献、抗压能力、同理心和创造力的理想工具。参见 Smith, Roger（2010）："The Long History of Gaming in Military Training," *Simulation and Gaming*, 41（1），pp. 6 – 19；Dixit, Avinash K. and Nalebuff, Barry J.（1993）：*Thinking Strategically*：*The Competitive Edge in Business*，*Politics*，*and Everyday Life*，New York：W. W. Norton & Company, pp. 41 – 45；and Hunt, Samuel J. and Cangemi, Joseph（2014）："Want to Improve Your Leadership Skills? Play Chess!," *Education*, 134（3），p. 361。关于国际象棋在历史上作为战略学习的工具，以及各类诠释和社会功能的调查请参阅 Clark（2019）：pp. 122 – 130。

[2] 当然，这不意味着每一个卓越的国际象棋手都能成为出色的政治顾问，反之亦然。权力博弈和"国王的游戏"间的结构相似性不代表实质性的等同。因此，我们不试图从国际象棋游戏中提炼出权力领导权体系，而仅仅是提供一个合适的模型。

况。例如，德国遵循的是两院制的联邦宪法，存在横向和纵向的权力分配，采用多党体制。在这里，利益谈判大多符合协调主义，即行政机构、利益相关者和政客间通过交换看法、立场和解决问题的各种途径来进行。这个协调主义结构与美国政治体系形成鲜明的对比，比如，极度的竞争和各式各样的利益冲突是后者的特征。

第二，熟悉棋盘包括使具体的决策规则和各级立法、执法、管辖和行政过程实现内化。以欧洲为例，立法程序由欧盟委员会（EU Commission）、欧洲理事会（EU Council）和欧洲议会（European Parliament）以及欧盟委员会体系三方完成，也就是说欧盟法律的落实是由行政和专家会议组成的有序系统完成的。

第三点由特定法律和条例组成，它们既为利益实现和权力使用做出了限制，也提供了可能。这涵盖了广泛的法律规范，从言论和集会自由等基本原则到西德联邦议院针对游说者设置的身份卡机制等非常具体的规则。

第四点即最后一点是政治文化和语言，既包括权力斗争人格和政治表述，也包括不成文的规定和论述用词。政治用语需要被政治范畴内的所有人员理解，同时还要取得法律和专业上的合法性。

在理想情况下，这四个方面必须成为每一个权力博弈玩家的第二天性，成为他们权力能力的一部分。就共同点而言，这些元素基本都是固定的。它们是第二章第五节第二部分中介绍的战略常量。就像在"国王的游戏"中的走子、布局和标准操控一样，他们决定了权力博弈中哪些行为是可能的，以及在何种情况下何人可以做出这些行为。当然，这没有说明何人可以走子，是执政当局、公司、联合会、公民社会团体，还是一位部长、执行总裁、总经理，抑或非政府组织的领导。

（2）研读局面

国际象棋是关乎局面的游戏。胜败仅仅取决于王是否被兵保护、后是否被攻击或者兵是否能够畅通无阻地走到第八横线而升级。初学者认为棋盘上交织的棋子是令人困惑的；他们能够说出哪个棋子可以如何走位，却无法得知棋盘上复杂的布局所带来的战略、战术潜能和力量对比。相比之下，专家们却能够准确地通过局面评估出威胁和机会，包括可以做出例如"十步内将死！"的战略陈述。

同理，任何希望成功赢得权力博弈的人都必须能够研读局面，也就是能够熟练诠释和评估政治局面。这不仅是了解谁是与达成某一政策目标息息相关的权力行为体（这里的政策目标包括促成服务产业规范、达成法律修正案和实施建筑项目等），还应该知道他们的议程和动力是什么，他们（潜在）的反对者和盟友分别有谁，以及上述所有相关者的关系。解密政治议题的权力平衡和辨别发展方向和趋势需要这些信息。因此，研读局面需要掌握广泛的知识，不仅是全面的，而且是高度专业的，例如，州政府是否与某些州立彩票维持紧密联系，因此不惜一切代价要维持对抽奖的公共管制；内政部长是否面临党内施压而打击非法移民，即便这不符合其本人价值；环境组织是否为了取悦其支持者而支持收紧对消费者的保护，等等，诸如此类。

灵活是这些位置因素的共同点，它们属于本书第二章第五节第二部分所介绍的战略变量。在这里，我们考虑的不是权力博弈的框架，而是行为在特定游戏中导致的结果。将此类比为国际象棋，是因为两者中的行为体都必须根据站位来寻找解决方式。以目标为导向、对局面的分析和评估是得出成功战略的前提条件。

（3）掌控比赛

国际象棋不是思考和反思理论的游戏，而是关乎进攻和防守，以及如何掌控战场的游戏。如果不能赢得比赛或至少打成平手，那么对于游戏的深度理解和卓越的局面分析都是无用的。掌控比赛意味着在走子上抢占先机，以攻击、扰乱和摧毁对手的战略和战术迫使对方给出回应。行为体不仅要有能力进行深度计算、对游戏有良好的理解，还要具备非凡的胆量、创造力、勇气并愿意做出牺牲，这一切才有可能发生。任何犹豫太久的人都会丧失主动性，甚至输掉整场游戏。

权力博弈也能找到这些特点。它们既是一方实现个人利益、在竞争中扩大影响力和抵御其他人反抗的先决条件，也是拥有诠释公共利益权力的前提。这个准则对于所有行为体都适用，无论是政治机构、私营部门成员还是公民社会组织。在代议制民主的权力博弈中，掌控比赛指的是通过具体措施来成功地影响集体决策和长期的意愿塑造过程，例如，筹集大多数选票；决定立法会或常务委员会的议程；适当的时候在重要的政治媒体上发表一篇文章；控制有影响力的专家组的组成；为了某一议题，通过针对性活动来动员一些团体；以及与拥有丰富资源的盟友组成稳定的联盟。即使这些工具只是政治影响力范畴内的九牛一毛，却是权力博弈的特征。成功地掌控比赛不仅是掌握这些工具的使用，还应该知悉在全局战略的哪一个阶段（在国际象棋术语中指的是开局、中局和残局）适用哪种工具，以及如何协调这些工具来实现目标。这就是必须以创造性的过程将对于游戏的理解和局面的分析进行结合的原因，权力政治就是这样诞生的。

政治顾问的职责直接来自权力博弈模型——熟悉棋盘、研读局面和掌控比赛，这相应地为权力领导权体系提供了三项指导原则和领域：赋权、提炼和影响。第一，顾问必须使其客户，即咨询人理解权力博弈棋盘，使他们将规则和机制内化成权力知识。第二，顾问必须将客户指定的与游戏有关的所有信息进行提炼和浓缩，形成布局分析，以权力知识为成功的战略打下基础。第三，与客户一道，顾问们必须积极地在政治空间内形成影响力，使用合适的政治工具来掌控权力博弈比赛。这个权力领导权方法论的总结阐述了顾问的三项主要任务和相应的挑战（或本书第二章第五节中介绍的权力维度），三者似乎能够严格且明确地区分开来。然而，在政治现实中，在顾问日常工作中，三者的区别并不是那么明显。赋权、提炼和影响构成的等边三角关系是一个整体：影响政治的经验对布局分析有影响，也对系统的内化造成影响。从三个方面来讲述咨询方式不是没有道理的。我们在讨论落实这三项权力领导权指导原则的时候应该将这种相互依赖关系牢记在心。接下来，我们将具体解释什么是政治权力竞赛中的赋权、提炼和影响。

第二节 赋权模型

变得强大是与对手竞争政治权力、实现政治利益的基础。重点是明白且理解包括个人和组织在内的权力行为体（见第三章第一节）的政治逻辑、政治用语和政治品格。对于顾问来说，赋权指的是使人和机构准备好进行这场权力博弈，帮助他们理解这场游戏，而不仅仅是能够背诵出正式的法律和规范。赋权的最终目标是形成政治战略式的思维方式和相应的行动方案（见第二章第三节和第二章第五节第一部分以及第二章第五节第二部分中对治理术做出的评论）。在这些职责当中，顾问不仅需要有各种各样的工具和技术，还必须对客户真真切切地感同身受，对他们的能力做出真实的评估。我们在下文中将首先概括与赋权核心概念相关的议题和任务，然后探究与此相关的具体工具和技术。

一 政治逻辑

"政治逻辑"引起大家对数学推导、形式化建模或三段论的联想，显得似乎很抽象、很难理解。但是，如前文一样，我们用古老且广泛的"逻辑"一词作为集体术语，涵盖具体目标领域内，即21世纪代议制民主的政治的基本机制、法律和功能。政治逻辑被分为四个板块：体系逻辑、决策逻辑、组织逻辑和传播逻辑。

体系逻辑解答了一个简单却基本的问题：一个国家或社会的政治体系实际上是如何运转的？相应地，首先，这包括诸如德国基本法、美国宪法、欧盟里斯本条约在内的宪法或国际法；国家、超国家、区域和本地层面的制度性秩序，如政府、议会、法院、行政机构等；职责分配；制度间权力的相互联系。这对于最高长官、立法、司法和行政间的权力关系调整而言是重要的。他们决定了政治体系是议会制民主还是总统制民主，政治决定是否被一个强大的干涉主义宪法法院所控制，国家的区域单位是否享有很大的自治权，人民是通过直接的民主工具参与立法还是立法权只掌握在选举代表的手中，等等。总而言之，政治体系的制度性框架确定了谁决定了什么和决策人对谁负责。这使我们回想起在本书第一章第二节中介绍的海因里希·波皮茨提到的权力的地位结构。

第二，体系逻辑还包括该制度内正式和非正式的程序，例如经审读和通过、最终呈递到最高长官面前并得到正式颁布的法律草案，或是举行公投所需的法定人数和条件。这里有必要对名义程序和实际程序做一个区分。例如，德国联邦议会（Bundestag）决定了法律需要获得大多数议员的票数才能通过，所以联邦议会是德意志联邦名义上的立法人，但是实际上只有很少的立法草案是由议员们提出的。大部分类似的草案是由部委内的专业部门提出的［为了确保法律能在德意志联邦参议院（Bundesrat）通过，这个过程通常有州一级的政治家参与］。然后，这些法律提交至内阁，只有当内部共识已经建立的情况下才会被呈递至议会的全体大会上进行讨论。① 但

---

① 参阅 Meier, Dominik（2017b）："Germany", in: Alberto Bitonti and Phil Harris（eds.）, *Lobbying in Europe*, London: Palgrave MacMillan, pp. 159 – 170。

是，美国的情况却是不一样的。在美国，每一名成功当选的众
议院议员和参议院议员都是带领一大批员工的政治企业家，在
这些员工的帮助下，他们起草立法文件，并为相关会议做详尽
的准备。正如温弗里德·斯特凡尼（Winfried Steffani）在经典
的议会分类（辩论式议会、工作式议会，辩论和工作并存的
议会）中所描绘的那样①，这种核心区别无法单独从正式的宪
法系统中分析得出。他们是具有生命力的传统政治实践者的一
部分，与正式的制度秩序一样重要。

体系逻辑的第三个方面最好用体系目标来概括。这是指在
各自制度和程序规则背后基本的且由历史决定的指导性原则。
体系目标解答了政治体系关于"为什么"的问题，即为什么
体系是这样建构的。在德国，政治体系是吸取了国家社会主义
和魏玛宪法失败的教训而建立的。所以，政治权力不是集中在
一位公共官员的手中，也不是散落在没有能力的民众身上。这
个双重说明对于理解德国联邦的基本结构及其制度和程序性规
则的运转是关键的。对比而言，美国的体系目标是尽可能地限
制国家机构的权力使用，保护民众不被政府过度干预和不受过
分的意识形态政策所影响，甚至不惜以党派之争来使机构瘫
痪作为代价。阻碍是有目的的，因为这有意无意都会成为制
度性和程序性的规则。其中，利用参议院的各种规则来阻挠
多数党推动就某项议案投票（filibuster）值得关注，这种强大
的立法手段可以追溯到古罗马时期，参议员小加图（Cato the

---

① 参阅 Steffani, Winfried（1979）：Parlamentarische und präsidentielle Demokratie.
Strukturelle Aspekte westlicher Demokratien, Opladen：Westdeutscher Verlag.

Younger）为了阻止法案的通过进行了冗长的演讲。在现代社会，这个手法仅被著名（臭名昭著）地应用于美国参议院，因为参议院的规则容许议员们就任何话题畅所欲言。根据美国参议院议事规则第 XXII 条，除非"五分之三的参议员正式选择并宣誓"（通常是 100 名参议员中要有 60 名），否则不能结束辩论。①

深入理解体系逻辑对于权力博弈是必不可少的。体系逻辑决定了权力在政治体系中是如何分配和使用的，这就是实现利益的起点和渠道。每一权力博弈规则都是根据体系的逻辑制定的。例如，对于法兰西第五共和国等总统制的集权国家民主来说，关系到国家元首时，全国代表大会的权力被严格地限制，相较奥地利等议会制联邦式民主而言，其开局和走子有不同的规则。在第五共和国内部，具有决定性意义的政治斗争发生在巴黎，更准确地说是在爱丽舍宫，权力围绕着以总统为中心的小圈子成型，与此同时，权力在奥地利却是分散的，以联邦政府和各州政府之间的相互博弈为特征。任何不了解不同社会体系逻辑间差异的人都无法参与权力的博弈；理解这些特征是能够做出有意义的走位和决定的先决条件。

决策逻辑作为组成政治逻辑的第二个板块，与体系逻辑紧密相连。这将回答以下为题：代议制民主权力领域中的决策是根据哪些原则做出的？这里的重点不是议会投票的大多数原则，也不是欧洲理事会的绝对多数原则（此二者都是体系逻

---

① 参阅 Arenberg, Richard A. and Dove, Robert B.：（2012）：*Defending the Filibuster：The Soul of the Senate*, Bloomington：Indiana University Press。

辑的元素），而是政治决策结构中的基础与合理性。

通过比较经济与政治，我们将更好地阐述决策逻辑。例如，在企业中，执行总裁们的决定直接针对的是提高生产效率、发现新客户群体和开发市场或者使商业合作最优化，但最基本和一致的目标是增加利润或提高股票的市场价格。① 利润是私营部门的终极目标，其他所有目标都是基于利润而生的。民主内的政治决策总是朝着公共利益这个终极目标而进发的，更准确地说，是对公共利益的保护和提倡（见第二章第四节）。政治决策者采取的种种措施有法律、规定、指令、国际协定和制度改革等，这些措施在应对失业率、加强内部安全、保护环境或改善教育水平等具体议题上的功能似乎是不同的，却有着相同的潜在合理性原则，即整个社会的福祉。所有的决定必须通过展示当前目标与终极目标之间的有效联系而成为合理的决定。②

政治决策逻辑带来两种主要影响。第一，政治决策不应该留下只满足特定利益团体或单一行为体的印象。任何被怀疑在民主权力博弈中玩弄侍从政治或裙带主义的人都无法成功。因此，首先，所有政治权力领域的利益集结都是建立在怀抱着极

---

① 顺便提一下，这也适用于企业社会责任领域（CSR）内的大多数企业措施。许多研究显示企业在中期时有效落实社会或生态项目能够带来利润增长，尤其因为如此，这逐渐成为大型企业公司哲学的一部分；经常被引用的著作如 Orlitzky, Marc, Schmidt, Frank L. and Reynes, Sara (2003): "Corporate Social and Financial Performance: A Meta - Analysis," *Organization Studies*, 24 (3), pp. 402 - 441。

② 关于将公共利益的功能作为政治合理性的统一原则，请参阅 Blum (2015): p. 26。

大的悲悯之情投身于公益事业上面的，① 这不足为奇。其次，在公开辩论中，人们经常试图把追求某些特定利益的人归为敌方，这也是正常的。这样的法则也适用于党派以外，如当企业作为政治权力行为体影响政治的时候。不涉及可信赖的共同利益的商业游说在今天几乎是不可能存在的。政治决策逻辑的特殊性告诉我们不要被共同利益的独特之处所吸引，而是要使之变得令人信服而富有吸引力，这是以社会大众的利益为可信赖的导向，而不仅仅是某一社会团体的偏好。意识到需要对政治利益进行整合并用这些利益将社会各种分工联系起来的现实解释了一些问题，例如即使在选举和投票根据大多数原则已经普遍受到认可的情况下，为什么美国国会或其他议会立法机构中的实际委员会的工作仍是在两党共识的基础上进行的。共同利益的准则在这里也同样适用，我们将其作为政治品格的组成部分在接下来的第二节第三部分进行更深入的探讨。

　　第二种影响是决策不可能与民众意见长期对峙。民主的人民主权准则赋予了公民决定共同利益的高度自由。在代议制体系中，尽管政治决策机构被委托给当选的代表，但是这些代表是主权人民的政治委托人并对他们负责。因此，政治决策的逻辑是需要认真对待公民的恐惧和担心，要么通过更好的政策进行调节，要么进行大幅度的修正。不考虑这种决策逻辑要求的

① 参见 Neidhardt, Friedhelm (2002): Öffentlichkeit und Gemeinwohl. Gemeinwohlrhetorik in Pressekommentaren, in: Herfried Münkler and Harald Bluhm (eds.), Gemeinwohl und Gemeinsinn, Vol. II: Rhetoriken und Perspektiven sozial － moralischer Orientierung, Berlin: Akademie Verlag, pp. 157 － 177; and Blum (2015): pp. 7ff。

政治是专家统治论。这来自精英对自我的认知，以及秉持着政治家比普通民众对共同利益的本质有更好的理解的信仰；然而，这通常导致政治迷茫和自信的流失。一个专家统治论政策的典型例子就是在面对 2010 年欧元危机时，欧洲中央银行（European Central Bank，"ECB"）逐渐加强权力，创建了富有影响力的欧洲稳定机制（European Stability Mechanism，"ESM"），这在很大程度上独立于民主之外。为了避免货币的崩溃，两个机制被授权通过购买债券和提供紧缩规定允许的贷款，从而介入成员国的预算政策，损害了成员国国家议会的预算权。这导致的影响就如政治科学家沃尔夫冈·默克尔（Wolfgang Merkel）警告的那样，"这是一次对民主自我选择侮辱性的去权。"① 这对于在金融上依赖他国的债务国更是如此："债务国中如选举、议会或政府的民主常规机制被削弱得只剩下空壳，政治已不由受影响的国家本身决定。"② 在那几年的时间里，超过 50% 的公民选择不相信欧盟，这样的政策可能是原因之一。③

　　第三个版块是组织逻辑，这与前两个版块关系紧密。组织

---

① Merkel, Wolfgang (2013): Ein technokratisches Europa ist nicht überlebensfähig, in: Cicero online from 08th April 2013, [online] https://www.cicero.de/innenpolitik/demokratieverlust – postdemokratie – so – ist – es – europa – nicht – mehr – wert/54106, retrievedon 21.12.2017. 也可参见 although less critical, Selmayr, Martin (2015): Europäische Zentralbank, in: Werner Weidenfeld and Wolfgang Wessels (eds.), Jahrbuch der europäischen Integration 2015, Baden – Baden: Nomos.; pp. 113 – 126.

② 参见 Selmayr (2015)。

③ 从这个角度而言，请参见 Standard Eurobarometer, [online] http://ec.europa.eu/commfrontoffice/publicopinion/index.cfm/Survey/getSurveyDetail/instruments/STANDARD/surveyKy/2142, retrieved on 21.12.2017。

逻辑的核心可以被概括为一个问题：政治组织实际是如何架构的？尽管体系逻辑阐述了机制之间的关系，也通过定义决策逻辑进而解释了两者如何共同工作，但是组织逻辑采用的是行为体内部视角。一方面，组织逻辑包括了组织正式的等级结构、职位及其责任，成员守则和管理的流程规则。另一方面，组织逻辑还涵盖了决策的非正式机制、规划定位及资源和办事处的分布。这两个方面定义了组织的行动范围。它们决定了为完成权力博弈中某项具体操作而需要采用何种内部程序，也决定了可以调动哪些战略力量。因此，了解组织逻辑有利于了解指导行为体走子的规则，也就是了解他们的战略和战术选择。

组织逻辑的正式一面在组织的基本制度中都有体现。这包括国会章程以及政治党派的党章、联合会和工会的章程。外行人可能有所不知，但是这些制度决定了将召开多少会议，如何决策，如何做会议记录，以及成员的当选或革职。深入了解正式的组织逻辑是一项富有挑战性的任务，需要详细了解组织架构和组织计划，例如苏联邦政府内的决策等级，从部长到国务卿，再到团体的领导，甚至更多。相比之下，组织逻辑的非正式一面是更难掌握的，因为它们没有明说，而是透过组织内的非正式讨论、共同价值或暗示来反映。只有通过长期担任第一把手或是不断地互动才能够明白。

政治逻辑的最后一个板块是传播逻辑。内容和位置的传递问题是一个突出的问题：传播在政治权力领域是如何进行的？领会并深度理解传播的逻辑既意味着明白传播渠道的范围，也包括掌握这些渠道所遵循的机制及其所呈现的机会和风险点分别是什么。这是权力博弈的中心，因为在代议制民主中，权力的运用总是与解释事前责任或为事后负责相关。无论是总统制还是议会制，中央制还是联邦制，所有民主体制区别于专制体制之处在于其规则是在公共话语空间中实施的。在这个空间中，公民被认为是成熟的传播伙伴，是理由的接收者和提供者。沟通伴随而来的义务不仅仅涉及政府、党派和立法和行政机构代表，还有私营部门的全球行为体、教堂代表和环境组织主要活跃分子等政治领域内的所有行为体。那些无法或拒绝就他们的行为进行沟通的人将会受到质疑，质疑他们的利益无法接受群众的监督、与公共利益相悖。因此，重点不是权力行为体是否能够有效沟通来实现利益，而是他们应该在何时进行何种表达。这与赋权的第二项关键议题——政治用语——有很多重叠，我们将在下文对细节进行更多讨论。在这里，我们只探讨传播逻辑的基本结构、渠道和范式转换。

作为数字化革命不断发展的产物，政治传播已经经历了深远的变革过程（请参阅我们在第二章第三节第二部分和第二章第五节第三部分中关于数据力量和大众传媒的讨论）。因此，这是当今政治逻辑领域受到讨论最多的话题之一。[①] 21 世纪民主的政治传播面临着两大分歧：模拟还是数字。直到 20 世纪 90 年代，政治传播还等价于模拟传播：任何希望传递信息的人都通过分发传单、印制卡片、广播、在报刊发表文章、接受电视采访或者举行新闻发布会来进行，传递的信息包括选举章程、有关产业政策的贸易联盟需求、罢工呼吁和为难民上诉等。政治传播在媒体领域的特定范围内进行，这是一个由少

---

① 关于政治沟通数字化的挑战和机遇卓越的概括，请参阅 Köppl（2017）。

数经过专业训练的新闻人组成的小圈子，与信息接收人之间的互动相对较少。

在推特、脸书、红迪、微信和 Instagram 等层出不穷的社交媒体时代，在全球信息平台网络 24/7 运转的年代，在充斥着即时信息和邮件往来的信息通信技术时代，上段所提及的传播方式是过时的。但是这不意味着报纸、杂志、广播和传统电视等完全不重要，只是它们的重要性不再排在第一。至今，唯一可以肯定的是，模拟政治通信文化的时代一去不复返。然而，新传播领域是流动的，以不断的技术革新为特征。可靠的预测因逐步加快的创新周期而变得极度困难。在讨论传播文化中数字化范式转换时，彼得·柯博（Peter Köppl）一针见血地指出，社会和政治，媒体和传播，都是持续变化的。为此，他引用了飙升的社交媒体服务使用率、智能手机和平板电脑在大众中间的普及以及无所不在的在线网络。得益于社交和数字化媒体的广泛使用，当今的每一家普通公司都基本上是媒体公司。权力和沟通霸权因此正逐渐被腐蚀。①

数字化政治传播带来的影响可以被总结为三点。第一，传播者的数量呈指数型增长。技术和逻辑门槛的降低，使得每一位公民和每一个利益团体（无论大小）都能参与到话语数字化进程中来，他们不仅可能接触到上百万的观众，还可以仅仅通过设立推特账户、脸书主页或者点击明镜在线（Spiegel Online）或者纽约时报网站（NewYorkTimes. Com）内的评论专栏来影响有势力的决策者。诸如阿根廷、厄瓜多尔等拉丁美

① Köppl（2017）：p. 1.

洲国家的民主体制是这项发展的急先锋，在那里，国家元首率先通过推特等方式参与日常的口头政治辩论，这在如今已经成为普遍现象。① 第二，政治传播的频率极大地加快。在大多数民众通过智能手机就能够随时上网的时代，发帖或评论只需不到一秒即可完成，政治权力行为体们只好逐步加快他们发布信息、给予评论和回应的速度，因为他们讨厌被迫进行防守，更坏的情况是陷入无意义的沟通之中。与此紧密相关的是第三点，即传播内容体积的急速增长。但是，数量的增长并不代表着质量的提高。周期频率的提高和渠道前所未有的增多，这二者的结合一方面导致传播越来越缺乏实质内容，另一方面也造成了虚假新闻。随之而来的是观点越来越容易产生变化。包括2011 年#占领华尔街#（#OccupyWallStreet#）等在内的许多政治社交媒体潮流经常在非常短的时间内收到全国和全世界的关注和赞赏，但也很快就在打击下消失不见，缺乏持续的影响力。话题标签不能保证持续成功。但是，最近的一些趋势似乎将更为持久和有效，"MeToo"（我也是）是其中的代表。这实际应该追溯至美国黑人社会活跃分子塔拉纳·伯克（Tarana Burke）在 2006 年发起的抵制针对妇女的性虐待运动。在哈维·温斯坦（Harvey Weinstein）性侵事件于 2017 年 10 月震撼好莱坞之后，#MeToo#这个话题标签由意大利裔美国人艾丽莎·米兰诺（Alyssa Milano）发起，并在全世界以不同层次和深度传播开来。

---

① 参阅 Gimlet Media（2015）：Favor Attendar［Podcast］，［online］https：//gimletmedia.com/episode/25 – favor – atender/，retrieved on 20. 1. 2017。

至此，政治传播逻辑在 21 世纪民主中的最大挑战可以被总结出来了。虽然重要的是将信息传递给目标人群而不是被成群弹出的新闻抹杀，但是有效地在所有评论和信息中过滤出有关自身利益的部分也是必需的。这里，政治权力博弈的基本规则是不要受空洞内容或捏造事实的蛊惑。数字化时代就像在传统模拟通信时代一样，谎言总是站不住脚的，这将回到我们关于政治用语和细节的讨论上。正如我们在第二章第五节第二部分讨论传递的战略潜力那样，在争执中，能够形成说服力的是论据和清晰的语言。任何持续依赖谎话和废话的人（见第二章第四节）迟早会被揭穿，不再被政治话语空间所信任。这些见解也必须反映在权力博弈行为体的政治用语当中。

二　政治用语

对于许多人而言，政治用语是负面的，因为这是权力博弈的一部分。决策者们反复地与这样的陈词滥调周旋。苏联前领导人尼基塔·赫鲁晓夫（Nikita Khrushchev）曾这样说过："每个地方的政治家都一样。他们甚至在没有河流的情况下许诺建桥。"[1] 敬佩于赫鲁晓夫的自我嘲弄，但是他的言论是夸张的。不仅仅是政治家的用语，如果政治权力博弈领域内所有行为体的政治用语都仅仅依赖于轻率的承诺、模糊的断言、谎话和空洞的用词，那么任何一个政治体系都将处在崩溃的边缘。民主而言更是如此。民主的合法性和稳定性是基于那些直接或间接参与决策的主体而来的，这些主体包括公共机构、政

---

[1]　记载于 New York Herald Tribune（22th August 1963）。

治党派、经济和公民社会利益团体、科学组织等，他们公开地表达立场，用清晰、可信赖且保持一致的方式诠释共同利益。如果这样一种规范和功能需求持续地无法得到满足，那么政治体系就会极大地丧失信心，制定规范的精英团体们将不再值得听从。现实是更加复杂的，政治任务的核心是将此变得容易理解和管理。因此，我们接下来将概括出民主利益框架下的语言要求。

　　与法律用语、商业用语、多种多样的科学用语，甚至足球用语一样，政治用语是一个有着自己的词汇和规范的语言学领域。[①] 将政治论述翻译为其他语言或反之，不仅仅是在例如经济、宗教、科学和文化等社会各权力领域中建立沟通交流的基础（见本书第二章第三节），同时也是极其考验人的。那些没有掌握政治用语中的特殊词汇和规则的人，其政治论述将无法被理解，甚至有时还可能导致误解。

　　政治词汇可以被分为三种：第一种是制度词汇，例如，国会、总统、草案、法案和听审；第二种是互动词汇，指的是政治互动或者语言行为，如丑闻、决议、妥协、要求、同意、讨论；第三种是包括各学科领域术语的部门词汇。[②] 例如，"工业4.0"和"开放获取"等数字化和经济政策的用语，流动性

[①] 根据语言哲学家和逻辑学家路德维希·维特根斯坦（Ludwig Wittgenstein）的观点，我们可以将此成为"语言的游戏"，见 Wittgenstein, Ludwig［（1953）2001］: *Philosophical Investigations*, translated by G. E. M. Anscombe, Hoboken: Blackwell。维特斯坦德通过将语言比喻成"游戏"，将其专业运用与实际目标相结合，这与我们将政治类比为战略-战术的权力博弈不谋而合。

[②] Bazil, Vazrik (2010): Politische Sprache: Zeichen und Zunge der Macht, Politik und Zeitgeschichte, (8), p. 3.

管理或财政刺激等财政术语。掌握这些词汇包括了解它们的含义和引申义，这既意味着了解它们表达了什么以及与之相关的内容，也意味着了解日常决策者们为了节省时间和向外人保密而使用的缩写（参见在本书第二章第五节第二部分中将官僚主义作为权力技术的讨论）。任何无法解读缩写和简称的人首先在阅读政治文件时就会遭遇困难。

政治用语的规则由三个方面/层次构成：内容、传递和规范化能力。在民主竞技中，并不总是那些有最佳的想法和最好的合法性的人会取得最终胜利，但可以肯定的是，理由不可信的人迟早会输。政治骗子的成功并不违背这一原则，因为这样的成功永远是易破的、不长久的。这突出了政治用语的中心特征：理由（arguments）。政治用语应该不仅仅具有启发性和煽动性，还应该具有说服力，这样的语言形式让理由对于政治用语来说变得越来越重要。因此，正如我们在第一章第三节中所提到的那样，政治用语满足了人类对于意义和合法性，对于方向性和基本原理的需求。只有理由能够挑战人类，将人类视为合理的政治主体，即理由的提供者和接收者。政治话语的理由一直以来被反对派、盟友、媒体以及大众持续地要求、询问、拒绝和重塑。如果来自政治、商业或公民社会的领导人没有理由，那么他们基本上无话可说。

说服性政治用语需要理由。但是，它们并不充分，不是所有的理由都是好的。显然，当我们谈论理由质量的评判标准时，我们必须抛开实质性的方面。对一项劳动市场政策或者气候政策理由的实质性赞扬应该由经济学家或气象学家做出。我们在此仅聚焦名义（formal）的一面。我们在第二章第四节讨论政治权力的合法性标准时，已经介绍过相应的质量标准。因此，这里仅进行总结。首先，理由必须是基于正确信息的，没有因遗漏相关事实而误导重点。其次，理由必须不能是哈里·G. 法兰克福称为的废话，也就是试图在毫无意义的辞藻里传递意义，没有丝毫真理。最后，给出理由的个人或组织必须审视自己，确保掌握了足够的知识，逻辑一致、可信赖、经得起验证和无所隐藏。

这三条规定不仅仅是政治用语下的首要道德责任（这在第三章第二节第三部分中谈论政治品格时已涉及），更是政治话语中基本的审慎原则。因此，如果一位政治家无法展现站得住脚的经济预测，化学公司的首席执行官缺乏知识而将杀虫剂视为对环境友好的，抑或联合会的代表反对所有医学证据，坚持认为烟草制品不会损害人体健康，那么他们将会因为无视岗位责任而失去他人的信任，甚至是长期信任。最坏的情况下，例如在香烟产业中，信誉的损坏和信任的丢失会在长期内造成最具破坏性的反对。戒律正是如此：不可说谎，不可说废话。两种形式的伪理由都极有可能被检测出来，因此它们都不是权力博弈中有效的一招。

然而，高度强调理由绝不意味着政治语言不应该情绪化。相反，说服性修辞强调的是听众的情绪以及他们的推理和判断（见第二章第五节第二部分对修辞和传递的讨论）。这样的修辞是两极化、煽动性的，它一边震撼着听众，一边带着听众前行，但也使他们平静。如果没有情感因素参与或刺激说话人的心理状态，那么政治语言（及其辩论的一面）就会变得技术官僚化且枯燥乏味。在此情境下，挑战是三重的：运用名义上且实质性值得推敲的理由来支撑某一立场；通过有针对性且恰当的情绪化与听众进行情感沟通；最后在政治用语的情境下将感性和理性相结合。

传递（mediation）是第二个层次，指的是充分传递理由给听众的必经的过程，也就是建立理性洞察力和感性理解。第一，语言传播要么通过口头形式，如演讲、采访、公开辩论、非正式会谈等，要么通过纸上进行，如课本、报纸文章、意见书、档案、电子邮件、即时消息等①。这两种基本形式和它们各自的表现形式各有利弊。一条推特无法准确概况复杂理由例如，尽管直截了当的意见书是紧凑且简洁的，但它们几乎激不起情感风暴。权力行为体在访谈中面临着遇到不想回答的问题的危险。② 第二，用于进行语言传递的词语持续地在复杂语句（技术用语）和简单语句（非技术性用语）之间穿梭，即在专家话语和外行话语之间来回摇摆。显然，词汇使用以及平衡专业用语和日常用语是至关重要的。例如，如果在与公民社会就基础设施项目进行对话时，开发商用规划审批程序及空间规划的技术用词对听众进行轰炸，那么这不会增进理解或带来赞赏，反而会导致困惑和疏远。但从另一方面来说，为了正确处理事务的复杂性，公平对待双方辩护人，在司法委员会关于预

---

①　脸部表情如竖起食指等手势，打招呼或示意的转动眼球或皱眉，与温斯顿·丘吉尔（Winston Churchill）的胜利 V 以及安格拉·默克尔的菱形手势，这些是不是广义上的语言表达形式是一个有趣的问题。我们不想就此进行深入探讨。无论如何，显然，这些构成了权力象征主义的一个重要组成部分，往往在政治演讲过程中有意识地出现。见本书第二章第二节。

②　Girnth, Heiko（2002）：Sprache und Sprachverwendung in der Politik, Hamburg：De Gruyter, pp. 83ff 对此进行了很好的介绍。

防犯罪问题的听证会上，担任政治专家的人最好使用专业术语。简言之：在坐标轴的两极间达到最优对于传达政治语言是至关重要的。

这取决于四个因素。第一个因素是沟通者的状态。他/她是什么职位？他/她在政治领域是什么职位？他/她的职责涉及哪些语言规则？某些政治词汇与某些官职和政治地位是不相容的。例如，美国最高法院的首席大法官通常不会采用街头演讲方式。同时，这一传播行为也压根不适用于美国总统候选人。此外，在特朗普时代，很明显，即便在赢得一场恶语相向的竞选之后，胜利者也可以随心所欲地扩展他不成熟，甚至是粗鲁的言辞，或者适当地调整其"狗吹口哨政治"（dog‐whistle politics）。

顺便提一句，狗吹口哨政治代表的是一种长久存在的、运用加密词语传播政治信息的方式。[1] 加密词语是为了从指定的理想人群那里收到回应，通常他们都非常忠诚。实际上，"狗吹口哨政治"是带贬义的，因为使用该技巧的演讲者是带有欺骗意图的，例如，暗中煽动种族和民族情感。确实，这与向狗吹口哨是类似的，犬科动物对口哨习以为常，但是人类却听不明白。当然，在现代政治范畴内，口哨同时被媒体和政治反对派接收并放大。因此，对自己阵营发出的战斗口号有煽动"另一方"的风险，例如，引发"绝不支持特朗普"（#NeverTrump）的运动。

第二个因素是接收者的状态和角色。他们是政治话语的专

---

① 对于该名词的来源和含义，请参阅 Safire, William (2008): *Safire's Political Dictionary*, revised edition, New York: Oxford University Press, p. 190。

家还是门外汉？接收者群体是大还是小，统一还是分散？通常来说，国家和政府首脑以形象化的比较、简短的句子、重复性的话语、易记的口号并杜绝使用外来词向其公民发表演讲。这样的沟通方式不仅保证了尽可能多没有接受过政治教育的民众能够接收到信息，也解决了因过于冗长或精练而导致的低关注度的问题。

第三个因素是内容的复杂性。所有的论断在逻辑上是复杂还是简单？是否需要专业知识才能理解？以德国为例，经济专家委员会是一个专注宏观经济发展的咨询委员会，俗称"经济五贤人"（Die fünf Wirtschaftsweisen），他们需要为公众和专家提供极其复杂的经济政策议题。他们通过将报告分为通俗的简短版本和专家补充版两个版本来解决这个问题，简短版本强调关键词，如"2017年强劲回升"，"金融系统风险增加"和"欧元区稳定"等。①

第四个，也是最后一个因素，是在具体情况下，信息发出者和接收者间的关系。他们是正式关系还是非正式关系？是上下级还是平等的？是盟友还是敌人？例如，在一位协会代表和一群彼此熟知多年的国会议员中进行传递，和在新任政府发言人和一群持批判态度的记者之间进行传递所遵循的规则是不同的。

借用数学来类比，正确的传递战略是上述四个因素组成的函数：发出者和接收者的状态、内容的复杂程度和关系。但

---

① 参阅 Sachverständigenrat zur Begutachtung der gesamtwirtschaftlichen Entwicklung (2017)：Für eine zukunftsorientierte Wirtschaftspolitik. Jahresgutachten，［online］ https：//www.sachverstaendigenrat – wirtschaft. de/fileadmin/dateiablage/gutachten/ jg201718/JG2017 –18_ gesamt_ Website. pdf，retrieved on 21. 12. 2017。

是，这四者间的平衡无法通过方程式计算得出。这是一个政治竞争性的问题，需要不断地练习和接受指导（见第二章第五节第一部分和第三章第二节第三部分）。这也是政治赋权的一部分。

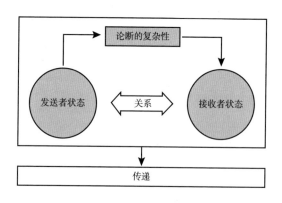

图 3 - 1　政治传递的因素

政治用语的第三个主要部分是规范化能力。从这个意义上说，政治用语与其他形式的用语如宗教、文化等重要权力领域的用语都有着极大的不同。政治用语必须能将口头上和纸上的政治语言翻译或浓缩成法律和行政上的正规措辞。这里强调的是规范化能力。不是每一句政治语句都必须成为法律或行政用语，因为这会对大众理解和传播造成非常严重的负面影响。但是，所表达的意思和相应的理由必须合乎正确的专业用语。政治的本质是授权并执行具有集体约束力的行为标准以及确立合法性的标准（见第二章第三节第三部分）。从全球软件公司到本地蜂农联合会，政治行为体为社会互动建立规则，介入，甚至大力介入公民和组织的生活。因此，必须能够核查政治行为的合法性，甚至必须在宪法法院进行涵盖理论和实质的司法审查。

至于如何掌握政治用语，规范化能力首先要求对法律术语以及这些术语与决策间的关系有足够的基本了解。这不是说权力顾问或其客户必须接受法律培训，也不是说他们只需要从法律角度来评估政治。法律知识是用来支撑政治的，而不是相反。重点应该放在实际影响上，政治用语不能忽略法律层面，应将其视为可能出现的并发症和风险，纳入咨询范围。

三　政治品格

政治品格的养成是赋权的第三项任务。通过规定权力使用者（咨询人）和权力顾问的职责，与政治逻辑和用语进行补充，加强对权力博弈战局（棋盘）的基本理解。当我们论及政治品格时，我们不仅仅指的是遵守法律或政治正确。在自由的宪法国家内，遵守法律对于参与民主权力博弈而言是必需的，无须深入解释。然而，政治正确则与道德无关。它是一种语言权力技巧，通过使用该技巧，利益团体对已经被接受成为政治用语的词汇施加影响，并在公共利益上声索主权。政治正确的影响以及它在公共话语上的禁忌是值得深入讨论的。但在此，我们希望跳过这个话题。[①] 关于政治品格，我们指的是不成文且总是暗藏的价值和行为规范，包括个人和组织在内的所有民主权力行为体都要遵守。这与我们在第二章第四节中描绘

---

① 例如，可参阅 Braun, Johann（2015）：Die offene Gesellschaft und ihre Grenzen, Rechtstheorie, 46（2），pp. 151–177.

的制度合法条件相对应。

因此，政治品格建立在三种基本道德或美德之上：真诚、值得信赖和以公共利益为导向（truthfulness, trustworthiness and common – good orientation）。这些价值本身不具有（排他的）目的性，它们是权力行为体可信赖地传递其政治立场、构建长久的同盟和调动各类团体实现战略利益的前提。所以，它们是规范民主竞技公平且高效的先决条件，宪法国家依赖于此，但是，再次引用恩斯特·沃尔夫冈·伯肯弗尔德的话，它们无法对宪法国家形成保证。① 只有政治权力领域内的所有行为体才能做出这样的保证。这是栩栩如生的民主文化的一部分，通过持续的实践、传统、反思以及相当重要的自发的自我控制得以维持。

真诚是首要的核心价值，是权力角逐者和权力顾问毫无疑问要必须具备的。人非圣贤孰能无过。如果过错是合理的，那么它们甚至为评估和改进一方的战略能力提供了重要的机遇（见我们在第二章第五节第二部分中对战略失败进行的讨论）。真诚意味着个人和组织在口头和行动上保持一致。真诚守则就是将权力博弈中的话语和实践合二为一。在被践踏时，在盲从中，真诚变得极为重要。近期令人印象深刻的一个臭名昭著的例子发生在 2017 年 7 月，德国汉堡善泽区（Schanzenviertel）遭到了左翼激进分子的摧毁。成千上万的活动分子占领了汉堡举办 G20 峰会的区域，手拿写着"和平"与"公正"的横幅。他们号称比峰会参与者具备更崇高的道德，但这却与他们的实

---

① Böckenförde（1967）：p. 93；也可参阅本书第二章第四节。

际行为不符，严重破坏了汉堡及其以外地区的左翼分子的团结。结论是简单明了的：手里拿着莫洛托夫鸡尾酒的人是不可能支持和平主义的，掠夺商店和商家的人也是不可能真诚地宣扬世界和平的。当然，缺乏真诚在政治上并不罕见，更不是只会发生在左翼分子身上。但是，这导致的影响却是毁灭性的，包括对政治不抱希望、冷嘲热讽以及政治冷漠。任何在口头和行动上不一致的政治行为体最终都会远离政治。另外，真诚创造了信誉，也为期望提供了保证：政治传播（political communication）对象可以依赖决策者，因为他们言行一致。

真诚的重要性也可以延展至与之紧密相关的诚实（sincerity）。这对于咨询和政策制定都极为重要。例如，当一位顾问发觉其客户面临着一项非常严重的战略失误时，却因避免惹怒客户等原因瞒而不报，那么该顾问就未能履行其职责，违背了其操守。诚实原则指的是即使有被指责和反抗的风险，也要表达理由充分的观点，这不意味着顾问应该以高人一等的姿态对待咨询人，或是减轻他们的决策压力。顾问只是咨询人的咨询员和服务提供者，咨询人才是拥有自己的目标和利益的行为体。这一双重且具有潜在冲突的任务就如在叛逆和顺从中走钢丝，必须由代理人/议员们以及协会代表来完成，他们都有权代表其选民和成员来塑造政治。通过这么做，他们的职责不仅仅包括向他们的政治主顾揭露残酷的事实，如果长期的政策目标需要，那么他们甚至需要暂时做出与客户当下意见相左的举动。同时，他们仍然要对他们的客户负责。如果他们持续无法认真对待客户的担忧、愿望和信仰，那么他们就不再真正地代表咨询人。

值得信赖是第二项基本原则，当行为体长期以来的立场和行为一致且稳定时，就是值得信赖的。坦率地说，今天以环保主义者的身份为减少排放和气候保护奔走、明天为煤炭公司提供咨询、后天为太阳能生产商工作的人，都是不值得信赖的。如果你在政治上支持这样的人，那么你将一直面临着他们随时突然改变观点的风险。

在此情境下，牢记真诚和值得信赖之间的区别是重要的。那些不真诚的人可以在很长一段时间内持续地表达同一立场，但是，他们却从不或极少付诸实践。那些不值得信赖的人有可能一直言行一致，问题在于他们总是变换立场。简而言之：不真诚的人是盲从的，不值得信赖的人是没有原则的。但是，这不代表行为体们在其政治生涯中从不应改变立场。虽然德国前内政部部长奥托·席利（Otto Schily）逐渐从一名激进的左翼红军派（Red Army Faction，RAF，是一个成立于1970年的极左翼恐怖组织）的支持者转变成为崇尚法律和秩序的政治家，但是没有任何人可以煞有介事地指控他不值得信赖。席利发自内心的改变是一个渐进的发展过程，是令人信服的。退休的美国四星上将、前参谋长联席会议主席、前国家安全顾问和前国务卿科林·鲍威尔（Colin Powell）也是如此。鲍威尔以坚定的干涉主义者和新保守主义者的身份进入布什政府而为人所知，在经历了伊拉克战争和所谓的"反恐战争"后，他成为反战人士和民主党的支持者。当听到乔治·W. 布什在伊拉克战争前夜"像婴儿般熟睡"的言论后，鲍威尔反击道："我也像婴儿一样熟睡。我每两个小时醒来一次，大声

哭闹。"① 缺乏信赖确切指的是，没有任何具有说服力的缘由
而在政治立场上出现本质性的改变，且这些立场的改变是突然
发生的。

与真诚一样，值得信赖对于政治成功和民主竞技的完整性
而言是至关重要的。那些丧失公信力的人无法构建稳定且持久
的同盟，无法持续地调动公民实现目标，无法传递值得信赖的
信息，也无法发展和实施长期政治战略。只有信赖才能在政治
权力领域博弈中创造稳定性和可预测性。

第三项也是最后一项政治品格是以公共利益为导向。为
了定义这项基本价值，我们借鉴在本书第二章第四节中已详
尽讨论过的公共利益的核心概念。以公共利益为导向既不是
对独立于人民实际利益的客观道德利益的承诺，也与充分就
业、外国人融入和社会平等等普遍的政策目标无关。这些被
称为实体主义或物质概念的东西，提前决定了公共利益的内
容，这与自由社会的多元利益和民主决策的开放性是冲突的。
鉴于民主竞赛的结果总是暂时的，被程序规范、政治文化和
利益团体的解释视野所控制和制约，因此，社会福祉的内容
是无法预知的。

然而，如果公共利益既不是客观存在，也无法预知内容的
多少，那么权力行为体和权力顾问应该以什么为导向呢？在以
公共利益为导向中不变的是什么？相互补充的两部分可以来回

---

① Kaplan, Fred (2004): "The Tragedy of Colin Powell: How the Bush Presidency Destroyed Him," in: *Slate* from 19th February 2004, [online] https: //slate. com/ news – andpolitics/2004/02/the – tragedy – of – colin – powell. html, retrieved on 21. 12. 2017.

答这个难度较大且鲜少得到讨论的问题。首先，以公共利益为导向需要遵守并维护成文和不成文的民主程序规范和原则。公共利益不产生民主决策而是来自民主决策，所以只有民主决策才能服务于公共利益。除了一系列显而易见的戒律禁忌，如承认选举结果、不贿赂成功当选的官员、不威胁反对派和尊重新闻自由等，公共利益还包括保护民主秩序。任何因肤色、国籍和宗教原因而侵害公民政治权利的人，都不是民主竞赛中的对手，而是民主的敌人。与敌人之间不存在讨论或辩论，应该用一切法律手段击败他们。这是防御性民主的原则。

第二部分回答涉及复合词"公共利益"中的"公共"这个形容词。公共利益是社会整体的福祉，而不是单一或取得政治胜利的一方所塑造的利益。① 当表达各自关切时，所有权力行为体和利益团体都必须考虑这项指导性原则所具有的包容性特征。在此，公共利益对利益的代表是非常重要的，顾问有责任向客户阐述清楚这种重要性。以公共利益为导向意味着在制定政治目标时，考虑到其他社会群体的合法且潜在的冲突利益，并在有充分理由的情况下，修正自己的立场。利己主义的特殊论与以公共利益为导向相对。以牺牲他人来野蛮地实现一些利益，这种利己主义的决策是无法与公共利益相容的。

---

① 见克劳斯·奥菲（Claus Offe）2001 年的文章《谁的利益是公共利益》（Wessen Wohl ist das Gemeinwohl?）。公共利益指的是社会整体的利益，而不是某一小团体的，这几乎是一系列其他问题的根源：这个社会是不是包含所有成员的社会？如果是这样，是否只有帕累托最优（Pareto - optimal）决策得到的利益才是公共利益？（见 Neidhardt, 2002）似乎否定是更可能的答案，如果是这样的话，那么社会应该如何定义？这些问题需要通过政治理论进行回答。然而，我们不就此进行深入探讨。

　　此类不成文的民主基本规范通常在新当选的政府首脑的治国理政中得到体现。例如，安格拉·默克尔（Angela Merkel）在 2009 年 9 月赢得胜利后宣称她希望自己不仅是德国基督教民主联盟（CDU）支持者的总理，而且是"所有德国人的总理"。面对政治上存有争议的话题时，公民社会和经济利益团体也是如此。例如，绿色和平组织（Greenpeace）或世界自然基金会（WWF）等环境游说团体坚持认为电力供应逐渐向可再生能源转变不仅能保护环境，还有利于经济发展，提供就业机会，并且加强德国在未来科技中的市场领导地位。[①] 一方面，药物和医疗器械制造商总是试图通过获得特定产品的授权来保证他们的经济利益不受侵害；另一方面，他们也希望改善公共卫生。在所有这些类似的情形中，挑战不是如何动嘴皮子，而是如何真诚地表达意图。随之而来的问题是，以公共利益为导向需要何种程度的妥协，以及辩证看待并调整个人利益，这些问题已经成为民主实践和理论的争论焦点。[②] 我们不致力于给出最终的答案，但我们希望点出这个问题的本质。

　　无论如何，我们应该清楚，以公共利益为导向成功地掌控着权力博弈。权力博弈实际上是通过技术性布局和战略构建来获得政治利益的游戏，但是这些政治利益必须首先符合游戏的民主规则，其次，与其他利益相融，这意味着不是完全利己的。如果不是这样，那么权力行为体有可能被排除在

---

① 参阅 https：//www. greenpeace. de/themen/energiewende/energiewende – mit – plan 和 http：//www. wwf. de/themen – projekte/klima – energie/energiepolitik/energiewende/。

② Fung 等人（2012）对此进行了极好的介绍。

游戏之外，或者身陷侍从主义而追求实现既得利益（见第三章第二节第一部分）。与其他政治品格的核心价值一样，真诚、值得信赖和以共同利益为导向不仅仅是伦理戒律，还符合政治动机。

四　赋权的工具和技术

了解了政治逻辑、政治用语和政治品格后，赋权的核心任务被概括出来。如果行为体们内化了这三个权力博弈的元素，那么他们就已经了解了"棋盘"。他们也就掌握了政治游戏的机制和规则。然而，随之而来的问题是，顾问可以通过哪些工具和技巧来为他们的咨询人提供这样的思维方式和相应的竞争力。现在，我们来解释权力领导权体系中的基本构成。

赋权技巧有三方面：培训和辅导（training and coaching）、组织咨询（organizational consulting）以及领航（navigation）。

培训和辅导在日常用语中往往一同出现，原因在于，无论在体育、商业还是在政治领域，二者基本上由同一人完成。然而，明确的区分是有必要的。让我们用足球为例进行阐述。足球训练课指的是球员们在每场比赛之间的训练时间，这些时间用来训练体能、练习跑位、回顾比赛录像以发现失误和机会等，所有这些都在教练员的指导下进行。然而，辅导是在比赛进行中，在著名的场外教练区进行的；这里，球队主教练（避免与"教练"或"训练员"混淆）实时给予指导，对个别运动员进行反馈和批评，做出战术改变，替换球员以及为球队欢呼。

这样的情形与政治权力咨询是非常相似的。在培训中，权力顾问为客户参与政治竞技做准备。第一，他/她为客户提供了对社会的政治逻辑、制度和机制的基本了解，其中，政治逻辑包括体系逻辑、决策逻辑、组织逻辑和沟通逻辑。鉴于这里的重点是获取实践能力而不是理论知识，传递通常是以互动的形式出现，而不是说教。在研讨会或游戏策划中，顾问和客户讨论立法程序的详细结构、欧盟法令的实施或部长级会议的规程。第二，培训包括掌握沟通技巧，在演讲和写作中使用政治语言。这方面的赋权包含了非常多的话题和方式方法。从熟练运用主要的缩写，到掌握对各类高官的问候，如"尊敬的"（the Honorable）或"阁下"（His/Her Excellency）等，从撰写各种政治文本，如档案、协定、法律、条例等，到镜头前的修辞训练。如第三章第二节第二部分强调的那样，这也包括在政策用语和商业或科学用语间的转换。培训的第三个方面是建立对政治品格和社会形态及其价值的认知。在面对世界企业或外国贸易组织等国际客户时，后者给顾问们带来巨大的挑战。这些权力行为体在多个国家内活动，但是不一定熟悉当地文化，例如，他们不了解德国政治对数据保护的强调，也不清楚个人关系在中国政治和经济关系中的重要性。因此，除了翻译以外，顾问们必须担任文化使者的角色。

辅导则伴随着咨询人进行内部或外部政治活动而发生。例如，内部活动包括与公司监事会或协会的管理层举行战略会议，还包括非政府组织内部的专业化和重组活动。外部活动则涵盖了广泛的对外联络行为，从发表公告到出席专业论坛以及与决策者进行单独讨论。权力顾问时刻准备着为其客户的意见书、通信或演讲提供反馈。他/她出席这些重要的演讲场合不是为了在一旁小声嘀咕地给出建议，而是实时地对其客户的能力进行评估，并根据他们的表现和传递技术安排未来的训练。最重要的是，顾问还需要让客户们熟悉政治事件，如议会之夜、专家会议、党代表大会和庆典等，还要熟悉其他相关的行为体以及他们的目标、利益、权力资源和特征。在政治领域，权力顾问们既是导师，也是引航员。

培训和辅导是为了帮助个人或小团体适应权力博弈，而组织咨询则专注于使制度结构达到最优。当然，组织咨询的结构和重点随着权力领导权的重点是政治领导权还是游说领导权而不同。对于部委、部门和其他机构而言，这包括为了提高针对挑战和危机的响应能力，发展和落实节省时间和资源的等级制度或流程等。对于党派来说，政治组织咨询可能旨在建立一个竞选中心，也就是所谓的"作战室"，以便为下一场选战做准备，成功并持续地向选民传递信息。至于私营部门的行为体，他们的重心是建立或优化利益代表结构，旨在评估预期的规管，改变对业务发展的影响，任命与决策者的联络人和接受来自政治领域的批评。尽管重点不同，但政治组织咨询总是有着相同的目标：创建团队，建立决策、沟通与合作结构，在内部和外部形成高效的工作节奏，目的明确地发展并落实政治战略。

成功的组织咨询要求顾问们能够对明文规定的组织条例的真实情况和它们的战略力量做出清晰的分析。明文规定的组织条例指的是组织机构、工作和信息处理流程图等，而战略力量包括组织能力、动员能力、网络能力、传递能力、名声、资金优势和做出牺牲的意愿（见第二章第五节第二部分）。然而，顾问们也需要对内部权力关系、竞争、彼此间的同情和仇恨以及主导权保持敏感。如果最复杂的重组计划因董事会长期成员的虚荣心受到侮辱、非政府组织会员坚持自我形象或官僚人员不愿放弃已证实的工作方法而失败，那么它将变得一文不值。顾问们无法通过政治知识和实践所得来应对这些挑战，这需要理解人性（即人类的技能），尤其是对自身的局限性有清醒的认识。如第三章第二节第三部分所强调的，这里我们需要在叛逆和顺从中取得平衡。把握分寸并且保持尊重的情况下，权力顾问有责任将客户的不足铭记于心，并提供解决方案；但是在认识不足和接受解决方式上，他/她不能代替权力行为体。

领航作为第三个方面已经在我们将权力顾问比喻成政治引航员时提及。引航员对水域是如此熟悉，以至于他们可以在浅滩、暴风雨地区和危险的洋流中，为船长指出一条甚至多条到达目标港口的航道。与此类似，顾问在领航上的挑战包括，一，根据客户的目标，阐明政治体系存在的结构性风险和机遇；二，标明体系内哪条路能够通向这些目标，以及有关这些道路的挑战。根据权力博弈的战略常量来提供方向是重要的，这对于国际行为体而言尤为重要，因为它们常常远离体系逻辑和社会的日常政治，也不太了解在全球战略中它们的政治定位。因此，这部分的指责包括依照政治体系逻辑，对核心问题提供以应用为导向的阐释，核心问题如：区域政府和国家政府在对于行为体而言重要的政策领域拥有哪些决策权力？欧盟决策和成员国政府间的关系是什么？成员国政府需要采取哪些步骤来影响欧盟？相关法律从形成概念到正式颁布经历了哪些制度阶段？这些阶段都存在着哪些影响渠道？最重要的是，这些结构特点将对行为体的利益产生哪些影响？这些问题与之前提及的培训是紧密相连的。培训是为了帮助客户形成政治思维，领航则是在权力领域中运用这种思维来找寻方向。安全的领航是建立在成功的训练之上的。

领航是咨询的一种，不应与制定战略混淆。制定战略指的是，在考虑到战略环境，即时间范围、变量和常量的情况下，确定通往具体而明确的战略目标的理想因果路径，该路径成本最低但是成功概率最大。这是提炼的范畴（见第三章第三节）。因此，领航是成功制定、组织和协调战略的先决条件。通过界定政治地形、制度和程序化路径，领航为权力行为体和权力顾问制定并实施政治战略夯实基础。此外，对与政治、法律和社会发展以及其他利益相关者有关的信息进行收集和分析，这也是必不可少的。这一核心要素将在权力领导权的第二个主要概念——提炼（condensing）中进行详细阐述。

第三节　提炼

前文中，我们讨论了赋权这一核心概念，以及为了理解权力博弈的棋盘所需的条件。其重点是在政治领域对政治逻辑、政治用语和政治品格等战略常量进行内化。现在，我们转向讨论权力博弈布局分析中的提炼。为了制定游戏战略并掌控战局，权力行为体必须了解棋盘上的特定组合并根据这些组合的目标进行分析。这些组合可以被归类到单一或多个政治分区，我们也将此称为"竞技场"（arena），例如交通和基础设施政策、卫生政策和数字政策。① 这些竞技场由四个主要元素构成：第一，政治行为体或利益相关者，他们的利益以及相互之间的权力平衡；第二，政治议题和行为体之间的争论点；第三，政治竞技场内的特别法律、规定、标准等；第四，政治竞技场内有关改革的计划、发展和趋势。

这四个元素组成了权力博弈的战略变量，不像基本规则，这些因素总是随着游戏的进行而发生改变。因此，提炼的目的是持续地提供关乎权力行为体各自政治竞技场最新、最简洁的资料，使他们对自我处境进行评估并形成战略。这意味着权力顾问们需要迅速、简洁并且通俗易懂地告知其客户所有与其有关的政治和社会发展动态。然而，获取并传递信息仅仅是提炼的第一阶段。如果没有进行有效过滤、分类和（对概率进行）评估，那么政治信息也没有战略价值。接下来，我们将阐述政治布局分析的四阶段模型。这个模型是在发展政策行动计划的过程中逐渐成型的。因此，这是政治赋权和政治影响两大指导性原则的黏合处。

一 四阶段模型

四阶段模型展示了布局分析的各步骤。每一阶段都是对政

---

① 对术语进行简短说明。"竞技场"（arena）一词指的是权力行为体所处的真实政治行动空间。在这个行动空间内，许多政策领域或政治分支出现重叠，如消费政策、税收政策、青年保护政策和卫生政策等。权力行为体的目标的多样化程度越高，通常来说，他/她的行动范围越大，涉及的政策领域越多。对于数字化科技团体而言，与之相关的不仅仅是经济政策，还包括基础设施政策（例如涉及宽带的安装）和科研政策（例如涉及合作开发人工智能）。因此，成功地进行自我定位意味着战略性、战术性使用所有相关的政策领域。

治数据的分析性浓缩，从"原始的"纯信息开始，以给出战略评估和行动建议为高潮。

阶段（1）监控和情报（Monitoring and Intelligence）

政治布局分析的第一阶段旨在回答核心问题：你需要知道什么？与行为体的政治舞台相比，尤其是数字化使得数据成倍增长的情况下，这个问题绝不是老生常谈（见第二章第三节第二部分和第三章第二节第二部分）。一天二十四个小时，每分钟都有成千上万的机构报道、新闻稿、评论、推文、社交媒体发文、时事新闻和具有潜在政治意义的视频出现在网络上。除此之外，还有议会印刷品、法院判决、官方和基金会及非政府组织的报告、科学出版物，以及在私人对话、讨论和演讲中进行的语言交流。总而言之，无论是消费者保护、金融还是农业，每一个政策版块都有大量的信息，既有显而易见的事实，也有评估。

顾问的首要任务是从浩瀚的政治信息中持续地收集与其客户相关的信息。这样具有选择性的信息收集方式叫作政治监控（monitoring）。监控的技术使用将在下一节谈及提炼的工具和技术时进行讨论（见第三章第二节第二部分）；这里我们关注的是获取信息的关键功能。以目标为导向的监控专注于政治组合的四大主要元素（行为体、话题、规范、发展）和一系列关键问题：哪些活动、声明和辩论定义了选定好的政治竞技场，以及这些源自谁？例如选举、委员会听证会、技术会议、议会投票等重要事件的日期和截止日期是什么，以及谁将参加？涉及诸如失业率、宽带使用率、欧盟批准、英国脱欧、对"童年抵美者暂缓遣返"（DACA）计划等美国移民政策的看法等问题，竞技场内最新的数据和民调如何？存在何种具体的立法建议，它们的状态如何？等等。

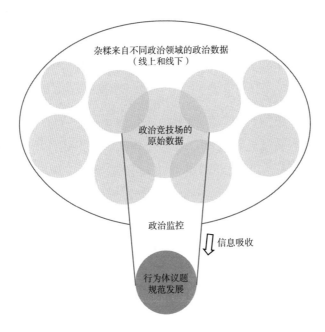

图 3–2　以政治监控为选择过程

从公共资源、专业的数据库和人际交往中进行全面的数据和信息收集，这对顾问尽可能详细地了解竞技场情况是至关重要的，也确保了没有重要或爆炸性的信息被遗漏。然而，当这些原始信息成为第一阶段分析的产物，即情报时，才为客户提供了额外战略价值。

情报指的是经过过滤并按照与咨询人的相关性进行了排序的信息。

至于信息的相关性，第一，这是一个关于有效性的问题：

相较由多个可信赖来源证实的情报编译，在社交媒体上匿名传播的关于改革计划、官员解职、丑闻等谣言是非常不重要的。

第二，相关性由行为体的权力状态决定。例如，就转基因玉米的风险而言，对于一位转基因谷物生产商来说，黑森州中部小镇社区主席的意见远远没有国家农业部所发表的公报来得重要。

第三个影响相关性的因素是信息内容对权力行为体利益的影响：这些话题是否只对权力行为体的目标形成外围影响，还是能够使目标发生改变？纽约州州长安德鲁·库默（Andrew Cuomo）在 2017 年秋天宣布应该像对待传统香烟一样，在餐馆和酒吧里禁止使用电子烟一事所造成的影响就属后者。[1] 这一监管信息对正在丰富产品类别和制定长期商业发展的烟草公司来说是具有重大意义的，尤其是考虑到这样的监管信号对其他美国城市的影响。

了解了相关性标准的定义后，排序紧随其后。以上相关性标准体现的是排序的逻辑顺序——信息的有效性、行为体的权力状态以及信息对权力行为体利益的影响。例如，即便该信息

---

[1] 参见 Maslin Nir, Sarah（2017），"New York State Bans Vaping Anywhere Cigarettes Are Prohibited," in：*New York Times* from 23th October 2017，［online］https：//www. nytimes. com/2017/10/23/nyregion/new – york – bans – vaping – ecigs – bars – restaurants. html，retrieved on 30. 1. 2018。纽约市市长迈克尔·布隆伯格（Michael Bloomberg）以及他的继任者白思豪（Bill de Blasio）提出的含糖汽水容量限制，即"汽水禁令"，也是例子之一。该禁令旨在限制纽约市含糖汽水的容量，在 2015 年被取缔。见 Goldberg, Dan（2017）："De Blasio Sours on Tackling Sugar,"［online］https：//www. politico. com/states/new – york/cityhall/story/2017/05/03/de – blasio – sours – on – tackling – sugar – 111726，retrieved on 22. 05. 2018。

与权力行为体有关，并且可能对权力行为体造成潜在影响，但是如果信息来源不可靠，那么这样的信息也是没有价值的。质量不过关的信息可以经由第一个相关性标准进行筛除。

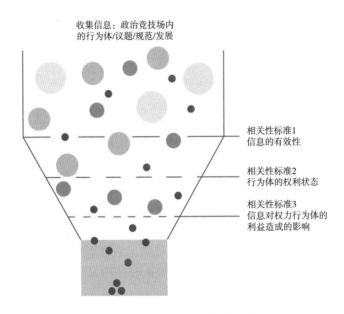

图 3 - 3　过滤是情报分析的第一阶段

基于这些相关性标准，过滤是情报处理的第一阶段，得到的是数量相对较少的相关信息。简而言之，过滤专注于寻找特定的信息，以便成为接下来进行深度系统化和评估的主体。这样的过程要求权力顾问能够迅速地处理大量的数据，并根据相关性标准对这些数据进行精准分析，符合客户需求。

将麦子从稻壳中取出后，来到了按照优先项进行排序的情报处理第二阶段。艾森豪威尔矩阵（Eisenhower matrix）不仅为数据搭建了框架，还为接下来的咨询打下了基础。在这里，对所有过滤后的信息依据紧急性和重要性进行评估。信息的紧急性根据顾问需要多久进行回应而判定，指的是对信息进行及时评估和分类。信息的重要性评估的是信息的内容或政治影响。

对过滤后的信息进行评估和排序，其结果分为四类，从少量首要优先信息到大量次要或不紧急的信息。

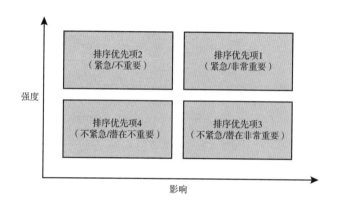

图 3 - 4　优先项排序是情报分析的第二阶段

一方面，在确保权力顾问及其客户时刻了解竞技场并对短期挑战做出策略性回应上，这些不断更新并且按照等级进行排序的信息是至关重要的。这样的监控和情报通常被看作早期预警系统。另一方面，信息对长期政治布局和战略构建而言是不可或缺的。因此，不像经典的艾森豪威尔矩阵那样，四象限中的信息分类没有完全被顾问的工作议程所忽略，而是成为特定政治竞技场中长期和持续性政策监控的一部分。值得注意的是，它们是政治布局分析第二阶段的起始点。

阶段（2）竞技场分析、利益相关者识别和议题识别（Arena Analysis，Stakeholder Identification and Topic Identification）。

　　第二阶段回答的问题是：你的处境如何？权力行为体身处政治行动领域内的精确地图成为重点，这份地图描绘了立法和行政框架的状况，来自政治、行政、商业和公民社会并影响媒体辩论和政治的行为体或利益相关者，以及散乱无章的主题和议题。在此阶段内，经过筛选和按照优先排序的信息被提炼成一张三维的政治图片，客户们在其中得到准确的定位。竞技场分析、利益相关者识别和议题识别是这个阶段的三项核心职能，互为依赖、互为补充。

　　"竞技场分析"一词常常被用来形容对社会政治行为体所处的环境所进行的各式各样的调查。[①] 我们更具体地使用这个概念。首先，它描绘了具有法律约束力的规则，如法律、治理细则和法令等，还叙述了国家层面和超国家层面的程序规则，这些定义了行为体在具体政策领域中的活动范围。其次，竞技场分析涵盖了相关的国际协定、惯例和公约，例如《联合国气候变化框架公约》或世卫组织的《烟草控制框架公约》。最后，它还描述了自发性标准和惯例，例如，欧洲标准化委员会（CEN）制定的信息技术标准、德国工业标准（DIN）以及美国国家标准协会制定的引证归并标准（incorporated by reference）。这三方面决定了单一竞技场内正式的规则和决策体系的参数。因此，虽然只适用于特定的政治领域，但也相当于是整个政治体系的逻辑（见第三章第二节第一部分）。

　　于是，例如，当竞技场分析应用于美国国家野生动物联合会（NWF）、公益自然（NatureServe）等广泛关注自然和环境

----

① 概括请参见 Köppl（2017）：pp. 46ff。

保护的组织时，它将会描述联邦自然保护领域中最重要的规范（从农林业规范到规划核准的程序标准），涉及可再生能源的条例，以及化学品立法、污染控制和废物管理的规定。然后，对相应的立法职责和决策规定进行修改和改革的信息对此形成补充。因此，通过对规则、规范、标准等所有政策相关领域进行提炼，这里的相关领域指的是环境、农业、能源和基础设施政策，一份强大的竞技场分析是将客户所有的利益和活动融为一体，呈现在一张政治地图中。

与在监控后才进行过滤情报并对其排序不同，利益相关者识别不是在竞技场分析之后进行，而是同时进行。就本质而言，识别利益相关者指的是列出包括组织和个人在内的所有相关行为体，这些行为体与竞技场内的客户的切实利益相关，直接或间接地影响竞技场内的政治。用权力博弈模型的话语来说，这包括所有与行为体所处位置相关的局面组合。对位置分析来说，了解这些行为体与了解竞技场内的规则和决策体系同样重要：他们既是事实或潜在盟友和敌方的一员，也是中立的决策者。他们是权力行为体必须要以有效的沟通战略进行说服的组织和个人，也因独有的卖点而必须与这些行为体区分开来。然而，仅仅识别出利益相关者不包括对他们的战略潜力和目标进行分析，这是第三阶段的目标：分析利益相关者。

利益相关者可以被分为以下几个种类：国家行为体（政府官员、议员、联邦机构等）、协会及其他被公共法律所管辖的机构（专业自治政府、教堂、贸易联盟等）、非政府组织、非营利性协会和基金会，还有企业。竞技场内的权力行为体根据其目标大致被归入不同类别。例如，面对广告禁令或者额外增加的纳税时，烈酒生产商希望提高其政治地位，这涉及诸多来自成瘾和健康政策领域、主要的专业协会和具有强大资金支持的相关利益者。在美国政府层面，联邦食品和药品机构，烟酒、枪械及爆炸品管理局（Bureau of Alcohol, Tobacco, Firearms and Explosives）以及国会委员会等都是相关者。在协会和企业层面，医疗协会、健康保险甚至是酿酒协会都与之相关。在非营利实体类别之中有与成瘾议题相关的组织，私营部门中的啤酒和烈酒厂商也值得关注。

议题识别是第二个分析阶段的最后一项要素。这旨在识别那些能够在竞技场内主导政治话语或在未来能够塑造政治表述的议题和相应的理由。针对这些议题的讨论或争论在政治科学和政治权力咨询中也被称为政策问题。政策问题既可以加速根本性法律改革，也可以引发不同团体间旷日持久的斗争和封锁，还可以煽动支持或反对权力行为体的舆论。如此种种组成了一整套政治内涵，如果想要成功地参与政治塑造，那么就需要每一位竞技场行为体选取立场。这些政策问题高度对应每一个政策领域。例如，对于数字政策领域来说，关键议题包括网络安全和数据保护、电子政务和电子学习等。

对于顾问而言，需要了解竞技场的政策问题出于三项考虑。第一，政策问题决定了他们诉求自我利益的范围。如果他们的目标与主导性关键问题无关，或者不能成为相关问题的解决方案，那么顾问们则冒着既无法接触到决策者，也无法深入平民百姓的风险。第二，鉴于政策问题所具有的潜在调动能力和高关注度，它们是竞技场内主要的机会因子，也是风险因子。因此，自进入 21 世纪以来，随着对食物越来越重视，例如可持续性、公平贸易等日常对食物的讨论已经成为雀巢（Nestlé）、通用磨坊（General Mills）等全球食品企业面临的主要战略挑战。第三，议题识别构成了权力行为体定义他们独有卖点（unique selling point，USP）的基础。例如，权力行为体独有的政治卖点可能是为政策问题提供创新且合理解决方式的能力，或是作为可信赖的组织，区别于其竞争者，长期支持某些核心问题（也可参见第三章第二节第三部分）。在21世纪初期，为应对德国社会体系和人力市场的挑战，德国社会民主党（SPD）是唯一一个提出可信赖的改革概念的政党，即"2010议程"（Agenda 2010），这也成为格哈德·施罗德（Gerhard Schröder）执政时德国社会民主党的独有卖点。伯尼·桑德斯是2015年美国总统的强有力竞争者，他的独有卖点则是"需要一些钱"。这使得他在主流民主党人和共和党人中脱颖而出，这些党派常常支持美国大学收取高昂的学费。天主教堂作为权力行为主体，在涉及道德政治议题时，所展现出的无与伦比的组织稳定性以及价值和信仰的永恒性是其独特之处。从根本上而言，独有卖点由两方面决定，一是政治竞技场的核心主题，二是权力行为体独有的战略优势和不足。只有当位置分析融合了两方面后，才能得出令人信服的独有卖点。

竞技场分析、利益相关者识别和议题识别是政治巩固第二阶段的核心要素，在政治竞技场地图中，它们确保了所有相关信息得到分类和系统化。这是权力行为体对位置的战略性进行概率分析的基础，接下来将进入第三阶段。

阶段（3）利益相关者分析（Stakeholder Mapping），网络分析（Network Analysis），风险评估（Risk Assessment），情境

分析（Scenario Analysis）

　　第三阶段专注解决的问题是：什么帮助了你，什么能够伤害你？二者是一致的，目标都是依据三个核心领域，为咨询人勾画出上诉战略环境中的机遇和风险以及他们的目标。这三个核心领域是：（潜在的）盟友和敌方的强项和弱项，战略潜力和不足，以及在整个政治竞技场中可能发生的场景。一旦我们谈论优势、不足、机遇和威胁等，我们就摈弃了前两个阶段的描述性分析，进入了预测和概率领域。因此，战略最终的形成是经过以概率为基础的目标－方式－环境计算得出的（对政治战略概率重要性和权力使用的讨论，请参阅第一章第一节和第二章第五节第二部分）。第三阶段对之前所有收集到和系统化的信息进行评估，这些信息涉及权力博弈游戏中玩家及其对手的位置变动，评估带有特定风险但能够累积优势的战术。

　　利益相关者分析包括两部分内容。第一部分包括根据竞技场内其他行为体的影响力（从非常重要到非常不重要）和对咨询人或其利益的态度（从非常正面到非常负面），对他们依次进行丈量。

　　根据特定的组合，利益相关者分析分为六大类：强大的和弱小的（潜在的）同盟，强大的和弱小的（潜在的）反对派，强大的和弱小的中立玩家。这一二维丈量对于战略布局是重要的，因为这显示了在目标实现上，谁对于咨询人而言是有用的，而谁又是危险的，同时，这还决定了政策行动计划的关键步骤。因此，如果一个组织的目标与自己的目标完全相反，而且在面对抵抗时，这个组织又没有战略力量以实现其利益，那么为这个组织制定一个反制战略通常是不值得的。强大的中立

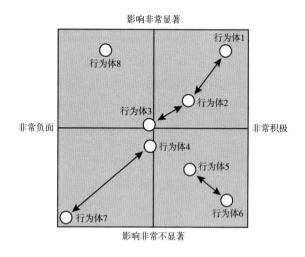

图 3 - 5　行为体丈量（Scaling of Actors）

行为体对于同盟和反对派来说在战略上都是十分重要的，双方都希望将他们招至麾下，或者至少不与其为敌。至于尤为强大的反对派，需要解决的问题是应该进攻还是防守，还是尽可能地完全避免冲突。

尽管这张丈量地图描绘了客观的权力关系，但是并没有指出各利益相关者之间的相互依赖关系。但是显然，这在战略上来说是重要的：例如，虽然一个工业协会自身没有什么资源，但是如果其常务董事与一位在强大的行政事业机构工作的资深官员保持着紧密的联系，那么他们突然间就变成了重要的政治同盟。因此，利益相关者丈量的第二个任务版块就是网络分析。网络分析是对相关组织之间及其内部联系进行跟踪，揭示其往来和重合的重要性，这些可能无法从二维丈量中捕捉到。这样的联系包括正式和非正式的制度性联系，例如美国步枪协会（NRA）与共和党部分成员之间松散但实际存在的政治联盟关系，此外还包括个人关系和友谊，这有可能导致政治背叛。

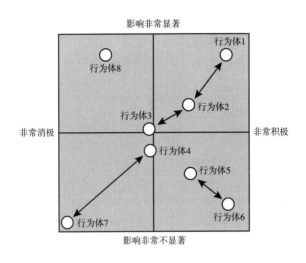

图3−6 网络分析

该网络的重要性不仅仅体现在其作为独立的战略变量上。在战略发展和实施过程中，权力行为体不仅能够在彼此之间，还能够与其他行为体创建并且增强政治联系，在此之中，网络构建变成了实现个体利益的可能战略方式。从这个方面来说，利益相关者分析的决定性意义体现在它探讨的不仅是行为体之间有什么样的联系以及联系的形式，还包括如果没有联系，那么他们之间的关系是什么，以及为什么如此。随着竞技场的本质、范围和行为体数量的不同，不同的网络分析可能在细节的层次和描述的密度上呈现出巨大差异，甚至会超出图3−6的示意范畴。然而，以降低复杂性和围绕机遇和风险而设定战略取向仍旧是基准点。在此，顾问不应该以困扰人的示意图来干扰其客户，或以欺骗性的简化而使他们误入歧途。

风险评估与两方面的功能相关：一方面，识别咨询人自身的优缺点，也就是他/她的战略潜能和不足；另一方面，通过对政治情境进行概率性分析，评估对目标造成积极或消极影响的外部机遇和威胁。例如，规范的改变对公司的整体发展产生巨大的影响。著名的例子如，2012 年大幅削减光伏补贴和联邦政府拒绝与中国竞争以来，德国太阳能光伏产业出现跌幅。两方面的风险评估是无法严格区分的。外部分析非常依赖于事前以行为体内部为视角的分析。

内部风险分析在结合了提炼和布局分析的基础上，还增加了赋权中的组织咨询（见第三章第二节第四部分）。为了阐述清楚咨询人在其竞技场内的好坏处境，顾问必须非常熟悉组织结构和工作流程，最为重要的是要掌握客户的战略潜能。客户的优缺点可以通过第二章第五节第二部分中描述的战略潜能种类进行判断。其中的经验法则是，在政治竞技场内，高于其他玩家平均水平的就是优势，低于平均水平的就是劣势。[①]

我们对七种战略力量及其优缺点进行了区分：

1. 组织能力：设立清晰的战略目标和做出相应决定的能力。

2. 动员能力：动员不同团体实现战略利益的能力，这些团体包括选民、会员、客户、追随者、病患等。

---

① 竞技场内针对战略行为体平均潜能价值的比较是至关重要的。优势和劣势都是相对而言的，这就是说，一个行为体的强弱总是相对于另一群行为体而言。他/她在绝对意义上既不强也不弱。

3. 网络能力：为了扩大影响力和/或增加可信度，与其他行为体建立同盟的能力。

4. 传递能力：以具有针对性和令人信服的方式，与个人和组织就其目标相关的担忧进行沟通的能力。

5. 名声：公众关注度，以及对权力技能、权力知识和权力本身三者的认可。

6. 资金能力：员工、基础设施、活动等的资金。

7. 做出牺牲的意愿：为了实现战略目标，接受损失和承担风险的意愿。

权力顾问不仅需要根据上述七个种类来判断其客户的优势和劣势，还需要将战略环境结合进去。外部机遇和威胁不是随便出现的纯外部性原因，它们既能帮助咨询人，也能伤害他们。当权力行为体的优劣势与行动领域内的其他要素（如话题、行为体、趋势等）相遇时，才会出现外部机遇和威胁。因此，譬如说，被高度道德化所定义的政策议题是一个战略威胁，如毒品或赌博政策，尤其是当咨询人无法传递或以令人信服的论断阐述其立场的时候。反过来说，如关系良好、资金丰厚的反对派大联盟等其他风险因子的严重性基本由该网络的能力和咨询人的资金能力是否超过平均水平而决定。在一些战略情境里，即使是表面上的劣势也有可能成为机遇，反之亦然。例如，形象并非光辉的奥地利人民党（ÖVP）政治家塞巴斯蒂安·库尔茨（Sebastian Kurz）在 2017 年大选中取得胜利，击败了他的对手，来自奥地利社会民主党的克里斯蒂安·克恩（Christian Kern）。根据我们的定义，不光辉的形象指的是政治上缺乏经验，先前未有主要成就，而塞巴斯蒂安·库尔茨就被认为是"新人",在精英怀疑论弥漫的氛围中,他是"一张白纸"。

总之,对特定玩家的机遇和威胁进行评估首先要求权力顾问了解其客户和他们的利益、优势和劣势,其次要求权力顾问能够在相关政治竞技场、规则体系和政策议题中对客户进行定位,最后要求权力顾问能够根据其客户与其他玩家和网络之间的权力战略关系来对客户进行评估。

这些也是准确进行情境分析的先决条件。大体而言,情境分析是针对竞技场内政治和/或经济、媒体和文化发展及其对咨询人和其他行为体利益将会造成的影响而做出的预判。它由三个元素组成:现状的描述;至少两种可选且相互独立的场景,包括对这些情境发生概率和可能造成的影响进行叙述;以及预测的时间范围。每一个情境分析都做出三种预测:第一,特定场景发生的概率;第二,如果真实发生,那么该场景将形成何种影响;第三,在特定时间内,该场景发生的可能性。这样的分析能够广泛应用于诸多议题,从议会选举及其对政治、商业和公民社会造成的影响,到产业发展中市场支配力量的集中和扩散,再到个别立法改革计划。

情境分析对战略布局所产生的重要意义有被动和主动两个方面。被动指的是咨询人被迫就损害其利益的行为采取行动(例如,与不好打交道的伙伴进行结盟谈判,加剧竞争性市场成分的竞争,向特定服务增加税收,等等),或者借此抓住大部分的机会,这里的机会包括当一个对商业更友好的政府刚建立时,新兴市场成型时,以及公众越来越关注对非政府组织的诉求时,等等。简而言之,一旦咨询人能够洞悉在一个特定的

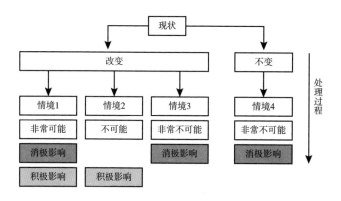

图 3 - 7　情境分析示意

时间范围内什么可能发生和不可能发生时，他/她就能够更好地对如何做出反应进行分析。

　　主动一面，首先，指的是客户能够在竞技场发展上形成针对性影响并且根据自身利益进行竞技场塑造。战略风险无法一言概之。一旦战略风险被识别，咨询人要分析该风险能否被降低，以及他/她如何做才能将该战略风险降低。因此，情境分析影响的是政治战略中的主动步骤，例如，与决策者和利益相关者进行的讨论，议题的发展和掌控等。通过判别可实现和不可实现的目标，主动的第二方面来自咨询人对如何更高效地利用资源的洞察。如果分析显示两个场景中的一个是非常可能发生的，那么权力行为体应该将最多的资源应用于更可能发生的场景或适应其影响。例如，如果欧盟管理机构希望对特定产业进行大规模的物流调整，而这也已经得到了大多数欧盟成员国的广泛支持，那么产业联盟直接反对这项规定似乎就是不合理的。相反，更好的做法是产业联盟应该专注于如何在新标准下做到高效的资源利用并做出未来监管会进一步收紧的预测。

然而，情境分析只有在真实的基础上才能产生这些好处，也就是说，情境分析在理论和实际上都应该有根有据。这不是说情境分析必须得出准确的百分比或做出诸如"如果事件 X 发生，那么事件 Y 也肯定会发生"这样肯定的陈述，这是不可能的，因为政治权力领域是如此复杂，其中有许多被称为"野牌"（wild cards）（见第二章第五节第二部分）的无法预测的事件。相反，在预测政治情境时，得出显著高于平均命中率的答案是所追求的目标。换言之，只有当其水平长时间显著高于感兴趣的门外汉并且有可信赖的证据支撑时，政治专家的分析才是有意义的。

针对此，顾问必须对几个环境和资格标准做出思考。首先，在对发展性场景做出具体概率性预测时，必须确保该分析覆盖了所有可能的场景。地缘政治预测里出现过的最大笑话之一是，西方权力顾问、政治科学家、军事战略家和情报官员没能预测到苏维埃社会主义共和国联盟在 20 世纪 80 年代解体。[1] 问题不在于他们不认为这个庞大的帝国会瓦解，而在于他们根本没有将该事件置于"其雷达内"，一个概率值都没有赋予。因此，挖掘可能的场景是需要创造力的，要求权力顾问不仅仅对竞技场和行为体有细致的了解，还必须"跳出思维定式"（out of the box thinking），这指的是对惯性思考模式、预测、刻板印象等提出质疑的能力以及公平公正地在战略环境中评估客

---

① 参见 Silver, Nate（2012）：*The Signal and the Noise：Why Most Predictions Fail - but Some Don't*，New York：Penguin Books。

户的能力。

其次，顾问不仅仅需要了解政治竞技场的实际状态，还要了解它的历史。例如，自由民主党（FPD）在 2009～2013 年默克尔第二届内阁中被政治权力边缘化，随之而来的是愤愤不平和信任的丢失，任何记得该事件的人，都不会惊叹于在 2017 年德国联邦大选后，基督教民主党人、自由党人和生态绿党之间称为"牙买加同盟"（Jamaica Coalition）谈判的失败。熟悉竞技场过往的发展也是必不可少的，因为这能帮助进行类比或推导。与马克·吐温认为历史不会重复的论断不同，虽然大多数政治和/或经济场景都是独一无二的，但它们仅仅是特定基本种类的变异，因此，顾问们必须掌握这些基本种类。

再次，权力顾问不能局限于仅仅了解相关战略常量（政治逻辑、程序规则等）和变量（战略力量、利益、政策议题等），还要能够从概率上对它们进行评估。例如，如果德国各州州长由于其诉求没有得到满足而拒绝签署联合条例，顾问必须能够评估出这样的事情是可信的还是只是传言。这样的能力取决于政治经济、人的理解力以及对经济威胁和机遇的深层次理解（见我们在第二章第一节中对工具权力的讨论）。

最后，第四点指的是顾问必须将预测的时间维度纳入考量范畴。基本上，场景预测的时间跨度越大，错误性越高。统计学家和选举研究员内特·西尔弗（Nate Silver）将这个关键的时间因素称为"情境不确定性"[1]。增加的行为体数量和有争

———————

[1] 参见 Silver（2012）：p. 392。

议的政策议题都使不确定性翻倍。尤其是当多个不同的政策领域相互交叉、参与人广泛时，超长期的预测、例如超过15年的预测通常被认为是赌博。对全球玩家而言尤为如此，他们有成百上千的雇员，掌握着上亿元的资金，他们对长期预测情有独钟，因为庞大的体积让他们很难做出迅速的战术举动和反应；这里，顾问们必须在叛逆和顺从中取得平衡（见第三章第二节第三部分），既要突出政治场景分析的潜力，也要强调它们所具有的缺点。

阶段（4）战略构建（strategy building）

政治战略历经四个阶段而形成，每一阶段都是后一阶段的前提。在这个过程之中，所有得到筛选、系统化且经过概率性分析评估的信息被提炼成一个具体的行动方案。

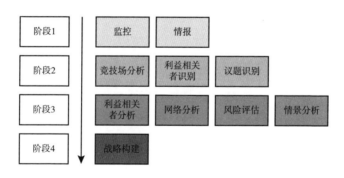

图 3 - 8　四阶段模型

第四阶段主要是顾问给出切实的行动建议。归纳起来就是回答一个实际的关键问题：你应该做什么？当然，这不是就单一个体和情况给出战术行动建议，而是不受情境影响的行动评估。该评估制定中长期政治目标，例如总理重选、联邦 - 州竞争改革、实施针对病患的新的统筹基本医疗、大麻合法化等。通过将当下针对政治竞技场以及客户能力、利益相关者、议题和场景的监控和情报、信息和概率分析进行思考，得出一条成本和利益都达到最优化的目标实现路径。

目标的确立及其实现路径一起构成了战略。从这个意义上来说，之前累积的政治知识通过精心策划并高效的政策设计得以应用。

在第二章第五节中，我们从战略基础与战略发展和指导的能力出发，对战略概念进行了完整的探讨。主要的挑战是，如何根据客户相较竞技场内其他行为体的潜能而确定实事求是的目标，以及就实现该目标制定准确的时间表，时间表的每一阶段都是详细且能修改的，还要有清晰和高效的决策层次。每一个政治战略都是计划好的权力实施，这决定了谁应该在何时取得什么，采用何种手段对付反对力量，以及如何应对目标实现过程中的突发情况。这里不再重复第二章第五节中已经讨论过的内容，我们希望从权力技术（power technique）开始我们的探讨。我们将专注于政治战略的基本元素：同盟构建（alliance building）、专题治理（thematic governance）和对话，这些是每一行动计划的 DNA。单一计划间的差异仅仅存在于它们的组合方式和实践上。

任何希望在政治竞技场内实现目标的人必须依赖盟友来弥补其战略劣势，例如缺乏资金能力、调动和组织能力等，除此之外，还必须通过渗透进其他组织或网络，增加实现其关切的可能。无论是在信息收集还是决策方面，不积极寻求盟友的人有被政治竞技场孤立的风险。因此，无论咨询人的实际目标是什么或其能力如何，同盟构建是所有政策行动计划的核心要素。成功组成临时的同盟（限于完成特定目标）或长期网络通常是战略制定的开端。这里考虑的是与其他个体和组织的利益重叠部分，探讨了协同作用、专业知识和专长，也评估了潜在伙伴的战略劣势所带来的风险，例如有问题的声誉、竞技场内有许多反对者、缺乏真诚等。在此基础上，联系将会加强，合作结构将会建立，同盟的联合管控机制将会得到落实。因此，所有这些步骤都需要进行准确的竞技场和网络分析，以及利益相关者分析。战略制定的关键是要认识到政治同盟本身不是永远存在的，必须培养人际关系，因为这是所有稳定同盟的基石。合作伙伴的价值观和利益必须持续地进行评估和保持。否则，无论战略是多么周密，也会因为行为体之间冲突的目标而失败。

　　构建同盟是为了使行为体在竞技场内拥有更好的相对地位，专题治理则是根据主要的政策议题或未来挑战来完成自身定位，发布针对性信息，在政治议程中纳入关键议题并通过媒体进行传播。在这样的情况下，有目的性地设置新议题并引发对此的关注通常被称为议程设置（agenda setting），而探讨已有话语影响力的议题并借此实现个人的沟通目的则称为议程冲浪（agenda surfing）。然而议程设置需要长期的规划，不仅仅是通过定量/定性研究或小组讨论等形式，重要的是要评估目标人群对不同可能信息的回应。成功的议程冲浪讲究的是在适当的时候抓住一个议题，并具备战术灵活性，以便在"公共关注浪潮"（wave of public attention）来袭前能够对其做出迅速的回应。

在民主中，权力的使用与为正当性辩护的义务有关，是专题治理中战略意义的根源所在（见第二章第四节和第三章第二节第二部分）。无法为政治目标提供合理解释和无法将个人喜好与公共利益联系在一起的战略是不可能得到公众接纳和支持的。然而，专题治理不是让权力领域的所有人都接纳传递出的信息，这样的要求在多元化的社会是完全不现实的。

相反，第一，合理的信息必须是可信的，也就是说，该信息与咨询人的个人履历、价值观、信仰和历史能够实现有说服力的匹配。例如，在政治布局战略中，中小型雪茄烟制造商将自我打造成有价值的传统制造业和历久弥新的文化代表，这是可信的。但是，这样的刻画对于全球性的制造商而言却是不可能的。

第二，该信息必须将客户的独有卖点与竞技场内的主导政策议题相连。战略性专题治理对社会成员在多个政策领域所存在的担忧、希望、恐惧和期望保持敏感，这是建立在对咨询人的优劣势有清晰认识的基础上。德国社会民主党（SPD）在2017年德国联邦议会大选中所采取的战略性沟通规划就是一个负面案例。熟知欧洲政治是社会民主党总理候选人马丁·舒尔茨（Martin Schulz）的独有卖点，因为他长时间担任欧洲议会的议长。然而，他既没有利用这个卖点，也没有谈论移民和内部安全等与欧盟政策相关的议题，而是强调了他担任过德国最西部地区一个小镇乌尔瑟伦（Würselen）的市长。因此，社会民主党人没能突出这个重要的特征，没能与德国基督教民主联盟区别开来。

　　曾经是美国佛罗里达州州长的杰布·布什（Jeb Bush）没能获得 2016 年共和党总统候选人提名是另一个负面例子。对他而言，远离其兄长的政策，尤其是 2003 年的伊拉克战争是关键。他在选战中本有机会强调他在教育政策、自然灾害管理等方面取得的成就。与其他州长不同，杰布·布什在其任期内非常重视教育改革。他设立了佛罗里达第一个覆盖全州的教育券计划，增加了特许学校，并且创建了标准化考试。换句话说，在选战中，他本有机会利用特朗普支持者的不满（但这种不满只涉及小部分共和党选民）来获得选票。

　　信息必须对接收人而言是适合的，这是第三个标准。正如我们在第三章第二节第二部分中探讨的那样，传达的政治立场不仅仅必须与接收人的利益相呼应，还要照顾到他们的语言和专业背景。例如，止痛药获批对于药品企业而言既是复杂的评估流程，也是行政流程。在这些重要的流程中，为了使病患协会和自助团体融入其中，就需要在核心议题上进行大规模的简化并画出重点。

　　除上述三方面外，专题治理还涉及另一重要问题，即应该通过何种渠道将何种形式的信息传递出去。在第三章第二节第一部分中，我们详细讨论了政治传递的要求以及模拟和数字之间的区别，我们将接着就此进行阐述。我们注意到，在数字化进程中，沟通变得更多元、更快，但是也更多变，出现了更多的空洞内容。这些趋势使得议题设置和传递的挑战更大，战略构建也更为复杂。面临的挑战不仅仅是使自己的政策议题受到关注并赚取利益，还包括如何保持这份关注度和所得利益。无法对此给出战略处方。但是，我们认为模拟媒体和数字媒体不是相互割裂的，而是互为补充的工具。尤其是，广义的传播战略必须是兼顾线上和线下的，面向多样化的利益相关者而非小范围的目标群体。只专注于数字化或模拟媒体，不仅无法突出特定的世代群体，还可能导致形成咨询人有意忽略这些团体的致命印象。

传播形式的选择和设计在专题治理上同样重要。就像宣传册的平面设计或立场文件论述的真实性和研究能力一样，及时启动竞选网站并优化、简化其使用能够决定一个战略的成败。因此，战略制定包括将适用于接收人的信息、渠道和形式，政策议题和咨询人的独有卖点进行整合，做出一个连贯完整的设计。

对话是制定战略的第三个基本要素，由在竞技场内相关玩家之间特意安排的对话和讨论组成。与同盟构建和专题治理一道，是战略的通用构建版块。政治设计不仅源自强大的同盟和得到适当突出的议题，还体现在人际交流中，在议会晚会中，在讲台讨论、公民论坛或是一对一的会面中。这样的交流能够建立信心和制造共鸣。对话比其他任何形式的沟通更能增进对利益和目标的相互理解。因此，对话为私底下游说个人目标价值和传递信息服务，也帮助展现对话者的合法利益并将这些利益纳入个人战略构成。

根据不同的战略目标，对话者的类型和数量以及对话机制都呈现巨大的差异。例如，如果一家中等规模的企业联盟正寻求在其商业区内设立一个电车站，那么对话大致包括与市民交流，让他们提出希望升级邻近住宅区的想法，到与市长和区议会成员进行沟通，再到和相关交通企业进行协商。在理想情况下，通过常规圆桌会议或协调，这些对话都将逐渐得到巩固，反过来也会影响较高层次的政治决策。就此而言，鉴于其经济地位和影响力，全球企业已经进入了较高的决策层次。不过，与权力和地位无关的是，咨询人对对话者及其职责、利益、信仰、能力和计划了解得越全面，就越能成功地理解他们在战略上的相对位置，这对于所有对话都是成立的。该论述似乎是显而易见的，但是格外强调了情报收集在战略中的重要性。如果没有可信赖的信息基础，那么对话将是盲目的。作为战略制定的一部分，顾问必须提前计划好何时与何人谈论何事，他们必须了解相关议题、时间点和对话者的性格特点。

同盟构建、专题治理和对话是所有政治战略共享的DNA，早前已经提及。"应该做什么？"是战略构建的关键议题，常常从这三个方面进行回答。顾问面临着三重挑战：具体化（concretization），时间点（timing）和协调（coordination）。顾问必须计划：（a）在何时与哪些特定行为体以何种目的构建同盟；（b）要在竞技场内强调哪些专题性论述，以及通过哪些渠道进行传递；（c）何时与哪些对话者举行对话；当然还有（d）整合构建完整政治战略的所有版块。

就这些任务而言，回顾已经在第二章第五节第二部分提及的约谢姆·拉什克（Joachim Raschke）和拉尔夫·蒂尔斯（Ralf Tils）所做的评估是很有必要的。"如果不能仅仅依赖个人直觉，那么构建一项战略是一个巨大的认知和创新挑战。"① 没错，构建政治战略是一项创造性工程，无法为此提供一份系统性指南。每一个战略都是由同样的元素组成，但是每一个元素都是独特的。战略的制定需要经验和竞争力、权力知识和对政治影响力工具的深度理解，也就是说，要掌握我们在第二章中描述过的三个主要权力维度。通过概括四阶段模型，需要明确的是，为了有计划地使用政治权力，深入掌握涵盖行为体、议题和竞技场等的信息和知识是必不可少的。如果能令人信服地回答这三个问题：你需要知道什么？你的定位在哪里？什么可以帮助你以及什么发生在你身上？那么为"你应该怎么做"这一战略操作问题提供具有说服力答案的先决条件就已经得到了满足。

二 提炼的工具和技巧

作为权力领导权体系指导原则之一的提炼由三个优先主题构成：信息、分析和战略。处理这些焦点的方法根据优先事项的不同而变化。大部分方法已经在描绘四阶段模型时明确或隐晦地论及。这里，我们将对权力顾问的资源进行概述和系统化整理。

对于政治权力顾问来说，信息收集长久以来都是一项最耗费时间且任务艰巨的挑战。直到 21 世纪，这项任务涉及的内容都是每天由人工处理成百上千的信息报道、通讯稿、法案草案和法院裁决。只有到了近几年，数字化革命才带来了网络爬虫，导致了范式改变。网络爬虫指的是通过文本挖掘、社交媒

---

① 参见 Raschke & Tils（2008）：p. 19。

体挖掘和其他定制的搜索方式，对互联网进行大规模搜索（参见第二章第三节第二部分对数据力量的讨论）。但是，以政策为导向的爬虫者需要掌握98%以上的相关索引网站，才能确保顾问实时紧跟竞技场内的发展。此外，语言问题也需要克服，尤其是当监控扩展至不同国家时。例如，德文在句式和语法上与英语不同，更不要说与德文相距更远的中文或阿拉伯语等语言可能造成的纰漏了。

数字化压缩工具的使用是必不可少的，这通常与政治机构和行为体的专业数据库结合起来，这些工具的使用需要顾问掌握全新的技能。除了勤勤恳恳地获取信息，还越来越需要了解数字技术，并且更深层次地理解政治用语和语义。即便是最好的软件代理，其能力也仅仅局限于检索同义词、俚语和提示等关键词和依赖它进行编程的搜索字符串。

尽管信息范式飞速变换，但是计算机算法至今还无法实现承担实际的情报收集和分析工作。基于此，对于咨询人而言，权力顾问仍旧是将收集来的政策信息进行排序和分类的关键，例如，根据每日议题进行政策预警，每日信息更新或者提供每周和月度报告。除了与权力顾问能否对该信息的相关性和有效性做出评估息息相关外，这些情报服务的质量还取决于在全面为客户考虑的基础上，顾问是否能够对信息进行建构和提炼。理想情况下，咨询人接收经过压缩提炼的信息不仅能刷新他们的政治背景知识、催生创造性活动，还是竞技场内根据人和内容（重新）调整战略定位的基础。

比较而言，从竞技场到利益相关者再到完整的场景，政策分析的核心工具出自项目管理理论。只要核心议题是给咨询人在战略环境中定位，那么多个从管理学文献中借鉴的工具，如SWOT分析表、利益相关者议题互动图解和其他管理工具都是相关的。[①]

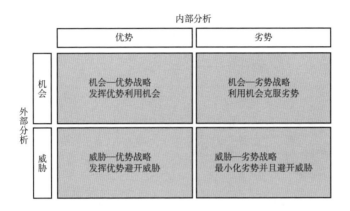

内部分析

	优势	劣势
机会	机会—优势战略 发挥优势利用机会	机会—劣势战略 利用机会克服劣势
威胁	威胁—优势战略 发挥优势避开威胁	威胁—劣势战略 最小化劣势并且避开威胁

外部分析

图 3 - 9　SWOT 矩阵

与SWOT分析不同，利益相关者议题相互关系图解重塑了其他有影响力的行为体对主导竞技场内话语的议题的态度。因此，这是一个结合了利益相关者分析和议题识别的分析工具，该工具将二者加以提炼，得出一张清晰描绘了形势的战略图。通过这种方式，不仅政策议题的相对重要性得到阐明，权力领域各主体间的联系、潜在的协同和冲突也都有所反映。该图解告诉顾问必须要关注的内容方向以及在权力关系和行为体网络以外的政治竞技场是如何搭建的。

---

① 更深度的分析，请参见 Bryson, John M. (2004): "What To Do When Stakeholders Matter: Stakeholder Identification and Analysis Techniques," *Public Management Review*, 6 (1), pp. 21 - 53。

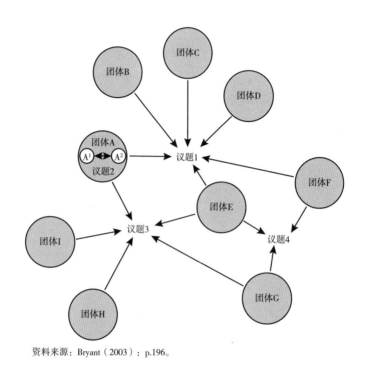

资料来源：Bryant（2003）：p.196。

图 3 – 10　利益相关者议题互动图解

　　上述这些以及其他类似的分析工具是为政策制定构建基础的关键。顾问常常将政治分析和评估作为"准备工作"来进行并只与咨询人沟通关键结果，但是，实际的战略制定总是由权力行为体和权力顾问合作完成的。这里的咨询工具称为战略研讨会。互动且通常持续几个小时的研讨会或对话是必需的，这有以下几个原因。第一，这统一了双方的战略目标；第二，就权力行为体的潜力和弱势进行内外比较；第三，为咨询人和顾问双方都采取同样的行动指南创造条件。权力顾问的主要挑战是在叛逆和顺从中取得平衡，这已经多次提及。在咨询人看上去完美的战略，如果因不能反映客户的自我政治形象，严重背离重要传统或仅仅是太复杂和技术上太具有挑战等原因，客户并不相信这些战略，那么这些战略最终都是不切实际的。同样，那些可能反映了咨询人的所有喜好并且与其政治意识形态或公司哲学符合的战略也有可能是失败的，因为它们未能得到健全的风险评估或具有现实意义的竞技场分析。这里呼吁权力顾问以其专业性和同理心设立一个战略协议。

战略制定是强化政治信息和知识与夯实决策之间的桥梁。只有当战略通过精明的决策而得到落实，对个人和集体起到动员效果时，咨询人才可以掌控权力博弈比赛。伟大的德国足球教练阿尔弗雷德·普赖斯勒（Alfred Preißler）曾对一句古老的浮士德语录进行了再次诠释："所有理论都是灰色的，而赛场之树长青。"① 在下一节中，我们直接进入政治赛场，阐述政治影响力的指导性原则和权力使用的组织实践。

第四节　影响

政治影响指的是通过与组织和个人的互动在政治领域做到权力的实际运用，这是之前讨论过的赋权和提炼的试金石。只有这两个权力领导权体系的元素得到有效落实，咨询人和顾问才能共同掌握权力博弈游戏。政治领导权和游说领导权作为权力领导权的两种表现形式，都同样适用这个原则。成功影响政

---

① 参见"The original quote by Preißler – "Grau is' alle Theorie – entscheidend is'auf'mPlatz"，" in：*Westdeutsche Allgemeine Zeitung* from 7th April 2015。

治的意义完全取决于权力行为体的目标：再次竞选某一职位、组织过半数投票、修改某一指令、撤销管理限制、授予某一产品合法化地位、资助某一产业，或启动某一新商业发展的研究。有计划地影响政策通常指的是通过有目的地使用权力领导权工具，将权力战略转变成一个实际事件。

这揭示了本节的主要关注点。政治影响"只"与战略的实际运用和相关行动步骤的组织和协调有关，因此，在本节中，我们简要地描述政治影响的指导性原则、工具、方式和技术。用于产生影响的基本工具已经在第三章第二节和第三章第三节中进行了详细的讨论，它们是非常相似的。为了更好地区分，以表格形式将这些基本工具列出：

表 3－1　影响政治的工具

团队组成	协调
在战略计划团队内的任务分派和制定决策层级制度	战略计划时间表设定和相关行程的管理
政治对话和形式	利益相关者对话
联系决策者，组织讨论，例如圆桌会议、专题讨论会、一对一讨论会、议会之夜、早餐辩论等	联系利益相关者，就立场、利益和看法进行交流
同盟构建	竞选和动员
在准政治和政治领域积极构建伙伴关系，如临时联盟、永久联盟、建立协会等	以目标为导向的发展，通过相关的通信渠道（线上线下）传递关键的政治信息

这一系列的工具清楚地告诉我们，在设计阶段，权力顾问同时承担多个管理角色，包括项目经理、活动经理、通信经理和客户经理。每一个角色都有自己的任务和责任。实现所有这些功能要求权力顾问对权力关系、灵活性保持敏感，尤其要具

备社会直觉，例如，在决定如何与一特别对话伙伴打交道的时候。

在咨询人和顾问之间成立团队并协作是一项涉及项目和客户管理的传统任务。在这当中，权力顾问要求具有管理人事，制订务实、稳定和清晰的工作计划以及谨慎地进行时间管理的能力。在日常工作中，与客户，甚至是客户的伙伴进行定期的电话或视频会议是必需的，这是为了讨论战略落实的情况和敏感的、战术上和组织上的要求。权力顾问或者计划团队准备并调整会议议程，主持会议，然后进行总结。此外，还必须计划和准备内部会议和研讨会。专业性和敏感性不仅关乎内容，还涉及组织：从日常议程到线路描述到提供包括投影仪、激光笔和无线网络连接等在内的技术支撑再到餐饮。

在这个领域里，还有诸多操作上的挑战，需要具有强大的精神、克服乏味：难以找到对话人、日程重叠、轮班、改变短期计划或者会议软件失效等细微的技术问题。这些挑战更加明显且严重，因为所涉及的人通常在他们的组织内都处于较高的层级，时间有限。因此，顾问在任务协调上面临着双重压力：在他/她自己团队和客户的宝贵时间内，效率必须最大化。

另外，政治领域的活动经理要安排和落实与国家决策人和来自企业、公民社会、科学和文化界的利益相关者的政治讨论。组织例如议会早餐、公益活动或多会期的会议等活动是具有高度政治性的行为：邀请谁？如何安排座次？嘉宾演讲的顺序是什么？提前提供什么样的背景信息？展现什么样的内容？这些实际问题应该根据情报处理的结果、利益相关者分析、网络分析和其他提炼工具的使用结果进行回答（见第三章第三节第一部分）。只有做到提炼和影响无缝对接时，活动才能取得成功。

政治活动管理不仅限于确保嘉宾和对话人的比例合适以及维护和更新相应的邮寄名单。有时甚至在出席的选择上也是具有挑战的。一方面，顾问需要根据会议周、国会委员会会议、议会和欧洲理事会等政治事务的节奏和选举、联盟协商、公投、G20 峰会等主要政治活动来做计划；另一方面，他们还必须考虑到在这些高峰期内举办的活动是格外密集的。例如，在德国联邦议会召开期间，每天大约有 700 场与政治相关的晚间活动。因此，顾问必须对非常高的缺席率有所准备并且妥善应对。除了主旨发言人外，名人嘉宾或主要专家临时缺席也是常见的。为了弥补他们的临时缺席，常常需要打成百上千个电话，例如，继续邀请新的嘉宾或说服那些尚未决定是否出席的人。只有那些在时间紧迫的情况下保持冷静和果断的人才适合成为权力顾问。

同盟构建和活动领导都要求权力顾问善用沟通方面的人才。二者的重点都是围绕内容和主体进行沟通，建立信任和获得关注。政治同盟的建立除了需要产生共鸣外，还需要通过联络人展示现有的信息来找寻共同点；这可以从共同关心的某些紧迫的政治议题中找到，也可以从例如喜欢文学、手工啤酒等人际交往中探寻。在建立同盟的时候，确立发起者和决定该倡议是否公开是非常重要的。政治联盟的成败超过 80% 取决于联盟的结构和这些议题是否清晰。

反过来，政治运动动员需要在沟通环境里密集地做出改变。因为不受干扰地计划和执行政治运动是不可能的，权力顾问必须在受到影响的时候对言论保持密切关注，并对新的干扰因素做出及时且积极的回应。

还有很多与政治运动中沟通相关的实际挑战。例如，在抽象的战略制定中抓取政治信息是一回事，但如何将这些信息具象化则是另外一回事，例如通过信件、宣传册、立场文件、报纸文章、社交媒体发文、演讲稿等方式。必须应用所有在政治用语领域学到的东西（见第三章第二节第二部分），有时是应用于几分钟的危机公关，有时是用在超短期决策上。需要考虑的问题包括：对于接收人而言，这些信息是合适的吗？是面向合适的人群吗？是否容易理解？是否突出了要点？是否通过强调独有卖点从而与竞技场内无数的信息区分开来？

即使所有的要求得到满足，以政治和行政管理为导向的沟通仍旧面临着大量的瓶颈问题。约有40%向中央决策者提交的文件要么在中途丢失，要么无法到达他们的手中。电子邮件被雇员筛除，邮寄文件在未读状态下被扔进废纸篓，文件被错误地分类或存档等。即使信息能够到达指定接收人的手中，这个时间也是相当长的，对国家机构和组织而言，更是如此。由于遵循严格的部门组织和采用复杂的归档系统，一份政府部委的文件有时要经过100个人的处理；在每一个阶段，文件都有被闲置一旁的风险。在这样的情况下，不仅需要有毅力，还要具备忍受挫折的良好能力。

信息过度供应导致了接收一方的瓶颈。为了博取关注，在一国首都内，大量智库、基金会、机构、法律公司、政治资讯公司等进行大规模、高强度的竞争，这是每天都需要面临的情况（见第二章第五节第二部分和第三章第二节第一部分中围绕沟通认可度竞赛做出的讨论）。根据现有的测算，有 23000名到 40000 名游说专家活跃在华盛顿。[①] 作为比较，根据安德烈亚斯·席德（Andreas Schieder）在 2017 年所做的研究，他认为单单是柏林，就有超过 10000 人受雇于政治服务领域，如机构、咨询公司、个体顾问、法律公司和"其他服务供应商"。[②] 这个数字还不包括非营利产业、协会或类似的企业利益中间人。竞争如此之大进一步强调了独有卖点的重要性，正如在第三章第三节第一部分中讨论的那样，咨询人和顾问必须要一同弄清独有卖点的内容。如果没有做到这一点，政治影响会仅仅因为人数庞大而无法做到。

然而，影响不仅仅是从技术和组织上落实赋权和提炼。正如我们在第二章第五节第二部分中讨论的那样，实践经验（这里的实践指的是对一事件的回应、成功或失败的政治运动动员、立场文件的监管影响和内部架构的可持续性等）必须不断地在实践中得到反映并进行评估。在何时已经取得了什么样的成果？有哪些影响？起作用和没有起作用的分别是什么？回答这些问题不仅仅能够确保咨询人及其同盟的成功，还能进一步提高对权力博弈棋盘的理解，加强政治布局分析，锻炼战略能力，缩小劣势，不断优化未来战略发展。

---

① 参见 Herschel, Thomas F. and LaPira, Timothy M.（2017）："How Many Lobbyists Are in Washington? Shadow Lobbying and the Gray Market for Policy Advocacy," *Interest Groups & Advocacy*, 6（3），pp. 199 – 214。

② 参见 Schieder, Andreas（2017）：*Kommerzielles Lobbying und Public Affairs – Management*, Wiesbaden：Springer VS, p. 514。

因此，影响是一个不断学习的过程，影响得到的结果不断对前两个指导原则进行优化。所以，赋权、提炼和影响作为权力领导权体系的三项原则，不是按照时间进行先后排序的，而是考虑了许多相互独立的复杂因素。判断是否成功不是一个量化过程，而是将实践影响联系辅导、培训、监控、情报和相关利益者图谱等进行分析。政治影响几乎不可能以精确且能够再次验证的数据来反映。因此，在关于战略实施的定量研究中，即便是最好的研究也是不具说服力的，最坏的甚至会产生误导。鉴于这些原因，对结果进行定性分析才是重点。所以，与议员举行了多少场会谈不是权力顾问关注的，他们在乎的是会谈内容对整体宣传战略产生的影响。在这个问题上，顾问和客户的工作方式可能出现分歧，尤其是当客户是采用花费、收入、销售线索或点击率等关键绩效指标来评估成绩的企业时。同样，权力顾问没有选择，必须处理好在叛逆和顺从中走钢丝的问题。一方面，客户的成功标准必须在顾问的工作中得到体现；但另一方面，政治领域的特殊性必须得到强调，尤其是在影响力无法量化的问题上。只有对这个问题获得相互理解的情况下，影响得到的经验才能持久地用于优化咨询人和顾问共同的权力战略。

第五节　全球政府关系

在已经对赋权、提炼和影响这三大指导原则进行延伸的情况下，让我们回到自进入第三章就一直隐含在讨论中的核心主题：全球化给权力领导体系带来的挑战。21 世纪是一个全球互联的时代，政治、经济、信息和技术都是如此，同时，21世纪也是一个超国家立法的时代，例如欧盟。在这样的情况下，咨询人的政治经济利益不再局限于单一社会。跨国相互依赖意味着政府换届、联盟谈判、改革计划和公投等国内事件常常即刻对其他国家的战略、政治和经济行为产生影响。

这些事件所产生的影响并不总是像2016年6月英国做出的脱欧决定那样巨大，这场全民公决极大地影响了预算、国内政策和外交政策，最重要的是，它对其他27个国家的经济发展造成了巨大的影响。但是，英国人民投票选择离开欧盟及其给所有政策领域带来的一连串影响在越来越接近米卡多竹签游戏的环境里是典型的。从字面上讲就是，几乎不可能只移动一根竹签而不影响其他竹签。

这给权力顾问和客户提供了两个重要的启示。首先，如果他们只想通过影响单一社会A中的决策来实现目标B，那么他们必须考虑或预测他们在政策上的举动会对社会B、C、D以及/或者超国家机构E造成何种影响。全球企业更要关注这个问题，因为它们在多个国家生产产品、提供服务、运营分支，相应地，它们在当地也有战略目标需要实现。其次，如果咨询人和顾问希望影响社会A的政治，那么，得益于无所不在的网络，他们可以透过社会B、C、D以及/或者超国家机构E施加间接影响。因此，全球化对于权力行为体而言既是风险也是机遇：风险在于，单一国家内部的单一行动能够在无意中对其他国家造成负面影响；机遇在于，如果权力玩家能够提出合适的战略并妥善利用，那么国际联系和超国家制度能够制造新形式的间接影响。

权力领导权体系中的"全球政府关系"（Global Governmental Relations，"GGR"）涵盖以上所有任务。全球政府关系指的是政治战略的制定、实施和不断的协调，这个战略特别针对的是全球行动领域内的挑战和机遇，致力于使咨询人在互联和超国家网络竞技场内占据最佳位置。全球政府关系战略有三个主要特征：

1. 战略政策目标不局限于单一国家而是涉及多个相互关联的国家，如欧盟成员、东盟成员、G20 国家、国际企业主要分支所在国；

2. 由国家和/或区域团队组成网络，这些团队负责在本地执行战略并与本地决策者和利益相关者保持联系；

3. 拥有一个中央战略控制中心，负责协调各团队的工作，把控战略的实施或进行后续调整，与咨询人实时通信，并且在各行为体间确保文化平衡。

与"全球政府关系"一词相关的政治协同战略不是对各地方权力顾问的国家战略进行简单的加总，而是一个特别定制、来源统一的战略，该战略考虑了各国行为体的相互依赖关系，采用结合各国、各区域需求的措施来实现客户的利益。这样的战略有以下几个好处。第一，全球政府关系战略是应对跨国和超国家政策联系带来的挑战或问题的唯一方式。英国脱欧的经济管理、多国贸易关系的制定、在多地进行全球企业重组、应对气候变化和缓解难民流动带来的人道主义问题等都是跨国和超国家政策联系的例子。

第二，这个战略通过释放协同效应，保存了咨询人的权力资源。例如，伴随着数字安全技术在世界得到发展，通过阐明目标国家间就国家安全机构进行合作的可能性和相互兼容性，从而提高传递战略的效率。反过来说，活跃于全球的公益组织通过将一国的最佳实践（如争取到政治或资金支持）复制到其他国家等方式，从全球政府关系战略中受益。

第三，全球政府关系战略避免了在权力行为体的国际组织间形成误会，防止各国分支树立对彼此的敌意。这对于在不同管理框架内进行不同产品生产的公司而言是尤为重要的，他们依赖于顺畅的协调。

第四，全球政府关系战略对于处理复杂的假新闻问题是必不可少的（详细讨论见第二章第三节第二部分、第二章第四节和第三章第二节第一部分）。但是，这也会带来双重挑战。第一，咨询人需要知道如何通过国际社交媒体、新闻网站和社交机器人来回应政治或经济反对派制造的虚假信息和诽谤运动。第二，咨询人必须能够应对虚假新闻在政治领域所引发的指责，这些批评人士理所当然地声称只有他们掌握了真相。第二点在价值、规范和惯例上被认为是天真的，因此常常被仅在乎目标和事实的政治领域所忽略（在第二章第四节中对公共利益的客观概念做出了批判性讨论）。这两个挑战是每一个行为体在全球数字通信领域中都不可避免要遭遇到的。假新闻几乎超过其他所有问题，成为跨境权力和诠释斗争以及涉及跨国主体和技术的代表。

对于顾问来说，全球政府关系战略需要满足几个重要的前提条件。认可在第一章和第二章中花了大量篇幅进行讨论的内容，这是首要也是最为重要的一个前提条件，据此，权力和政治的通用逻辑在所有地方都一样，包括权力的基本原则，如权力无所不在、有目的的生产、对权力的本能追求等，将权力斗争形容为零和游戏的表述，知识、竞争力、工具等政治资源，基础、能力、教育、影响等基本战略构成以及将公共利益作为合法性普世原则的重要性和形成影响的关键技术。这些基本概念适用于所有政治竞技场。

然而，在社会间和文化间造成差异的是应用这些全球统一的基本逻辑的方式；这指的是，社会各自的政治体系逻辑、它们的组织逻辑以及政治道德和表述等。这里的差异不仅指的是立法、行政和司法上的制度设计（见第三章第二节第一部分），还包括在政治或经济职责方面、在贪污或获取不正当好处等犯罪定义方面、在工作 - 生活平衡等方面的不同理解。在2014 年出版的《文化地图：打破商业无形边界》（*The Culture Map：Breaking Through the Inisible Boundaries of Global Business*）一书中，管理专家艾琳·迈耶（Erin Meyer）比较了 30 个国家的工作和组织文化。① 基于几个关键问题，她绘制了一幅差异巨大的示意图，讲述了跨国相似性和差异性：人与人的信任来自相互间的熟识还是成功地共同工作？是直接还是间接且谨慎地进行关于成败的沟通？集体决定是通过共识达成还是由等级决定？规则是灵活的还是严格的？等等。

这样的知识对于希望部署全球战略的权力顾问而言是关键的。那些不了解德国人和瑞士人的准时、不尊重肯尼亚和纳米比亚悠久历史和不清楚闲聊在盎格鲁 - 撒克逊文化地区的重要

---

① 见 Meyer, Erin（2014）：*The Culture Map：Breaking Through the Invisible Boundaries of Global Business*, New York：PublicAffairs。

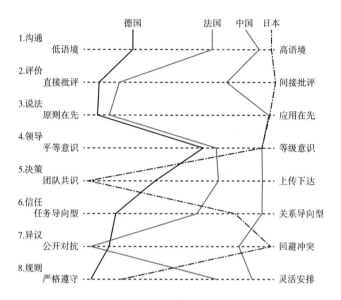

图 3 - 11 比较组织和工作文化

资料来源：Meyer, Erin (2016)："Mapping out Cultural Differences on Teams,"[online]。

资料来源：Meyer, Erin (2016): http://erinmeyer.com/ 2016/01/mapping - out - cultural - differences - on - teams/, retrievedon 21.12.2017。

性的人将很快在全球政府关系项目上遭遇滑铁卢。我们在第三章开篇中提到优秀的咨询服务总是普世性和特殊性兼具的。这项原则尤其适用于权力领导权体系的这一方面。权力顾问既不能盲目地在所有国家内实施同一个抽象的行动计划，也不能在各个应用领域内仅仅考虑当地的内部逻辑。

这样的情况也提出另一个要求，那就是遵守各国法律和国际法，符合政治领域内企业、协会、非政府组织、机构和其他行为体自发形成的准则和行为标准。例如，企业和它们的服务提供商自行制定了保护数据、反对性别主义和种族主义或者预防贪污腐败和利益冲突的行为要求。作为为咨询人提供咨询服务的顾问，他们需要遵守这些成百上千页的准则，这可能在实际中造成与某些社会的政治文化的冲突。尽管根据某一国家的文化规范，政治精英间互换礼物或相互帮忙是理所当然的，但是许多大型企业却将这些认定为贿赂。当不仅要求顾问严格符合管理规定，还要求他们对包括委托的国家分支或雇员等下属的行为负责时，情况就变得更加复杂。对于权力顾问而言，这意味着他们不仅要十分熟悉其客户的内部政策和不同团队的风气及工作实践，还要对各国的实际运作和管理情况了如指掌。

全球政府关系战略的实施反映了日渐复杂的国家间和超国家网络给行动环境带来的挑战。成功一方面是建立在之前提到的国家和区域团队的分工上；另一方面，成功也建立在战略控制中心上。高效的决策要求部署专业化团队，要求他们对成文和不成文的规定、传统以及相关社会的价值无比熟悉，通常只有其国人才能做到。直白地说就是只有法国籍的权力顾问才能成功地帮助其客户在法国实现他们的利益，只有俄罗斯籍的权力顾问才能帮助客户在俄罗斯实现利益，以此类推。但是，战略控制中心负责的核心工作是统筹协调和控制所有团队的行动，与咨询人建立永久且直接的沟通；是客户和各团队进行沟通和相互传递信息的场所。中心的成员需要对所有与全球政府关系战略相关的国家内的挑战和权力资源有正确的全局观，当然，他们不需要也不可能做到像专业团队那样。并且，他们也必须掌握在第三章第四节中讨论过的项目管理和领导技能，能够高效地在不同时区工作。

然而，实施全球政府关系战略的特殊要求不仅是针对顾问工作小组的组织架构，在咨询人的培训、辅导和领航上也有特殊要求。为了使客户在全球化行动中占据先机，不仅需要让他们了解相关国家和超国家制度的体系逻辑，还要在权力关系、竞争领域和行为体之间的相互依赖关系中对他们进行指导。以欧盟政治范畴为例，这包括全面了解如德法联盟、维谢格拉德集团（Visegrád states）和北欧国防合作（NORDEFCO）等所有权力集团，洞悉欧洲社会的各个领域、各国之间及各国和欧盟之间的纷争，还有掌握在国际层面和次国家层面的欧洲语言政策。

信息的提炼（或优先排序、系统化和评估）、专题治理和战略制定都必须符合全球政府关系战略的要求。在严重泛滥的信息和分析面前，在国际层面采用四阶段模型（见第三章第三节第一部分）显然是相当有必要的。在这个情况下，仅仅是汇总不同语言环境中的监控和观察就是一个巨大的挑战，情境分析也是如此。

在此，我们不希望纠结于技术实施的细节，相反，我们将突出全球政府关系战略构建和实施的具体要求，即整合讯息。当顾问及其团队在多国的行动都围绕一个具体焦点而进行时，连贯一致的全球政府关系战略才能得到运用。这可以是基于咨询人独有卖点的一个简单、统一的信息，适用于所有相关社会的政治表述，例如，咨询人在科技产业中的个人创新能力，与利益相关者在沟通中所展现的真诚，道德榜样，改善顾客生活质量的可靠承诺，或者全面保障安全地进行金融交易操作。这也可以是突出所有参与全球政府关系战略的国家对主要计划而做出的重要且互补的贡献，并且以此团结它们。这样的方式方法隐藏着巨大的潜力，例如，在不同国家不同地方制造如驾驶舱、涡轮机、机翼和导航软件等飞机和航天飞机零部件的制造商，如空客集团、波音公司或英国宇航系统公司，它们已经将国际分工合作准则视为企业模型的基础。空客以"欧洲统一"作为其公司宗旨是不足为奇的。[①]

只有在被相关国家视为统一战略，同时其核心主题和议题被跨越国界的广大决策者和大众所共享的情况下，全球政府关系战略才能结出果实，展现其能够管控好全球和/或跨国/超国家挑战的优越性，发挥协同作用和防止对抗。如我们在第二章第四节和第三章第二节第三部分中探讨的那样，权力行为体的政治立场只有在其目标和利益与国家的公共利益相连的情况下才能被传递出去。这其中最主要的挑战是如何将这个普世准则应用于跨/超国家竞技场，成为全球政府关系战略的一部分，并且在组织上进行落实。没有魔法可以实现如此高难度的目标，但本书的最后几节应该已经就基本先决条件、指导原则和误区做出了清晰的阐述。

毫无疑问，全球权力咨询是顾问最为重要的工作领域之一，需要呈现最好的表现，也承受着创新的压力。但是，这并非要求顾问们掌握预知未来的技能。这个领域将持续地为世界各地经验丰富的老手和行业新人带来挑战。

---

① 也可参见 Karabell, Shellie（2016）："Why Airbus Is A Model For European Unity," in: *Forbes* from 27th February 2016, [online] https://www.forbes.com/sites/shelliekarabell/2016/02/27/why-airbus-is-a-model-for-european-unity/#347b0a2b5838, retr. on 21.12.2017。

结　语

　　分析了顾问们在跨/超国家领域的活动之后，本书已经接近尾声。当然，这不意味着这个持续引人注目和充满挑战的话题已经全部得到了讨论。相反，在如今的全球化中，在关于权力的使用及其合法性的多声部、跨学科讨论中，《权力及其逻辑》一书只是其中一个声音。得益于顾问、学者、律师、经济学家、企业家、政治决策者间的不断沟通，民族、国家和文化间的不断交流，这一至关重要的辩论得到延续和不断推进。鉴于权力的多样性和多变性，无论如何全面地进行分析，权力的形态都不可能一劳永逸地得到完整呈现。包括本书在内的每一次探究都是一次快照。在权力的本质、权力的具体化和权力的实践三章中，我们详细叙述并探讨了很多主题：从权力的普遍定义及其人类学原则，到它的具体形式、领域和资源，最后到 21 世纪代议制民主中的权力领导权体系。

　　两项原则指导我们从一至终，这是本书独有的卖点。第一项原则是克服他们彼此之间的敌意、平等地对待权力实践者和理论家。任何一个持续对权力和决策的基本概念进行思考的人，必然会深入政治实践的日常世界；其他任何方式都将终止分析。然而，这样的实践只能被那些已经内化了权力和影响的具体方法（也就是赋权、提炼和影响）的人所理解和塑造。任何想要系统化并掌握权力顾问资源的人，都必须了解权力的逻辑及其普遍法则，否则整个体系就仅仅是一个没有理论基础的大杂烩。当然，所有这些都不意味着每一个权力理论家必须成为实践者，或者每一个权力实践者都必须成为理论家。《权力及其逻辑》展现的是两者的优势互补：只有进行更深入的对话，双方才能从中受益。

第二，我们希望在本书中对权力本身进行开诚布公、不加任何修饰的研究。权力现象前所未有地被神话所塑造。对于一些人而言，权力现象是我们所处社会的根基，但是，其他人却认为这是无法决定、不可控的力量，避免与其进行一切合理的接触。在不受统治的社会里，没有人有权力管辖他人，这样的憧憬总是出现在我们的社会话语当中，作为一种以乌托邦为背景的基本政治批判而一直存在。我们一直在试图厘清这些传说和误解。权力不是难以理解、模糊不清的，而是可以被清晰定义和辨别的。权力本身既不是好的也不是坏的，它的伦理价值仅仅来自它与公共利益的关系。它本质上不是不可控的，而是可以通过资源、战略和技术，达到有针对性的使用、获取和扩张的。最后，权力不是一个可以随意启动和结束的社会现象。权力的零和游戏是人类存在之条件。只要有人，出于对自由、意识形态、刺激或游戏的乐趣，他们就会在政治、经济或宗教领域竞争影响力。任何希望离开这场游戏、远离已设定好的棋盘游戏规则的人，都需要付出高昂的代价才能做到，包括断绝社会纽带，被世界抛弃以及投向神秘主义。其他人应该学会与权力共存、学会面对权力，这是本书的意图所在。

我们的读者最终是否将根据这些关于权力的思考、理论和工具来行动，以及做出何种行动，这是我们应该并且必须留给他们自己回答的问题。《权力及其逻辑》一书不是对权力道德的指导，只是从实践和理论两个方面，在文字上对该话题进行了探究。我们毫不掩饰我们的立场，我们坚定地根植于西方民主国家。我们希望面对的读者不是专制国家、民粹主义或技术官僚主义的追随者，而是那些坚持人民主权原则、反对一切失败主义的务实的理想主义者。我们的民主值得拥有负责任的决策者、政治顾问和利益相关者。他们不会被权力吓跑，而是将权力理解为实现共同福祉的创造性潜力，因为权力始终是人们从中创造了什么。

致　谢

如果没有与康斯坦兹·米勒（Constanze Miller）以及我们的朋友、同事、客户、商业伙伴以及来自政界、商业界和学术界的决策者进行多年鼓舞人心的交流，这本书是不可能完成的。如此多的人通过讨论、讲座或出版物为《权力及其逻辑》做出了重要贡献，以至于我们无法一一列举他们的名字。不过，要特别感谢米勒和迈尔咨询服务公司（Miller & Meier Consulting）的员工，尤其是朱利安·约什（Julian Jaursch）为第三章所做的关键准备工作，还有马丁·阿尔维（Martin Alves）绘制的图表。此外，我们还要感谢法比安·克莱因（Fabian Klein）的全面校阅，以及 Tectum 出版社的克里斯蒂娜·施密特（Christina Schmidt）对德文书稿全部工作的认真负责，直至德文版最终问世。

自德文版问世以来，我们得到许多机会来讨论我们的研究发现，从而改进英文版的内容。在此过程中，我们从卡斯滕·迪克斯（Carsten Diercks）、格尔德·克雷（Gerd Kräh）、斯特凡娜·贝梅尔曼斯（Stéphane Beemelmans）、埃贡·弗莱格（Egon Flaig）、克莱门斯·约斯（Klemens Joos）、雅各布·伦普（Jakob Lempp）、彼得·肖尔茨（Peter Scholz）、多米尼克·勒贝（Dominique Reber）、埃哈德·魏曼（Erhard Weimann）和玛丽亚·路易丝·施耐德（Maria Luise Schneider）的建议和建设性批评中受益匪浅。此外，托马斯·西格蒙德（Thomas Sigmund）和伊莎贝尔·特罗默尔（Isabell Trommer）的几篇富有洞察力的媒体评论也帮助改进了我们的研究路径和方法论。在向美国的读者介绍本书时，艾米丽·法贝尔（Emily Faber）、彼得·拜尔（Peter Beyer）、乌尔里希·加默丁格（Ulrich Gamerdinger）和伊莎夫·西曼（Insaf Seeman）提供了非常必要的指导。最后，我们衷心感谢凯瑟琳·托马斯（Katherine Thomas）对英文原稿进行的修改和根本性改进，并感谢卡罗琳·蒂佩尔特·沃尔（Karoline Tippelt‐Wohl）在编辑过程中给予的宝贵支持和细致工作。

参考文献

专著和论文

Abramson, Jeffrey B. (2009): *The Owl of Minerva*, Cambridge/London: Harvard University Press.

Agamben, Giorgio (1998): *Homo Sacer: Sovereign Power and Bare Life*, Werner Hamacher and David E. Wellbery (eds.), translated by Daniel Heller-Roazen, Meridian: Crossing Aesthetics, Stanford: Stanford University Press.

Al-Baghdadi, Ahmad M. (1981): The political thought of Abu Al-Hassan Al-Mawardi, Thesis Presented for the Degree of Doctor of Philosophy, University of Edinburgh, [online] https://www.era.lib.ed.ac.uk/handle/1842/7414, retrieved on 21.12.2017.

Allen, Amy (1999): *The Power of Feminist Theory: Domination, Resistance, Solidarity*, Boulder, CO: Westview Press.

Allen, Amy (2016): Feminist Perspectives on Power, in: Edward N. Zalta (ed.), *Stanford Encyclopedia of Philosophy*. [online] https://plato.stanford.edu/archives/fall2016/entries/feminist-power/, retrieved on 21.12.2017.

Al-Mawardi, Abu al-Hasan (1996): *Al-Ahkam as-Sultaniyya. The Ordinances of Government*, translated by Wafaa H. Wahba (ed.), Reading: Garnet.

Alvarez, Maria (2016): Reasons for Action: Justification, Motivation, Explanation, in: Edward N. Zalta (ed.), *Stanford Encyclopedia of Philosophy*, [online] https://plato.stanford.edu/entries/reasons-just-vs-expl/, retr. on 21.12.2017

Anderheiden, Michael (2006): *Gemeinwohl in Republik und Union*, Tübingen: Mohr Siebeck.

Anderson, Benedict (1994): *Imagined Communities. Reflections on the Origins and Spread of Nationalism*, London / New York: Verso.

Andregg, Michael (2007): Intelligence Ethics: Laying a Foundation for the Second Oldest Profession, in: Loch K. Johnson (ed.), *Handbook of Intelligence Studies*, New York: Routledge, pp. 52-66.

Arenberg, Richard A. and Dove, Robert B.: (2012): *Defending the Filibuster: The Soul of the Senate*, Bloomington: Indiana University Press.

Arendt, Hannah (1961): *Between Past and Future*, New York: Penguin.

Arendt, Hannah (1969): *On Violence*. New York: Harcourt, Brace and World.

Aristotle (1959) *Ars Rhetorica*, W. D. Ross (ed.), Oxford: Oxford University Press.

Aristotle (2002): *Metaphysics*, translated by Joe Sachs (ed.), 2nd edition, Santa Fe: Green Lion.

Aristotle (2017): *The Politics*, translated by Sir Ernest Barker, Oxford: Oxford University Press.

Ashrati, Mustafa (2008): *Islamic Banking. Wertvorstellungen, Finanzprodukte, Potenziale*, Frankfurt am Main: Frankfurt School Verlag.

Assmann, Aleida (2007): *Geschichte im Gedächtnis. Von der individuellen Erfahrung zur öffentlichen Inszenierung*, Munich: C.H. Beck.

Bacon, Francis ([1620] 1902): *Novum Organonon*, New York: P.F. Collier.

Bando, Shojun (1973): Jesus Christus und Amida. Zu Karl Barths Verständnis des Buddhismus vom Reinen Land, in: Yagi Seiichi and Ulrich Luz (eds.), *Gott in Japan: Anstöße zum Gespräch mit japanischen Philosophen, Theologen, Schriftstellern*. Munich: Kaiser, pp. 72-93.

Barry, Brian (1989): *Democracy and Power*, Oxford: Clarendon Press.

Bauer, Matthias (2016): The Political Power of Evoking Fear: The Shining Example of Germany's Anti-TTIP Campaign Movement, *European View*, 15 (2), pp. 193–212.

Bazil, Vazrik (2010): Politische Sprache: Zeichen und Zunge der Macht, *Politik und Zeitgeschichte*, (8), pp. 3-6.

Beamish, Thomas D. and Luebbers, Amy J. (2009): Alliance-Building Across Social Movements: Bridging Difference in a Peace and Justice Coalition, *Social Problems*, 56 (4), pp. 647-676.

Benhabib, Seyla (1996): Toward a deliberative model of democratic legitimacy, in: Seyla Benhabib (ed.), *Democracy and difference: Contesting the boundaries of the political*, Princeton: Princeton University Press, pp. 67-94.

Berlin, Isaiah (1969): *Four Essays on Liberty*, Oxford University Press.

Bernal, Paul (2016): Data Gathering, Surveillance and Human Rights: Recasting the Debate, *Journal of Cyber Policy*, 1 (2), pp. 243-264.

Bernardy, Jörg (2011): Attention as Bounded Resource and Medium in Cultural Memory: A Phenomenological or Economic Approach?, *Empedocles: European Journal for the Philosophy of Communication*, 2 (2), pp. 241-254.

Blau, Robert (1965): *Exchange and Power in Social Life*, New York: Wiley.

Blum, Christian and Zuber, Christina I. (2016): Liquid Democracy: Potentials, problems, and perspectives, *Journal of Political Philosophy*, 24 (2), pp. 162-182.

Blum, Christian (2010): Dilemmas Between the General and Particular Will – a Hegelian Analysis, in: Ignacia Falgueras, Juan A. García, and Juan J. Padidal (eds.), *Yo y tiempo: la antropología filosófica de G.W.F. Hegel,* Malaga: Contrastes, pp. 231-239.

Blum, Christian (2014): Why the Epistemic Justification of Deliberative Democracy Fails, in: Andre S. Campos and José G. André (eds.), *Challenges to Democratic Participation: Antipolitics, Deliberative Democracy, and Pluralism,* Lanham: Lexington Books, pp. 47-65.

Blum, Christian (2015): *Die Bestimmung des Gemeinwohls,* Berlin: De Gruyter.

Böckenförde, Ernst-Wolfgang (1967): Die Entstehung des Staates als Vorgang der Säkularisation. Säkularisation und Utopie, Ebracher Studien, Ernst Forsthoff zum 65. Geburtstag, Stuttgart / Berlin / Cologne / Mainz, pp. 75-94.

Bohlken, Eike (2011): *Die Verantwortung der Eliten: Eine Theorie der Gemeinwohlpflichten,* Frankfurt/New York: Campus.

Böhm von Bawerk, Eugen (1914): Macht oder ökonomisches Gesetz?, *Zeitschrift für Volkswirtschaft, Sozialpolitik und Verwaltung,* 23, pp. 205-271.

Bourdieu, Pierre (1987): *Die feinen Unterschiede. Kritik der gesellschaftlichen Urteilskraft,* translated by Bernd Schwibs and Achim Russer, Frankfurt a.M.: Suhrkamp.

Bourdieu, Pierre (1993): *Sozialer Sinn. Kritik der theoretischen Vernunft,* Frankfurt am Main: Suhrkamp.

Bourdieu, Pierre (2002a): *Outline of a Theory of Practice,* Ernest Gellner, Jack Goody, Stephen Gudeman, Michael Herzfeld, and Jonathan Parry (eds.), translated by Richard Nice, 16th edition, Cambridge: Cambridge University Press.

Bourdieu, Pierre (2002b): *Habitus. Habitus a Sense of Place,* Jean Hillier and Emma Rooksby (eds.), Aldershot: Ashgate.

Bourdieu, Pierre (2005): The Political Field, the Social Science Field, and Journalistic Field, in: R. Benson and E. Neveu (eds.), *Bourdieu and the Journalistic Field,* Cambridge: UK: Polity Press, pp. 29-47.

Bowens, Luc (2016): The Ethics of Dieselgate, *Midwest Studies in Philosophy,* 40 (1), pp. 262-283.

Bowering, Gerhard (2015): Introduction, in: Gerhard Bowering (ed.), *Islamic Political Thought. An Introduction,* Princeton/Oxford: Princeton University Press, pp. 1-23.

Bracher, Karl-Dietrich (1991): *Betrachtungen zum Problem der Macht,* Opladen: Westdeutscher Verlag.

Braun, Johann (2015): Die offene Gesellschaft und ihre Grenzen, *Rechtstheorie*, 46 (2), pp. 151-177.

Brennan, Jason (2016): *Against Democracy*, Princeton: Princeton University Press.

Brockers, Wolfgang (2014): *Karate – Essays*, Norderstedt: BOD.

Brown, Donald E. (2004): Human Universals, Human Nature, Human Culture, *Daedalus*, 133 (4), pp. 47-54.

Bryson, John M. (2004): What To Do When Stakeholders Matter. Stakeholder Identification and Analysis Techniques, *Public Management Review*, 6 (1), pp. 21-53.

Bullock, Alan (1992): *Hitler and Stalin: Parallel Lives*, 1st American edition, New York: Knopf.

Burke, Edmund ([1770] 2002): Thoughts on the Cause of the Present Discontents, in: Susan E. Scarrow (ed.), *Perspectives on Political Parties*, Basingstoke: Palgrave Macmillan, pp. 37-43.

Burleigh, Nina (2007): *Mirage: Napoleon's Scientists and the Unveiling of Egypt*, New York: Harper Collins.

Burton, John (1994): *An Introduction to the Hadith*, Edinburgh: Edinburgh University Press.

Caplan, Bryan (2007): *The Myth of the Rational Voter: Why Democracies Choose Bad Policies*, Princeton: Princeton University Press.

Carter, Ian (2008): How are Power and Unfreedom Related?, in: Cécile Laborde and John W. Maynor (eds.), *Republicanism and Political Theory*, Malden/Oxford: Blackwell Publishing, pp. 59-82.

Cassirer, Ernst ([1910] 2010): *Substanzbegriff und Funktionsbegriff*, Werkausgabe Vol. 6, Hamburg: Felix Meiner.

Cassirer, Ernst (1955): *The Philosophy of Symbolic Forms*, translated by Ralph Menheim, introduced by Charles W. Hendel, New Haven/London: Yale University Press.

Christiano, Thomas (2004): The Authority of Democracy, *The Journal of Political Philosophy*, 12 (3), pp. 266–290.; p. 269.

Cicero, Marcus Tullius (1986): *De oratore*, David Mankin (ed.), New York: Cambridge University Press.

Cicero, Marcus Tullius (1998): *The Republic. The Laws*, translated by Niall Rudd, Oxford/New York: Oxford University Press.

Cicero, Quintus Tullius (2009): *Commentariolum petitionis*, translated by Günter Laser (ed.), Darmstadt: Wissenschaftliche Buchgesellschaft.

Clark, Christopher (2019): *Time and Power Visions of History in German Politics, from the Thirty Years' War to the Third Reich,* Princeton/Oxford: Princeton University Press.

Clausen, Jens (2006): Die Natur des Menschen: Geworden und gemacht. Anthropologische Überlegungen zum Enhancement, *Zeitschrift für medizinische Ethik,* 52, pp. 391-401.

Clausen, Jens (2009): Man, Machine and in between, *Nature,* 457 (7233), pp. 1080-1081.

Clegg, Stuart (1989): *Frameworks of Power,* London: Sage Publications.

Clinton, Hilary (2003): *Living History,* New York: Simon & Schuster.

Confucius (2005): *Lun Yu,* translated by Chichung Huang (ed.) as 'The Analects of Confucius (Lun yu)', New York: Oxford University Press.

Cole, Juan R. (2008): *Napoleon's Egypt: Invading the Middle East,* New York: Palgrave Macmillan.

Condorcet, Marie J. (2011): Ausgewählte Schriften zu Wahlen und Abstimmungen, translated by Joachim Behnke, Carolin Stange and Reinhard Zintl (eds.), Tübingen: Mohr Siebeck.

Conolly, William E. (1993): *The Terms of Political Discourse,* Princeton: Princeton University Press.

Crisp, Roger (2013): Well-Being, in: Edward N. Zalta (ed.), *Stanford Encyclopedia of Philosophy,* [online] http://plato.stanford.edu/entries/well-being/, retrieved on 21.12.2017.

Crowdy, Terry (2011): *The Enemy Within – A History of Spies, Spymasters and Espionage,* Oxford: Osprey Publishing.

Culoma, Michael (2010): *La religion civile de Rousseau à Robespierre,* Paris: L'Harmattan.

D'Ancona, Cristina (2013): Greek Sources in Arabic and Islamic Philosophy, in: Edward N. Zalta (ed.), *Stanford Encyclopedia of Philosophy,* [online] https://plato.stanford.edu/archives/win2017/entries/arabic-islamic-greek/, retrieved on 21.12.2017.

Dahl, Robert (1957): The Concept of Power, *Behavioral Science,* 2, pp. 201-215.

Dahl, Robert ([1968] 2002): Power, in: Mark Haugaard (ed.), *Power. A Reader,* Manchester: Manchester University Press, pp. 5-25.

Dal Bó, Ernesto, Dal Bó, Pedro and Snyder, Jason (2009): Political Dynasties, *Review of Economic Studies,* 76 (1), pp. 115-142.

Dandeker, Christopher (1990): *Surveillance, Power and Modernity,* Cambridge: Polity Press.

Danner, John and Coopersmith, Mark (2015): *The Other 'F' Word. How Smart Leaders, Teams, and Entrepreneurs Put Failure to Work,* Hoboken: Wiley.

Derlien, Hans-Ulrich, Böhme, Doris, and Heindl, Markus (2011): *Bürokratietheorie. Einführung in eine Theorie der Verwaltung*, Wiesbaden: VS Verlag.

Derrida, Jacques (2004): *Die Différance. Ausgewählte Texte*, Stuttgart: Reclam.

Diakonoff, Igor. M. (1976): Ancient Writing and Ancient Written Language: Pitfalls and Peculiarities in the Study of Sumerian, *Assyriological Studies*, Vol. 20, Sumerological Studies in Honor of Thorkild Jakobsen, pp. 99–121.

Dixit, Avinash K. and Nalebuff, Barry J. (1993): *Thinking Strategically. The Competitive Edge in Business, Politics, and Everyday Life*, New York: W. W. Norton & Company.

Dorsey, Dale (2012): Subjectivism without Desire, *Philosophical Review*, 121 (3), pp. 407-442.

Dowding, Keith M. (1996): *Power*. Minneapolis: University of Minnesota Press.

Dryzek, John (2000): *Deliberative Democracy and Beyond: Liberals, Critics, Contestation*, Oxford/New York: Oxford University Press.

Durkheim, Émile ([1912] 1915): *The Elementary Forms of the Religious Life*, translated by Joseph Ward Swain, London: George Allen & Unwin.

Dworkin, Ronald (1977): *Taking Rights Seriously*, Cambridge: Harvard University Press.

Eales, Richard (2002): *Chess: the History of a Game*, London: Hardinge Simpole.

El-Gamal, Mahmoud A. (2006): *Islamic Finance: Law, Economics, and Practice*, Cambridge: Cambridge University Press.

Elias, Norbert (1983): *Die höfische Gesellschaft. Untersuchung zur Soziologie des Königtums und der höfischen Aristokratie*, Frankfurt a.M.: Suhrkamp.

Estlund, David (2008*): Democratic Authority: a Philosophical Framework*, Princeton: Princeton University Press.

Eßbach, Wolfgang (2014): *Religionssoziologie I*, Paderborn: Wilhelm Fink.

Fantl, Jeremy (2012): Knowledge How, in: Edward N. Zalta (ed.), *Stanford Encyclopedia of Philosophy*, [online] https://plato.stanford.edu/entries/knowledge-how/, retrieved on 21.12.2017.

Farazmand, Ali (2001): Learning from Ancient Persia: Administration of the Persian Achaemenid Empire, in: Ali Farazmand (ed.), *Handbook of Comparative and Development Public Administration*, New York/Basel: Marcel Dekker, pp. 33-60.

Farwell, James P. and Rohozinski, Rafal (2011): Stuxnet and the Future of Cyber War, *Survival*, 53 (1), pp. 23-40.

Fink-Eitel, Hinrich (1992): Dialektik der Macht, in: Emil Angehrn, Hinrich Fink-Eitel, Christian Iber, and Georg Lohmann (eds.), *Dialektischer Negativismus. Michael Theunissen zum 60. Geburtstag*. Frankfurt/M: Suhrkamp, pp. 35-56.

Fiva, John H. and Smith, Daniel M. (2016): Political Dynasties and the Incumbency Advantage in Party-Centered Environment, *CESifo Working Paper Series*, 5757, pp. 1-46.

Flaig, Egon (1998): War die römische Volksversammlung ein Entscheidungsorgan? Institution und soziale Praktik, in: Rainhard Blänker and Bernd Jussen (eds.), *Institution und Ereignis. Über historische Praktiken und Vorstellungen gesellschaftlichen Handelns.* Göttingen: Vandenhoeck & Ruprecht, pp. 49-73.

Flaig, Egon (2013): *Die Mehrheitsentscheidung: Entstehung und kulturelle Dynamik*, Paderborn: Ferdinand Schöningh.

Flaig, Egon (2017): *Die Niederlage der politischen Vernunft. Wie wir die Errungenschaften der Aufklärung verspielen*, Springe: zu Klampen.

Forsthoff, Ernst (1984): *Der Staat der Industriegesellschaft. Dargestellt am Beispiel der Bundesrepublik Deutschland*, Munich: C.H. Beck.

Foucault, Michel. (1980): *Power / Knowledge: Selected Interviews and Other Writings, 1972 – 1977*, in: Colin Gordon (ed.) Translated by Colin Gordon, Leo Marshall, John Mepham and Kate Soper. Brighton: Harvester.

Foucault, Michel (1984 [1990]): *The Use of Pleasure*, The History of Sexuality, Vol. 2, translated by Robert Hurley (ed.), New York: Random House.

Foucault, Michel (1988): The Care of the Self, The History of Sexuality, Vol. 3, translated by Roberet Hurley (ed.), New York: Random House.

Foucault, Michel ([1984] 1990): The History of Sexuality: The Will to Knowledge, An Introduction, Vol. I, translated by Robert Hurley (ed.), New York: Random House.

Foucault, Michel (1995): *Discipline and Punish: The Birth of the Prison,* 2nd edition, translated by Alan Sheridan, New York: Random House.

Fort, Sylvain (2002): *Les Lumières francaises en Allemagne. Le cas Schiller,* Paris: Presses Universitaires de France.

Fraenkel, Ernst (1991): *Deutschland und die westlichen Demokratien,* Frankfurt am Main: Suhrkamp.

Franck, Georg (1998): *Ökonomie der Aufmerksamkeit: Ein Entwurf,* München: Hanser.

Frankfurt, Harry G. (2005): *On Bullshit,* Princeton: Princeton University Press.

Franks, Benjamin and Wilson, Matthew (eds.) (2010): *Anarchism and Moral Philosophy,* Basingstoke: Palgrave.

Freedman, Lawrence (2013): *Strategy: A History,* Oxford/New York: Oxford University Press.

Frei, Norbert and Schmitz, Johannes (1988): *Journalismus im Dritten Reich,* Munich: C.H. Beck.

Freud, Sigmund ([1923] 1989): *The Ego and the Id. The Complete Psychological Works of Sigmund Freud,* James Strachey (ed.), introduced by Peter Gay, New York: W.W. Norton & Co.

Furniss, Richard and Snyder, Edgar (1955): *An Introduction to American Foreign Policy,* New York: Rhinehart.

Gallopín, Gilberto C. (2006): Linkages Between Vulnerability, Resilience, and Adaptive Capacities, *Global Environmental Change,* 16 (3), pp. 293-303.

Geary, Patrick J. (2013): *Language and Power in the Early Middle Ages,* authored in the course of the Menahem Stern Jerusalem Lectures. Waltham: Brandeis University Press.

Gehlen, Arnold ([1940] 1988): *Man, his Nature and Place in the World,* translated by Clare McMillan and Karl Pillemer (eds.), New York: Columbia University Press.

Geser, Hans (1996): Internationale Polizeiaktionen: Ein neues evolutionäres Entwicklungsstadium militärischer Organisationen, in: Georg-Maria Meyer (ed.), *Friedensengel im Kampfanzug? Zur Theorie und Praktik militärischer UN-Einsätze,* Opladen: Westdeutscher Verlag, pp. 45-74.

Giddens, Anthony (1984): *The Constitution of Society. Outline of the Theory of Structuration,* Berkeley: University of California Press.

Gierer, Alfred (2001): Ibn Khaldun on Solidarity ("Asabiyah") – Modern Science on Cooperativeness and Empathy: a Comparison, *Philosophia Naturalis,* 38 (1), pp. 91-104.

Girnth, Heiko (2002): *Sprache und Sprachverwendung in der Politik,* Hamburg: De Gruyter.

Goethe, Johann W. ([1808] 1992): *Faust, A Tragedy, Part I.,* translated by Martin Greenberg, New Haven: Yale University Press.

Göl, Ayla (2017): The paradoxes of 'new' Turkey: Islam, Illiberal Democracy and Republicanism, *International Affairs,* 93 (4), pp. 957-966.

Goldman, Alvin (2001): Experts: Which Ones Should You Trust?, *Philosophy and Phenomenological Research,* 63, pp. 85–111.

Griffin, James (1986): *Well-Being, its Meaning, Measurement, and Moral Importance,* Oxford/New York: Oxford University Press.

Guerrero, Alexander (2014): *The Lottocracy,* [online] https://aeon.co/essays/for get-voting-it-s-time-to-start-choosing-our-leaders-by-lottery, retrieved on 21.12.2017.

Gumbrecht, Hans Ulrich (2004): *Production of Presence: What Meaning Cannot Convey,* Stanford: Stanford University Press.

Gutman, Amy and Thompson, Dennis (2004): *Why Deliberative Democracy?,* Princeton/Oxford: Princeton University Press.

Habermas, Jürgen (1984): *Theory of Communicative Action*, Vol. 1, translated by A. McCarthy, Boston: Beacon Press.

Hackett, Jeremiah M. (2013): *A Companion to Meister Eckhart*. Leiden: Brill.

Hamilton, Peter (2015): *Knowledge and Social Structure*, London/New York: Routledge.

Han, Byung-Chul (2005): *Was ist Macht?*, Ditzingen: Reclam.

Hardwig, John (1985), Epistemic dependence, *Journal of Philosophy*, 88, pp. 693–708.

Hartmann, Bernd J. (2012): Self-Interest and the Common Good in Elections and Referenda, *German Law Journal*, 13 (3), pp. 259-286.

Haugaard, Mark (2010): Power: A 'Family Resemblance' Concept, *European Journal of Cultural Studies*, 13 (4), pp. 419-438.

Hayek, Friedrich A. (1939): *Freedom and the Economic System*, Chicago: Chicago University Press.

Hegel, Georg W. F. ([1821] 2003): *Elements of the Philosophy of Right: Or Natural Law and Political Science in Outline*, Allen W. Wood (ed.), translated by H.B, Nisbet. 8th edition, Camebridge: Cambridge University Press.

Hegelich, Simon and Janetzko, Dietmar (2016): *Are social Bots on Twitter Political Actors? Empirical Evidence from a Ukrainian Social Botnet*, Proceedings of the 10th International AAAI Conference on Web and Social Media, [online] https://www.aaai.org/ocs/index.php/ICWSM/ICWSM16/paper/view/13015/12793, retrieved on 21.12.2017.

Hegelich, Simon (2016): Invasion der Meinungsroboter, *Analysen und Argumente*, 221, pp. 1-9.

Herschel, Thomas F. and LaPira, Timothy M. (2017): How Many Lobbyists Are in Washington? Shadow Lobbying and the Gray Market for Policy Advocacy, *Interest Groups & Advocacy*, 6 (3), pp. 199-214.

Heidegger, Martin (1953): *The Question Concerning Technology and Other Essays X*, translated and with an Introduction by William Lovitt, New York: Garland Publishing.

Herman, Edward S. and Chomsky, Noam (2002): *Manufacturing Consent. The Political Economy of the Mass Media*, New York: Pantheon Books.

Herodotus (1997): *Histories*, translated by Robin Waterfield (ed.), introduction and notes by Carolyn Dewald, Oxford: Oxford World Classics.

Hess, Stephen (2016): *America's Political Dynasties: From Adams to Clinton*, Washington: Brookings Institution Press.

Hesselbach, Walter (1971): *Public Trade Union and Cooperative Enterprises in Germany*, London: Frank Cass.

Hillebrandt, Frank (1999): Die Habitus-Feld-Theorie als Beitrag zur Mikro-Makro-Problematik in der Soziologie – aus der Sicht des Feldbegriffs, Working Papers zur Modellierung sozialer Organisationsformen in der Sozionik, [online] https://www.tuhh.de/tbg/Deutsch/Projekte/Sozionik2/WP2.pdf, retrieved on 21.12.2017.

Hinde, John R. (2000): *Jacob Burckhardt and the Crisis of Modernity,* Montreal: McGill-Queen's University Press.

Hiriyanna, Mysore ([1949] 2005): *The Essentials of Indian Philosophy,* New Delhi: Shri Jainendra Press.

Hobbes, Thomas ([1651] 1997): *Leviathan. Or the Matter, Forme, and Power of a Common-Wealth Ecclesiasticall and Civill,* Michael Oakeshott (ed.), New York: Touchstone/Simon & Schuster.

Hochschild, Jennifer L. (1996): *Facing up to the American Dream. Race, Class, and the Soul of the Nation,* Princeton: Princeton University Press.

Holler, Manfred J. (2009): Niccolò Machiavelli on Power, *Rationality, Markets, and Morals,* 0 (1), pp. 335-354.

Hu, Margaret (2014): Small Data Surveillance vs. Big Data Cybersurveillance. *Pepperdine Law Review,* 42 (4), pp. 773-844.

Hunt, Samuel J. and Cangemi, Joseph (2014): Want to Improve Your Leadership Skills? Play Chess!, *Education,* 134 (3), pp. 359-368.

Imbusch, Peter (2007): Macht: Dimensionen und Perspektiven eines Phänomens, in: Klaus-Dieter Altmeppen, Thomas Hanitzsch, and Carsten Schlüter (eds.), *Journalismustheorie: Next Generation. Soziologische Grundlegung und theoretische Innovation,* Wiesbaden: Springer, pp. 395-419.

Janks, Hilary (2010): *Literacy and Power,* London/New York: Routledge.

Jansen, Marius (ed.) (2008): *Warrior Rule in Japan,* Cambridge: Cambridge University Press.

Joffe, Alexander H. (1999): Dismantling intelligence agencies, *Crime, Law & Social Change,* 32, pp. 325–346.

Johnson, Loch K. (1998): *Secret Agencies: US Intelligence in a Hostile World,* New Haven: Yale University Press.

Joos, Klemens (2016): *Convincing Political Stakeholders: Successful lobbying through process competence in the complex decision-making system of the European Union,* Weinheim: Wiley.

Kahn, Charles H. (2008): *Art and Thought of Heraclitus,* Cambridge: Cambridge University Press.

Kant, Immanuel ([1790] 2002): *Critique of the Power of Judgment,* London: Cambridge University Press.

Kant, Immanuel ([1795] 2003): To Perpetual Peace: A Philosophical Sketch, translated by Ted Humphrey, Indianapolis: Hackett Publishing.

Karabell, Zachary (2003): *Parting the Desert. The Creation of the Suez Canal*, New York/Toronto: Knopf.

Karlberg, Michael (2005): Power of Discourse and the Discourse of Power: Pursuing Peace Through Discourse Intervention, *International Journal of Peace Studies*, 10 (1), pp. 1-23.

Kasten, Brigitte (1997): *Königssöhne und Königsherrschaft. Untersuchungen zur Teilhabe am Reich in der Merowinger- und Karolingerzeit*, Hannover: Hahnsche Buchhandlung.

Kaufman, Whitley (2007): Karma, Rebirth, and the Problem of Evil: a Reply to Critics, *Philosophy East and West*, 57 (4), pp. 559-560.

Keller, Johannes (2004): Römische Interessengeschichte. Eine Studie zu Interessenvertretung, Interessenkonflikten und Konfliktlösung in der römischen Republik des 2. Jahrhunderts v. Chr., Inaugural-Dissertation zur Erlangung des Grades eines Doktors der Philosophie, [online] https://edoc.ub.uni-muenchen.de/5172/1/keller_johannes.pdf, retrieved on 21.12.2017.

Khagram, Sanjeev (2009): *Dams and Development. Transnational Struggles for Water and Power*. Ithaca/London: Cornell University Press.

Khaldun, Ibn (2011): *Die Muqaddima: Betrachtungen zur Weltgeschichte*, translated by Alma Giese, München: C.H. Beck.

King, Winston L. (1993): *Zen and the Way of the Sword: Arming the Samurai Psyche*, New York: Oxford University Press.

Kiyaias, Aggelos and Panagiotakos, Giorgos (2016): Speed-Security Tradeoffs in Blockchain Protocols, Working Paper, [online] https://eprint.iacr.org/2015/1019.pdf, retrieved on 21.12.2017

Köppl, Peter (2017): *Advanced Power Lobbying. Erfolgreiche Public Affairs in Zeiten der Digitalisierung*, Wien: Linde Verlag.

Koselleck, Reinhart (2004): *Futures Past: On the Semantics of Historical Time. Series: Studies in Contemporary German Social Thought*, translated and with an introduction by Keith Tribe, New York: Columbia University Press.

Korpi, Walter (1983): *The Democratic Class Struggle*, Boston: Routledge & Kegan.

Krieger, Wolfgang (2009): *Geschichte der Geheimdienste: von den Pharaonen zur CIA*, Munich: C.H. Beck.

Krugman, Paul and Wells, Robin (2015): *Economics*, 4th edition, New York: Worth Publishers.

Lao Tzu (2009): *Tao-Te-Ching*, translated by John H. McDonald (ed.), New York: Chartwell Books.

Lee, Richard E. (2013): *The Longue Duree and World-Systems Analysis,* New York: State University of New York Press.

Leigh, Ian (2007): The Accountability of Security and Intelligence Agencies. in: Loch K. Johnson (ed.), *Handbook of Intelligence Studies,* New York: Routledge, pp. 67-81.

Lemke, Thomas (2001): The birth of bio-politics: Michael Foucault's lectures at the College de France on neo-liberal governmentality, *Economy and Society,* 30 (2), pp. 190-207.

Lenin, Vladimir I.: ([1902] 1989): *What is to be Done?,* transcription by Tim Delaney, printable edition produced by Chris Russell for the Marxists Internet Archive, pp. 7-87.

Leo XIII. (1891): Circular issued by our Most Holy Father Leo XIII, by Divine Providence Pope, on the Labor Question. Rerum Novarum, Munich: Herder.

Levi, Margaret (1996): Social and Unsocial Capital: a Review Essay of Robert Putnam's Making Democracy Work, *Politics & Society,* 24 (1), pp. 45-55.

Libicki, Martin C. (2009): *Cyberdeterrence and Cyberwar,* Santa Monica: Rand.

List, Christian and Goodin, Robert (2001): Epistemic Democracy: Generalizing the Condorcet Jury Theorem, *Journal of Political Philosophy,* 9 (3), pp. 277-306.

Locke, John ([1689] 1988): *Two Treatises of Government,* Peter Laslett (ed.), Cambridge: Cambridge University Press

Lombard, Maurice (1975): *The Golden Age of Islam,* New York: American Elsevier.

Luhmann, Niklas ([1975] 2003): *Macht,* Stuttgart: UTB.

Lukes, Steven (1974): *Power. A Radical View,* London: MacMillan Press.

Luz, Ulrich (2002): *Das Evangelium nach Matthäus,* Neukirchen-Vluyn: Benziger/Neukirchener.

Lyon, David (2016): Snowden, everyday practices and digital futures, in: Tugba Basaran, Didier Bigo, Emmanuel-Pierre Guittet, and R. B. J. Walker (eds.), *International Political Sociology, Transversal lines.* London/New York: Routledge, pp. 254-271.

MacIntyre, Alasdair (1984): *Is Patriotism a Virtue?,* Kansas: University of Kansas Press.

Mackie, Gerry (2003): *Democracy Defended,* Cambridge: Cambridge University Press.

Madison, James, Hamilton, Alexander, and Jay, John (2002): *The Federalist Papers,* Richard Beeman (ed.), New York: Penguin.

Major, John (1993). *Prize Possession: The United States and the Panama Canal, 1903–1979,* Cambridge: Cambridge University Press.

Mann, Michael (1986): *The Sources of Social Power,* Vol. 1: A History of Power from the Beginning to A.D. 1760, Cambridge: Cambridge University Press.

Mansbridge, Jane et al. (2012): A Systemic Approach to Deliberative Democracy, in: John Parkinson and Jane Mansbridge (eds.), *Deliberative Systems,* Cambridge: Cambridge University Press, pp. 1-26.

March, James G. and Olsen, Johan P. (1989): *Rediscovering Institutions: The Organizational Basis of Politics,* London/New York: The Free Press.

Marcinkowksi, Frank (2015): 'Die Medialisierung' der Politik. Veränderte Bedingungen politischer Interessenvermittlung, in: Rudolf Speth and Anette Zimmer (eds.), *Lobby Work. Interessenvertretung als Politikgestaltung,* Wiesbaden: VS Verlag, pp. 71-95.

Marples, Nicola M., Kelly, David J., and Thomas, Robert J. (2005): Perspective: The Evolution of Warning Colors is Not Paradoxical, *Evolution,* 59 (5), pp. 933-940.

Marshall, Robert (1993): *Storm from the East. From Ghengis Khan to Khubilai Khan,* Berkeley: University of California Press.

Mass, Jeffrey P. (1975): *Warrior Government in Early Mediaeval Japan: Study of the Kamakura Bakufu, Shugo and Jito,* New Haven/London: Yale University Press.

Mayer, Frederick W. (2014): *Narrative Politics: Stories and Collective Action,* Oxford: Oxford University Press.

Mayntz, Renate (1985): *Soziologie der öffentlichen Verwaltung,* 3rd revised edition, Heidelberg: C.F. Müller.

McMahan, Jeff (2011): *Killing in War,* Oxford: Oxford University Press.

Meier, Dominik (2017a): Das Gemeinwohl: Ein Blick aus der politischen Praktik, *INDES Zeitschrift für Politik und Gesellschaft,* 4, pp. 153-159.

Meier, Dominik (2017b): Germany, in: Alberto Bitonti and Phil Harris (eds.), *Lobbying in Europe,* London: Palgrave MacMillan, pp. 159-170.

Meinecke, Friedrich ([1957] 1998): *Machiavellism: The Doctrine of Raison D'État and Its Place in Modern History,* translated by Douglas Scott, introduction by Werner Stark, New Brunswick, N.J.: Transaction Publishers.

Miller, Fred (2011): Aristotle's Political Theory, in: Edward N. Zalta (ed.), *Stanford Encyclopedia of Philosophy,* [online] https://plato.stanford.edu/archives/win2017/entries/aristotle-politics/, retrieved on 21.12.2017.

Mohanan, Torin (ed.) (2006): *Surveillance and Security. Technological Politics and Power in Everyday Life,* New York: Routledge.

Morar, Tulsi (2006): The South African's Educational System's Evolution to Curriculum 2005, in: Jayja Erneast and David Treagust (eds.), *Education Reform in Societies in Transition. International Perspectives,* Rotterdam: Sense Publishers, pp. 245-258.

Morgenthau, Hans ([1948] 1978): *Politics Among Nations: The Struggle for Power and Peace,* New York: Knopf.

Mouffe, Chantal (1993): *The Return of the Political,* London/New York: Verso.

Mulgan, Richard (1974): Aristotle's Doctrine That Man Is a Political Animal, *Hermes,* 102 (3), pp. 438-445.

Müller-Jentsch, Walter (2014): Macht als Ressource von Organisationen, in: Monica Budowski and Michael Nollert (eds.), *Private Macht im Wohlfahrtsstaat: Akteure und Institutionen,* Zürich: Seismo, pp. 14-29.

Münkler, Herfried (2009): *Die Deutschen und ihre Mythen,* Berlin: Rowohlt.

Nagel, Thomas (1987): *What Does It All Mean?,* New York/Oxford: Oxford University Press.

Neidhardt, Friedhelm (2002): Öffentlichkeit und Gemeinwohl. Gemeinwohlrhetorik in Pressekommentaren, in: Herfried Münkler and Harald Bluhm (eds.), *Gemeinwohl und Gemeinsinn,* Vol. II: Rhetoriken und Perspektiven sozialmoralischer Orientierung, Berlin: Akademie Verlag, pp. 157–177.

Newman, Saul (2004): The Place of Power in Political Discourse, *International Political Science Review,* 25 (2), pp. 139-157.

Niehaus, Andreas (2013): "So gibt es nichts schändlicheres als illiterat zu sein" – zur Literalität der Kriegerklasse im frühmodernen Japan, in: Gesine Boesken and Uta Schaffers (eds.), *Lektüren 'bilden': Lesen – Bildung – Vermittlung,* Münster: Lit Verlag, pp. 199-216.

Nietzsche, Friedrich ([1844-1845] 1968): *The Will to Power,* translated by Walter Kaufmann and Reginald J. Hollingdale (eds.), New York: Vintage Books.

Nora, Pierre (1996): *Realms of Memory: Rethinking the French Past,* Lawrence D. Kritzman (ed.), translated by Arthur Goldhammer, New York: Columbia University Press.

Nozick, Robert (1974): *Anarchy, State, Utopia,* New York: Basic Books.

O'Flynn, Ian (2010): Deliberating About the Public Interest, *Res Publica,* 16, pp. 299-315.

Offe, Claus (2001): Wessen Wohl ist das Gemeinwohl?, in: Lutz Wingert and Klaus Günther (eds.), *Die Öffentlichkeit der Vernunft und die Vernunft der Öffentlichkeit. Festschrift für Jürgen Habermas,* Frankfurt am Main: Suhrkamp, pp. 459-488.

Orlitzky, Marc, Schmidt, Frank L. and Reynes, Sara (2003): Corporate Social and Financial Performance: A Meta-Analysis, *Organization Studies,* 24 (3), pp. 402-441.

Ostheim, Tobias and Schmidt, Manfred G. (2007): Die Machtressourcentheorie, in: Manfred G. Schmidt (ed.), *Der Wohlfahrtsstaat: Eine Einführung in den historischen und internationalen Vergleich.* Wiesbaden: VS Verlag, pp. 40-50.

Palumbo, Antonino and Scott, Alan (2018): *Remaking Market Society: A Critique of Social Theory and Political Economy in Political Times,* New York/London: Routledge.

Pansardi, Pamela (2012): Power to and power over: two distinct concepts of power?, *Journal of Political Power,* 5 (1), pp. 73-89.

Papadis, Dimitris (2006): Is Man by Nature a Political and Good Animal, According to Aristotle?, *Phronimon,* 7 (1), pp. 21-33.

Parry, Richard (2014): Episteme and Techne, in: Edward N. Zalta (ed.), *Stanford Encyclopedia of Philosophy,* [online] https://plato.stanford.edu/entries/episteme-techne/, retrieved on 21.12.2017.

Paulus, Nikolaus ([1922] 2000): *Geschichte des Ablasses im Mittelalter. Vom Ursprunge bis zur Mitte des 14. Jahrhunderts,* Darmstadt: Wissenschaftliche Buchgesellschaft.

Paulus, Nikolaus ([1923] 2000): *Geschichte des Ablasses am Ausgang des Mittelalters,* Darmstadt: Wissenschaftliche Buchgesellschaft.

Pecknold, Chad C. (2010): *Christianity and Politics: A Brief Guide to the History,* Eugene: Cascade Books.

Perez, Louis G. (1998): *The History of Japan,* Westport/London: Greenwood Press.

Perroux, François (1950): The Domination Effect and Modern Economic Theory, *Social Research,* 17 (2), pp. 188-206.

Peters, Hans P. (1994): Mass Media as an Information Channel and Public Arena, *RISK: Health, Safety & Environment,* 5(3), pp. 241-250.

Petesch, Donald A. (1989): *A Spy in the Enemy's Country. The Emergence of Modern Black Literature,* Iowa City: University of Iowa Press.

Pitkin, Hanna F. (1972): *Wittgenstein and Justice.* Oxford: Oxford University Press.

Plato (2006): *The Republic,* translated by R.E. Allen (ed.), New Haven: Yale University Press.

Poggi, Gianfranco (1988): Phänomene der Macht: Autorität-Herrschaft-Gewalt-Technik. Review, *Contemporary Sociology,* 17 (4), pp. 664-556.

Poggi, Gianfranco (2001): *Forms of Power,* Cambridge: Polity Press.

Polletta, Francesca (2011): Storytelling in Politics, *Contexts,* 7 (4), pp. 26-31.

Popitz, Heinrich (1992): *Phänomene der Macht,* 2nd edition, Tübingen: Mohr Siebeck.

Popitz, Heinrich (2017): *Phenomena of Power: Authority, Domination, and Violence*, Andreas Göttlich and Jochen Dreher (eds.), translated by Gianfranco Poggi, New York: Columbia University Press.

Popper, Karl R. (1989): Falsifizierbarkeit, zwei Bedeutungen, in: Helmut Seiffert and Gerard Radnitzky (eds.), *Handlexikon zur Wissenschaftstheorie*, München: Ehrenwirth, pp. 82-85.

Preiser, Erich (1971): Power, Property, and the Distribution of Income, in: Kurt W. Rothschild (ed.), *Power in Economics,* Harmondsworth: Penguin, pp. 119-140.

Putnam, Robert D. (1993): *Making Democracy Work: Civic Traditions in Modern Italy,* Princeton: Princeton University Press.

Quante, Michael (2010): After Hegel. The Realization of Philosophy Through Action, in: Dean Moyar (ed.), *Routledge Companion to 19th Century Philosophy,* London: Routledge, pp. 197-237.

Rahner, Karl (1984): *Grundkurs des Glaubens. Einführung in den Begriff des Christentums,* Freiburg: Herder.

Ransom, Harry H. (1980): Being Intelligent about Secret Intelligence, *American Political Science Review,* 74 (1), pp. 141-148.

Rapaczynski, Andrzej (1996): The Roles of the State and the Market in Establishing Property Rights, *The Journal of Economic Perspectives,* 10 (2), pp. 87-103.

Raschke, Joachim and Tils, Ralf (2007): *Politische Strategie. Eine Grundlegung*, Wiesbaden: VS Verlag.

Raschke, Joachim and Tils, Ralf (2008): Politische Strategie, *Forschungsjournal NSB,* 21 (1), pp. 11-24.

Raschke, Joachim and Tils, Ralf (2011): *Politik braucht Strategie – Taktik hat sie genug,* Frankfurt am Main/New York: Campus.

Rawls, John (1971): *A Theory of Justice,* Cambridge: Belknap Press of Harvard University Press.

Reese, Roger R. (2000): *The Soviet Military Experience: A History of the Soviet Army 1917-1991,* Warfare and History, London/New York : Routledge.

Richards, Neill M. and King, Jonathan H. (2014): Big Data Ethics, *Wake Forest Law Review,* pp. 394-422.

Richey, Jeffrey L. (2015): *Daoism in Japan. Chinese traditions and their influence on Japanese religious culture,* Routledge Studies in Taoism, Oxon: Routledge.

Rigby, T. H. (1978): Stalinism and the Mono-Organisational Society, in: Robert Tucker (ed.), *Stalinism: Essays in Sociological Interpretation,* New York: Norton, pp. 53-76.

Ringgren, Helmer (1972): On the Islamic Theory of the State, *Scripta Instituti Donneriani Aboensis*, 6, pp. 103-108.

Roetz, Heiner and Schleichert, Hubert (2009): *Klassische chinesische Philosophie. Eine Einführung*, Frankfurt a. M.: Klostermann.

Röttger, Ulrike (2009): Campaigns (f)or a better world?, in: Ulrike Röttger (ed.), *PR-Kampagnen. Über die Inszenierung von Öffentlichkeit*, 4th revised and expanded edition, Wiesbaden: VS Verlag, pp. 9-26.

Rousseau, Jean Jacques ([1775] 1992). *Discourse on the Origin of Inequality*, translated by Donald A. Cress, Indianapolis/Cambridge: Hackett Publishing.

Rousseau, Jean Jacques ([1762] 2012): *Of the Social Contract and Other Political Writing*, translated by Quintin Hoare, London/New York: Penguin.

Rule, James B. (1973): *Private Lives and Public Surveillance*, London: Allen Lane.

Saar, Martin (2010): Power and Critique. *Journal of Power*, 3 (1), pp. 7-20.

Sandretto, René (2009): François Perroux, a precursor of the current analyses of power, *The Journal of World Economic Review*, 5 (1), pp. 57-68.

Sanger, David A. (2012): *Confront and Conceal: Obama's Secret Wars and Surprising Use of American Power*, New York: Crown Publishers.

Safire, William (2008): *Safire's political dictionary*, revised edition, New York: Oxford University Press.

Sarcinelli, Ulrich (2010): *Politische Kommunikation in Deutschland: Medien und Politikvermittlung im demokratischen System*, Wiesbaden: VS Verlag.

Sartre, Jean-Paul ([1945] 2007): *Existentialism is a Humanism*, John Kulka (ed.), translated by Carol Macomber, New Haven: Yale University Press.

Scheidel, Walter (ed.) (2015): *State Power in Ancient China & Rome*, Oxford/New York: Oxford University Press.

Scheler, Max (1980): *Problems of a Sociology of Knowledge*, translated by Manfred S. Frings, London: Routledge.

Schell, Eric (2010): *Le bréviaire de Talleyrand*, Paris: Horay.

Schieder, Andreas (2017): *Kommerzielles Lobbying und Public Affairs-Management*, Wiesbaden: Springer VS.

Schlinkert, Dirk (1996): *Ordo Senatoris und Nobilitas. Die Konstitution des Senatsadels in der Spätantike*, Stuttgart: Franz Steiner Verlag.

Schmitt, Carl ([1932] 1991): *Der Begriff des Politischen*, Berlin: Duncker & Humblot.

Schmitt, Carl (1934): *Politische Theologie. Vier Kapitel zur Lehre von der Souveränität*, Berlin: Duncker & Humblot.

Schmitt, Carl ([1963] 1992): *Theorie des Partisanen. Zwischenbemerkung zum Begriff des Politischen*, Berlin: Duncker & Humblot.

Schölderle, Thomas (2002): *Das Prinzip der Macht,* Berlin/Cambridge: Galda + Wilch.

Scholz, Peter (2011): *Den Vätern folgen. Sozialisation und Erziehung der republikanischen Senatsaristokratie,* Berlin: Verlag Antike.

Schubert, Glendon (1960): *The Public Interest: a Critique of the Theory of a Political Concept,* Glencoe: Free Press of Glencoe.

Schumpeter, Joseph A. ([1942] 2003): *Capitalism, Socialism and Democracy,* London: Routledge.

Schwab, Klaus (2017): *The Fourth Industrial Revolution,* Köln: World Economic Forum.

Schwentker, Wolfgang (2008): *Die Samurai,* Munich: C.H. Beck.

Scott, John (2001): *Power,* Cambridge: Polity Press.

Selmayr, Martin (2015): Europäische Zentralbank, in: Werner Weidenfeld and Wolfgang Wessels (eds.), *Jahrbuch der europäischen Integration 2015,* Baden-Baden: Nomos.

Silver, Nate (2012): *The Signal and the Noise: Why Most Predictions Fail – but Some Don't,* New York: Penguin Books.

Singh, Naunihal (2014): *Seizing Power: The Strategic Logic of Military Coups,* Baltimore: Johns Hopkins University Press.

Siri, Jasmin (2012): *Parteien. Zur Soziologie einer politischen Form,* Wiesbaden: Springer VS.

Skaperdas, Stergios (2008): Anarchy, in: Donald A. Wittman and Barry R. Weingast (eds.), *The Oxford Handbook of Political Economy,* pp. 881-898.

Smith, Adam ([1776] 2012): *An Inquiry into the Nature and Causes of the Wealth of Nations,* London: W. Strathan.

Smith, Roger (2010): The Long History of Gaming in Military Training, *Simulation and Gaming,* 41 (1), pp. 6-19.

Soeffner, Hans Georg and Tänzer, Dirk (2007): Figurative Politik. Prolegomena zu einer Kultursoziologie politischen Handelns, in: Hans Georg Soeffner and Dirk Tänzer (eds.), *Figurative Politik. Zur Performanz der Macht in der modernen Gesellschaft,* Opladen: Leske und Budrich, pp. 17-33.

Sofsky, Wolfgang and Paris, Rainer (1994): *Figurationen sozialer Macht. Autorität – Stellvertretung – Koalition,* Frankfurt am Main: Suhrkamp.

Spencer, Elaine G. (1985): Police-Military Relations in Prussia, 1848-1914, *Journal of Social History,* 19 (2), pp. 305-317.

Speth, Rudolf (2010): Grassroots Campaigning, in: Olaf Hoffjann and Roland Stahl (eds.), *Handbuch Verbandskommunikation,* Wiesbaden: VS Verlag, pp. 317-332.

Speth, Rudolf (2013): Verbände und Grassroots-Campaigning, in: Rudolf Speth (ed.), *Grassroots-Campaigning*, Wiesbaden: VS Verlag, pp. 43-59.

Spuler, Bertold (1959): *Die Chalifenzeit. Entstehung und Zerfall des islamischen Weltreichs*, Leiden: Brill.

Stachura, Mateusz (2010): Politische Führung: Max Weber heute, *Politik und Zeitgeschichte*, 2-3, pp. 22-27.

Steffani, Winfried (1979): *Parlamentarische und präsidentielle Demokratie. Strukturelle Aspekte westlicher Demokratien*, Opladen: Westdeutscher Verlag.

Steiner, Jürg (2012): *The Foundations of Deliberative Democracy. Empirical Research and Normative Implications*, Cambridge: Cambridge University Press.

Steinmüller, Angela and Steinmüller, Karlheinz (2004): *Wild Cards. Wenn das Unwahrscheinliche eintritt*, expanded and updated edition of 'Ungezähmte Zukunft', Hamburg: Murmann.

Stetter, Stephen (2004): Cross-Pillar Politics: Functional Unity and Institutional Fragmentation of EU Foreign Policies, *Journal of European Public Policy*, 11 (4), pp. 720-739.

Stocker, Michael (1992): *Plural and Conflicting Values*, Oxford: Clarendon Press.

Strachen, Hew (2005): The Lost Meaning of Strategy, *Survival*, 47 (3), pp. 33-54.

Street, John (2011): *Mass Media, Politics and Democracy*, 2nd edition, Basingstoke: Palgrave Macmillan.

Stulberg, Adam N. (2015): Out of Gas? Russia, Ukraine, Europe, and the Changing Geopolitics of Gas, *Problems of Post-Communism*, 62 (2), pp. 112-130.

Sumner, Leonard W. (1996): *Welfare, Happiness and Ethics*, Oxford: Oxford University Press.

Tacitus, Cornelius (1996): *The Annals of Imperial Rome*, translated by Michael Grant (ed.), London: Penguin.

Tajfel, Henri (1981): *Human Groups and Social Categories*, Cambridge: Cambridge University Press.

Taureck, Bernhard (1983): *Die Zukunft der Macht. Ein philosophisch-politischer Essay*, Würzburg: Königshausen & Neumann.

Taylor, Charles (1989): *Sources of the Self: The Making of the Modern Identity*, Cambridge: Cambridge University Press.

Taylor, Mark C. (2007): *After God*, Chicago: University of Chicago Press.

Turnbull, Stephen (2007): *The Great Wall of China. 221 BC–AD 1644*, London: Osprey Publishing.

Uhde, Bernhard (2009): Religionen als Denkmöglichkeiten. Skizzen zur Logik der Weltreligionen, *Zeitschrift für Didiaktik der Philosophie und Ethik*, 1, pp. 7-16.

Urlacher, Brian R. (2016): *International Relations as Negotiations,* New York: Routledge.

Vale, Malcom (2001): *The Princely Court,* Oxford/New York: Oxford University Press.

van Ackeren, Marcel (2006): *Heraklit: Vielfalt und Einheit seiner Philosophie,* Bern: Peter Lang.

Vavova, Katia (2014): Moral Disagreement and Moral Skepticism, *Philosophical Perspectives,* 28 (1), pp. 302-333.

Veyne, Paul (1992): *Bread and Circuses: Historical Sociology and Political Pluralism.* Oswyn Murray (ed.), translated by Brian Pearce. London: Penguin.

Vickers, John (2014): The Problem of Induction, in: Edward N. Zalta (ed.), *The Stanford Encyclopedia of Philosophy,* [online] https://plato.stanford.edu/archives/spr2019/entries/induction-problem/, retrieved on 21.12.2017.

Villa, Paula-Irene (2011): Symbolische Gewalt und ihr Scheitern. Eine Annäherung zwischen Butler und Bourdieu, *Österreichische Zeitschrift für Soziologie,* 36 (4), pp. 51-69.

Volk, Konrad (ed.) (2015): *Erzählungen aus dem Land Sumer,* Wiesbaden: Harrassowitz Verlag.

Wagner, Claudia, Mitter, Silvia, Körner, Christian, and Strohmaier, Markus (2012): When social bots attack: Modeling susceptibility of users in online social networks, Proceedings of the WWW'12 Workshop on Making Sense of Microposts, pp. 41-18.

Walls, Jerry L. (ed.) (2008), *The Oxford Handbook of Eschatology,* Oxford/New York: Oxford University Press.

Walter, Anton J. (1960): Schriftentwicklung unter dem Einfluß von Diktatoren, *Mitteilungen des Instituts für Österreichische Geschichstforschung,* 68, pp. 337-361.

Walworth, Arthur (1946): *Black Ships Off Japan: The Story of Commodore Perry's Expedition,* New York: Knopf.

Warren, T. Camber (2014): Not by the Sword Alone: Soft Power, Mass Media, and the Production of State Sovereignty, *International Organization,* 68 (1), pp. 111-141.

Weber, Max ([1921] 1978). *Economy and Society: An Outline of Interpretive Sociology,* translated by Guenther Roth and Claus Wittich. Berkeley: University of California Press.

Wittgenstein, Ludwig ([1953] 2001): *Philosophical Investigations,* translated by G.E.M. Anscombe, Hoboken: Blackwell.

Wolf, Susan (1982): Moral Saints, *The Journal of Philosophy,* 79 (8), pp. 419-439.

Wong, David (2013): Chinese Ethics, in: Edward N. Zalta (ed.), *Stanford Ency-clopedia of Philosophy,* [online] https://plato.stanford.edu/archives/fall 2018/entries/ethics-chinese/, retrieved on 21.12.2017.

Woolley, James C. (2016): Automating Power: Social Bots Interfere in Global Politics. *First Monday,* 21 (4), [online] http://firstmonday.org/ojs/index.php/fm/article/view/6161/5300, retrieved on 21.12.2017.

Worley, D. Robert (2015): *Orchestrating the Instruments of Power: A Critical Examination of the U.S. National Security System,* Lincoln: University of Ne-braska Press.

Young, Iris M. (1990): *Justice and the Politics of Difference,* Princeton: Princeton University Press.

Yu, Jiyuan (2005): Confucius' Relational Self and Aristotle's Political Animal, *History of Philosophy Quarterly,* 22 (4), pp. 281-300.

Zaman, Muhammad Q. (2006): The Ulama of Contemporary Islam and their Con-ceptions of the Common Good, in: Armando Salvatore and Dale F. Eickelman (eds.), *Public Islam and the Common Good,* Boston/Leiden: Brill, pp. 129–155.

Zhang, Ellen (2010): Community, the Common Good, and Public Healthcare, Confucianism and its Relevance to Contemporary China, *Public Health Eth-ics,* 3 (3), pp 259-266.

Zunshine, Lisa (2008): *Strange Concepts and the Stories They Make Possible,* Baltimore: The John Hopkins University Press.

其他文献

Bakir, Daniel (2016): Big Brother Awards 2016: Change.org - eine Weltverbes-serer-Plattform als gierige Datenkrake, in: Stern from 22th 2016, [online] http://www.stern.de/wirtschaft/news/big-brother-awards--change-org-als-datenkrake-ausgezeichnet-6807950.html, most recently retrieved on 21.12.2017.

Bild (2015): Schalke feiert Torheld Sané, in: Bild from 27th September 2015, [online] http://www.bild.de/sport/fussball/leroy-sane/schalke-feiert-torheld-sane-42697996.bild.html, retrieved on 26.01.2018.

Casano, Olivia (2016): Why You Should Think Twice Before Signing a Change.org Petition, [online] http://www.konbini.com/en/lifestyle/change-org-data-mining/, retrieved on 06.02.2018.

European External Action Service (2015): Joint Comprehensive Plan of Action, [online] http://www.eeas.europa.eu/statements-eeas/docs/iran_agreement/ iran_joint-comprehensive-plan-of-action_en.pdf, retrieved on 21.12.2017.

Figg, Erinn (2014): The legacy of Blue CRUSH, in: High Ground News from 19th March 2014, [online] http://www.highgroundnews.com/features/BlueCrush 031214.aspx, retrieved on 21.12.2017.

Franck, Georg (undated): The Economy Of Attention, [online] http://www.t0.or.at/franck/gfeconom.htm, retrieved on 21.12.2017.

Freedom House (2016): Turkey, [online] https://freedomhouse.org/report/free dom-press/2016/turkey, retrieved on 21.12.2017.

Gimlet Media (2015): *Favor Attendar* [Podcast], [online] https://gimlet media.com/episode/25-favor-atender/, retrieved on 20.1.2017.

Goldberg, Dan (2017): De Blasio sours on tackling sugar, [online] https://www.politico.com/states/new-york/city-hall/story/2017/05/03/de-blasio-sours-on-tackling-sugar-111726, retrieved on 22.05.2018.

Hill, Kashmir (2012): How Target Figured Out A Teen Girl Was Pregnant Before Her Father Did, in: Forbes Magazin from 16th February 2012, [online] https://www.forbes.com/sites/kashmirhill/2012/02/16/how-target-figured-out-a-teen-girl-was-pregnant-before-her-father-did/#418017cd6668, retrieved on 21.12.2017.

Internet World Stats in June 2016, the number of internet users worldwide amounted to 3,675,824,813 people, [online] http://www.internet-worldstats.com/stats.htm, retrieved 21.12.2017.

Kaplan, Fred (2004): The Tragedy of Colin Powell: How the Bush Presidency destroyed him, in: Slate from 19th February 2004, [online] https://slate.com/news-and-politics/2004/02/the-tragedy-of-colin-powell.html retrieved on 21.12.2017.

Karabell, Shellie (2016): Why Airbus Is A Model For European Unity, in: Forbes from 27th February 2016, [online] https://www.forbes.com/sites/shelliekara bell/2016/02/27/why-airbus-is-a-model-for-european-unity/#347b0a2b5838, retrieved on 21.12.2017.

Mao Tse-Tung (1983): *Selected Works of Mao Tse-tung: Vol. II*, [online] https://www.marxists.org/reference/archive/mao/selected-works/volume-2/, retrieved from the Marxist Internet Archive on 16th April 2018.

Maslin Nir, Sarah (2017), New York State Bans Vaping Anywhere Cigarettes Are Prohibited, in: New York Times from 23th October 2017, [online] https://www.nytimes.com/2017/10/23/nyregion/new-york-bans-vaping-ecigs-bars-restaurants.html, retrieved on 30.1.2018.

McTague, Tom, Spence, Alex, and Dovere, Edward-Isaac (2016): How Cameron Blew It, in: Politico from 25th June 2016, [online] http://www.politico.eu/article/how-david-cameron-lost-brexit-eu-referendum-prime-minister-campaign-remain-boris-craig-oliver-jim-messina-obama/, retrieved on 21.12.2017.

Meyer, Erin (2014): *The Culture Map: Breaking Through the Invisible Boundaries of Global Business,* New York: PublicAffairs.

Meyer, Erin (2016): Mapping out Cultural Differences on Teams, [online] http://erinmeyer.com/2016/01/mapping-out-cultural-differences-on-teams/, retrieved on 21.12.2017.

Miller, Zeke (2013): Political Dynasties Return, in: Time from 5th March 2013, [online] http://content.time.com/time/subscriber/article/0,33009,2148168-3,00.html, retrieved on 21.12.2017.

Netzwerk Datenschutzexpertise (2015): Datenschutzrechtliche Bewertung des Internet-Beteiligungsportals Change.org von Dr. Thilo Weichert, [online] http://www.netzwerk-datenschutzexpertise.de/dokument/datenschutzrechtliche-bewertung-des-internet-beteiligungsportals-changeorg, retrieved on 21.12.2017.

Rubin, Jennifer (2016): Hillary Clinton, blind to her own greed, makes another blunder, in: Washington Post from 4th February 2016, [online] https://www.washingtonpost.com/blogs/right-turn/wp/2016/02/04/hillary-clinton-blind-to-her-own-greed-makes-another-blunder/?utm_term=.2605df8f25ad, retrieved on 22.01.2018.

Sachverständigenrat zur Begutachtung der gesamtwirtschaftlichen Entwicklung (2017): Für eine zukunftsorientierte Wirtschaftspolitik,[online] https://www.sachverstaendigenrat-wirtschaft.de/fileadmin/dateiablage/gutachten/jg201718/JG2017-18_gesamt_Website.pdf, retrieved on 21.12.2017.

Scurr, Ruth (2006): He quipped while Napoleon quaked, in: Telegraph from 17th December 2006, [online] https://www.telegraph.co.uk/culture/books/3657043/He-quipped-while-Napoleon-quaked.html, retrieved on 21.12.2017.

Sloterdijk, Peter (2017): Konsultanten sind die Künstler der Enthemmung, in: Neue Züricher Zeitung from 18th February 2017, [online] https://www.nzz.ch/feuilleton/sloterdijk-konsultanten-sind-die-kuenstler-der-enthemmung-ld.146325, retrieved on 21.12.2017.

Standard Eurobarometer, [online] http://ec.europa.eu/commfrontoffice/publicopinion/index.cfm/Survey/getSurveyDetail/instruments/STANDARD/surveyKy/2142, retrieved on 21.12.2017.

Swipe Toolkit, Data Calculator, [online] http://archive.turbulence.org/Works/swipe/calculator.html, most recently retrieved on 21.12.2017.

The Economist (2014): Islamic finance: Big interest, no interest, in: Economist from 13th Sepmtember 2014, [online] http://www.economist.com/news/finance-and-economics/21617014-market-islamic-financial-products-growing-fast-big-interest-no-interest, retrieved on 21.12.2017.

Tønnesson, Øyvind (1999): Mahatma Gandhi, the Missing Laureate, [online] https://www.nobelprize.org/nobel_prizes/themes/peace/gandhi/index.html, retrieved on 21.12.2017.

Transparency International, [online] www.transparency.org.

Vincent, James (2016): The UK now wields unprecedented surveillance powers – here's what it means, in: The Verge from 29th November 2016, [online] https://www.theverge.com/2016/11/23/13718768/uk-surveillance-laws-explained-investigatory-powers-bill, retrieved on 21.12.2017.

Washington Times, 03.07.2017.

WIN-Gallup International (2011): Impact of Japan Earthquake on Views about Nuclear Energy, [online] http://www.gallup.com.pk/JapanSurvey2011/Press ReleaseJapan.pdf, retrieved on 21.12.2017.

图书在版编目（CIP）数据

权力及其逻辑／（德）多米尼克·迈尔
（Dominik Meier），（德）克里斯蒂安·布鲁姆
（Christian Blum）著；李希瑞译． —— 北京：社会科学
文献出版社，2020.7（2022.6 重印）
　　（思想会）
　　书名原文：Logiken der Macht：Politik und wie
man sie beherrscht
　　ISBN 978 - 7 - 5201 - 6736 - 9

　　Ⅰ．①权…　Ⅱ．①多…　②克…　③李…　Ⅲ．①权力 -
研究　Ⅳ．①C933.3

中国版本图书馆 CIP 数据核字（2020）第 092038 号

· 思想会 ·

权力及其逻辑

著　　者／〔德〕多米尼克·迈尔（Dominik Meier）
　　　　　　〔德〕克里斯蒂安·布鲁姆（Christian Blum）
译　　者／李希瑞

出 版 人／王利民
组稿编辑／祝得彬
责任编辑／刘学谦
责任印制／王京美

出　　版／社会科学文献出版社·当代世界出版分社（010）59367004
　　　　　　地址：北京市北三环中路甲 29 号院华龙大厦　邮编：100029
　　　　　　网址：www.ssap.com.cn
发　　行／社会科学文献出版社（010）59367028
印　　装／北京盛通印刷股份有限公司

规　　格／开　本：880mm×1230mm　1/32
　　　　　　印　张：11.75　字　数：262 千字
版　　次／2020 年 7 月第 1 版　2022 年 6 月第 2 次印刷
书　　号／ISBN 978 - 7 - 5201 - 6736 - 9
著作权合同
登 记 号／图字 01 - 2019 - 2599 号
定　　价／78.00 元

读者服务电话：4008918866